全国工会干部培训基础教材

工会权益保障工作概论

全国工会干部培训基础教材编写委员会◎编

中国工人出版社

图书在版编目（CIP）数据

工会权益保障工作概论 / 全国工会干部培训基础教材编写委员会编 .—
北京：中国工人出版社，2023.3
ISBN 978-7-5008-8104-9

Ⅰ. ①工… Ⅱ. ①全… Ⅲ. ①工会工作 – 权益保护 –
中国 – 干部培训 – 教材 Ⅳ. ① D412.6

中国国家版本馆 CIP 数据核字（2023）第 025723 号

工会权益保障工作概论

出 版 人 董 宽
责任编辑 邢 璐
责任校对 张 彦
责任印制 栾征宇
出版发行 中国工人出版社
地　　址 北京市东城区鼓楼外大街45号　邮编：100120
网　　址 http://www.wp-china.com
电　　话 （010）62005043（总编室）
（010）62005039（印制管理中心）
（010）62382916（工会与劳动关系分社）
发行热线 （010）82029051　62383056
经　　销 各地书店
印　　刷 北京市密东印刷有限公司
开　　本 660毫米×960毫米　1/16
印　　张 21.5
字　　数 260千字
版　　次 2023年3月第1版　2024年12月第5次印刷
定　　价 48.00元

本书如有破损、缺页、装订错误，请与本社印制管理中心联系更换

全国工会干部培训基础教材
编写委员会

团结动员亿万职工
为全面建设社会主义现代化国家
贡献力量（代序）

王东明

党的二十大是在全党全国各族人民迈上全面建设社会主义现代化国家新征程、向第二个百年奋斗目标进军的关键时刻召开的一次十分重要的大会，是一次高举旗帜、凝聚力量、团结奋进的大会，为新时代新征程党和国家事业发展、实现第二个百年奋斗目标指明了前进方向、确立了行动指南。必须深刻领会大会精神实质、把握核心要义、明确奋斗目标，在全面学习、全面把握、全面落实上下功夫，团结动员亿万职工在新征程上踔厉奋发、勇毅前行，为实现第二个百年奋斗目标贡献智慧和力量。

深刻领悟“两个确立”的决定性意义，把“两个维护”落实到工会工作各方面全过程

党的二十大在政治上、理论上、实践上取得了一系列重大成果。习近平同志在党的二十届一中全会上继续当选中共中央总书记，充分反映了全党全军全国各族人民的共同心愿和习近平总书记的崇高威望，充分展示了全党全国上下在以习近平同志为核心的党中央团结带领下战胜前进道路上一切风险挑战、开创美好未来的坚定信心和决心，是全党上下拥护“两个确立”、做到“两个维护”的生动实践和真实体现。

党的十八大以来，党和国家面临的形势之复杂、斗争之严峻、改革发展稳定任务之艰巨世所罕见、史所罕见，习近平总书记以高超的政治智慧、强烈的历史担当、卓越的领导能力和“我将无我，不负人民”的崇高境界，带领全党全军全国各族人民攻坚克难、砥砺前行，推动党和国家事业取得历史性成就、发生历史性变革。实践充分证明，新时代十年的伟大变革，根本在于有习近平总书记作为党中央的核心、全党的核心领航掌舵，在于习近平新时代中国特色社会主义思想的科学指引。“两个确立”是党在新时代取得的重大政治成果，是推动党和国家事业取得历史性成就、发生历史性变革的决定性因素。

习近平总书记高度重视工人阶级和工会工作，对工会坚持党的领导提出明确要求，强调工会工作做得好不好、有没有取得明显成效，关键看有没有坚持正确政治方向；坚持正确政治方向，一言以蔽之，就是要坚持中国共产党领导和社会主义制度；只有坚持党的领导，工会工作才能方向明确、不走偏路，才能做得有声有色、扎实有效；在坚持党的领导这个根本问题上，工会必须旗帜鲜明、立场坚定。回顾百年来党领导的现代工人运动史，我国工会坚定不移在党的领导下开展工作，与历史同步伐、与时代共命运，为党和国家事业发展作出了重要贡献。

党的十八大以来，全总和各级工会始终把坚持党的领导作为工会工作的最高政治原则和根本保证，把深入学习贯彻习近平新时代中国特色社会主义思想作为首要政治任务，健全学习新时代党的创新理论的制度性安排，准确把握其基本观点、核心要义、科学体系、根本要求；完善党组（党委）会议“第一议题”制度，第一时间传达学习、第一时间狠抓落实习近平总书记重要指示批示、党中央重大决策部署；完善向党中央请示报告重大事项制度，探索与省级党委协调推进工会工作的机制，完善全总定期听取省级工会工作报告和意见建议制度；以党的政治建设为统领加强党的各项建设，全面推进工会系统从严治党，营造风清气正的良好政治生态。党的十八大以来工会工作取得重要进展和新成效，根本在于始终坚持党对工会的领导，在于始终坚持以习近平新时代中国特色社会主义思想为指导。

当前，世界百年未有之大变局加速演进，新一轮科技革命和产业变革深入发展，国际力量对比深刻调整，我国发展进入战略机遇和风险挑战并存、不确定难预料因素增多的时期。面对严峻复杂的形势，最重要的就是要始终坚持“两个确立”，坚决做到“两个维护”，这是党在新时代十年伟大变革中积累的宝贵经验，是党和国家的前途命运所系、全国各族人民的根本利益所在，是党团结带领全国各族人民全面建设社会主义现代化国家、夺取新的伟大胜利的根本政治保证。新征程上，各级工会组织和广大工会干部必须深刻领悟“两个确立”的决定性意义，进一步增强“四个意识”、坚定“四个自信”、做到“两个维护”，坚定不移在思想上政治上行动上同以习近平同志为核心的党中央保持高度一致。坚持不懈强化理论武装，深刻把握习近平新时代中国特色社会主义思想的世界观和方法论，坚持运用贯穿其中的立场观点方法，切实用以指导实践、推动工作、破解难题。自觉同习近平总书记重要指示批示精神、重要论述、党中央决策部署要求对标对表，真正把拥护“两个确立”、做到“两个维护”体现在行动上，落实到工作中。面向基层和一线职工，广泛开展多种形式的宣传宣讲，推动“两个确立”更加深入人心、“两个维护”成为广大工会干部和职工群众的自觉行动。

引领职工听党话、跟党走，汇聚起亿万职工团结奋斗的磅礴力量

党的二十大立足新时代新征程的历史方位，深刻分析我国发展面临的形势和挑战，对全面建成社会主义现代化强国两步走战略安排进行了宏观展望，重点部署了未来5年的战略任务和重大举措，发出了为全面建设社会主义现代化国家、全面推进中华民族伟大复兴而团结奋斗的伟大号召。

习近平总书记强调，党和人民取得的一切成就都是团结奋斗的结果，团结奋斗是中国共产党和中国人民最显著的精神标识。团结才能胜利，奋斗才会成功。新时代十年，我们以奋发有为的精神把新时代中国特色社会主义推向前进，创造了一个个令人刮目相看的人间奇迹，靠的就是全党全国各族人民万众一心、勇往直前、团结奋斗。汇聚起亿万人民团结奋斗的磅礴伟力，离不开扎实有效的思想政治引领。通过卓有成效的思想政治引领，把亿万职工思想统一起来、共识凝聚起来、力量激发出来，工会重任在肩、使命在肩。

党的十八大以来，全总和各级工会认真履行引导职工群众听党话、跟党走的政治责任，把学习贯彻习近平新时代中国特色社会主义思想作为加强思想政治引领的第一位任务，通过理论宣讲、劳模宣讲、演讲比赛、知识竞赛等方式，把“大学习”的课堂搬到工厂车间、生产一线，推动习近平新时代中国特色社会主义思想进企业、进车间、进班组。加强对习近平总书记关于工人阶级和工会工作的重要论述的学习贯彻和研究阐释，推动重要论述在工会系统和广大职工中落地生根。深入开展“永远跟党走、奋进新征程”、“喜迎二十大、建功新时代”等系列宣传教育活动，培育和践行社会主义核心价值观，“中国梦·劳动美”的价值引领深入基层、扎根职工。大力弘扬劳模精神、劳动精神、工匠精神，组织劳模、工匠人才进校园、进企业，发布全国“最美职工”、“大国工匠年度人物”，努力营造劳动光荣的社会风尚和精益求精的敬业风气。加强重点领域重点群体职工思想政治工作，创新工作方式方法，强化网上思想引领，推动思想政治工作传统优势与信息技术深度融合，加强对职工的人文关怀和心理疏导，建设健康文明、昂扬向上、全员参与的职工文化。

全面建设社会主义现代化国家，是一项伟大而艰巨的事业，前途光明，任重道远，更加需要坚定信念、鼓舞斗志，更加需要同心同德、团结奋斗。新征程上，工会必须牢记“三个务必”，牢牢把握团结奋斗的时代要求，把巩固团结奋斗的共同思想基础作为思想政治引领的重要内容，不断创新职工思想政治工作，引导广大职工坚定中国特色社会主义道路自信、理论自信、制度自信、文化自信，不断增强对中国共产党领导和中国特色社会主义制度的政治认同、思想认同、情感认同，自觉把人生理想、家庭幸福融入国家富强、民族复兴的伟业之中，更加紧密地团结在以习近平同志为核心的党中央周围，坚定不移听党话、矢志不渝跟党走，为实现党的二十大确定的目标任务团结奋斗。

贯彻党的全心全意依靠工人阶级方针，组织动员亿万职工在新征程上建功立业

党的二十大报告指出，从现在起，中国共产党的中心任务就是团结带领全国各族人民全面建成社会主义现代化强国、实现第二个百年奋斗目标，以中国式现代化全面推进中华民族伟大复兴。这是站在历史和时代的高度，全面把握党和国家事业发展新要求、人民群众新期待，向全党全国各族人民发出的动员令。

习近平总书记强调，工人阶级是我国的领导阶级，是我国先进生产力和生产关系的代表，是我们党最坚实最可靠的阶级基础。我国工会是中国共产党领导的工人阶级群众组织，团结动员广大职工群众为实现党在不同历史时期确立的纲领、目标和中心任务而努力奋斗是工会的重要使命。新民主主义革命时期，工会按照党确立的符合当时形势的工运策略和活动方式，提高工人阶级的政治觉悟，动员工人群众开展各种形式的斗争，团结动员广大职工为实现民族独立、人民解放而奋斗；社会主义革命和建设时期，工会动员带领广大工人坚决响应党的号召，焕发国家主人翁精神，为建立和巩固人民当家作主的新政权、建立独立的比较完整的工业体系和国民经济体系而奋斗；改革开放和社会主义现代化建设新时期，工会坚持围绕中心、服务大局，团结动员广大职工为坚持和发展中国特色社会主义而奋斗。

党的十八大以来，全总和各级工会围绕国家重大战略、重大工程、重大项目、重点产业，组织职工广泛深入持久开展多种形式的主题劳动和技能竞赛，开展“小发明、小创造、小革新、小设计、小建议”等群众性创新活动；加强劳模、工匠和职工学习阵地建设，示范带动创建各级各类创新工作室8万多家；成功举办首届大国工匠创新交流大会，习近平总书记向大会致贺信；推荐多名一线工人获得国家科技进步奖，职工创新创造活力显著提升。扎实推进产业工人队伍建设改革，成立推进产业工人队伍建设改革工作领导小组，产业工人思想引领、建功立业、素质提升、地位提高、队伍壮大等改革措施有效落实，改革取得重要阶段性成效，产业工人在推进高质量发展中的主力军作用更加突出。

党的二十大擘画了以中国式现代化推进中华民族伟大复兴的宏伟蓝图，把宏伟蓝图变成美好现实，根本上要靠包括工人阶级在内的全体人民的劳动、创造、奉献。新征程上，工会必须牢牢把握为实现中华民族伟大复兴的中国梦而奋斗的我国工人运动时代主题，充分发挥工人阶级主力军作用，团结动员亿万职工为推进中国式现代化建功立业。围绕建设教育强国、科技强国、人才强国，深化产业工人队伍建设改革，抓好抓实职工素质提升工作，加快构建产业工人技能形成体系，推动健全落实高技能人才培养、使用、评价、激励、保障机制，畅通技能人才流动渠道，努力建设一支宏大的知识型、技能型、创新型产业工人大军，为推进中国式现代化提供坚实人才和技能支撑。

坚持以人民为中心的发展思想，扎实做好工会维权服务工作

党的二十大报告通篇贯穿人民至上的根本立场和以人民为中心的发展思想，强调“江山就是人民，人民就是江山”，强调“为民造福是立党为公、执政为民的本质要求”，对“增进民生福祉，提高人民生活品质”作出安排部署，充分体现了以习近平同志为核心的党中央矢志不渝、坚守初心的政治本色和深厚为民情怀，体现了我国社会主义制度的本质和优越性，顺应了历史发展大势和人民群众期盼。

习近平总书记指出，我们党的根本宗旨就是为人民群众办好事，为人民群众幸福生活拼搏、奉献、服务；要想人民之所想，行人民之所嘱，不断把人民对美好生活的向往变为现实；工会要认真履行维护职工合法权益、竭诚服务职工群众的基本职责，把服务职工、维护职工合法权益的大旗牢牢掌握在手中，哪里的职工合法权益受到侵害，哪里的工会就要站出来说话。扎实做好维权服务工作，是工会落实以人民为中心的发展思想、践行全心全意为人民服务根本宗旨的必然要求。

党的十八大以来，全总和各级工会认真履行基本职责，推动修改《中华人民共和国工会法》、《中国工会章程》，将工会基本职责拓展为“维护职工合法权益、竭诚服务职工群众”。助力落实“六稳”、“六保”任务，深入细致做好职工就业创业服务，推动就业优先战略和积极就业政策落实落地。以货车司机、网约车司机、快递员、外卖配送员等为重点，出台推进新就业形态劳动者建会入会和权益保障工作的指导性文件，大力推行“重点建、行业建、兜底建”模式，推进互联网百强企业建会，2021年度全国互联网百强企业全部实现建会突破，工会组织覆盖和工作覆盖取得阶段性进展，推动解决了一批新就业形态劳动者的急难愁盼问题。做优做强送温暖、金秋助学、阳光就业、职工医疗互助、工会法律援助等工作，开展提升职工生活品质试点，将20家工会帮扶中心和50家企业（工业园区）纳入全总试点单位，各省（区、市）和新疆生产建设兵团总工会开展省级试点。加强服务职工阵地建设，建设“劳动者港湾”、“爱心驿站”等工会户外劳动者服务站点10.58万个，累计投入资金18.66亿元。将城市困难职工解困脱困作为重点工作，主动融入党政工作大盘子，通过建档立卡、精准施策、强化评估、压实责任等具体举措，推动549.87万户困难职工家庭全部如期实现解困脱困。贯彻落实党中央国务院《关于构建和谐劳动关系的意见》，推动健全党政主导的维权服务机制，努力把劳动关系矛盾化解在基层、化解在萌芽状态。贯彻总体国家安全观，坚决维护劳动领域政治安全，加强相关工作体系建设，健全劳动关系风险监测、分析、研判、预防机制和职工队伍稳定风险排查化解机制，促进职工队伍团结统一与社会和谐稳定。

党的二十大对保障和改善民生、扎实推进共同富裕作出重要部署，为工会围绕中心、服务大局，履行好维权服务基本职责提供了重要契机。新征程上，工会必须始终坚持以职工为中心的工作导向，不断深化自身改革和建设，保持和增强政治性、先进性、群众性，有效发挥党联系职工群众的桥梁纽带作用。积极参与涉及职工切身利益的法律法规政策的制定修改，推动健全劳动法律法规体系。推动落实就业优先政策，推动健全就业促进机制，加强困难群体就业兜底帮扶，推动完善工资平等协商机制、正常增长机制、支付保障机制，健全向一线职工倾斜的分配制度，推动提高劳动报酬在初次分配中的比重，在促进共同富裕中更好发挥工会作用。积极推动完善以职工代表大会为基本形式的企事业单位民主管理制度，依法保障职工知情权、参与权、表达权、监督权，在发展全过程人民民主中保障职工民主政治权利。加快构建以普惠性服务和精准帮扶为重点的工会服务职工体系，着力提升质量和实效。巩固拓展城市困难职工解困脱困成果，推动解困脱困与提升职工生活品质有效衔接，健全困难职工家庭常态化帮扶机制，不断提高职工群众的获得感、幸福感、安全感。增强忧患意识、坚持底线思维，发扬斗争精神、增强斗争本领，密切关注降薪裁员、欠薪欠保、劳资纠纷、生活困难等可能引发的突出风险，积极推进“法院+工会+人社+司法”四方联动机制建设，推动构建和谐劳动关系，在维护企业和社会大局和谐稳定中更好发挥工会组织作用。

党的二十大吹响了新时代新征程奋勇前进的号角。我们要进一步增强学习领会贯彻落实党的二十大精神的自觉性和坚定性，找准工会贯彻落实党的二十大精神的切入点、结合点、着力点，切实把党中央提出的战略部署转化为工会的实际行动，充分展示工会在推进中国特色社会主义事业中的新担当新作为。

（本文系全国人大常委会副委员长、中华全国总工会主席王东明同志在2022年12月16日《求是》杂志发表的署名文章）

目　录

CONTENTS

第一章　工会权益保障工作概述

本章主要介绍工会权益保障工作的职责、主要内容、地位、作用及其历史发展，并着重介绍当前工会权益保障工作面临的新形势、工作重点以及做好新形势下工会权益保障工作的基本方法。

第一节　工会权益保障工作的职责、主要内容、地位与作用

一、工会权益保障工作的职责和主要内容

工会权益保障工作的基本职责是维护好、实现好和发展好广大职工的劳动就业权、劳动报酬权、社会保障权等各项劳动经济权益，促使广大职工共享经济社会发展的成果，从而充分调动广大职工的积极性、主动性和创造性，为全面建设社会主义现代化国家建功立业。

工会权益保障工作的内容主要包括以下几个方面：

1. 综合研究国民经济和社会发展过程中与职工劳动经济权益密切相关的问题，研究工会权益保障工作的有关理论和政策，制定和提出工会权益保障工作的总体规划、工作目标和工作任务，总结推广典型经验，更好地开展工会权益保障工作。

2. 参与国家有关职工劳动就业、收入分配、社会保险、社会救助、社会福利、劳动关系（三方机制、集体协商）等方面

政策法规的研究与制定，充分反映职工群众的意见、要求和建议，从源头上维护广大职工的劳动经济权益。

3. 开展调查研究，推动并监督有关职工的劳动、工资、社会保险、社会救助、社会福利、劳动关系（三方机制、集体协商）等方面政策法规的贯彻执行，并及时了解和掌握职工群众相关权益的实现和保障状况，提出相应的对策和建议。

4. 发挥工会自身优势，通过多种形式和途径，组织开展困难职工帮扶工作，努力为广大职工办实事、办好事，帮助职工解决在劳动就业、收入分配、社会保险、子女教育、住房以及基本生活保障等方面的实际困难，协助党委和政府解决困难职工的生产、生活问题。

5. 发挥工会代表职工的作用，加强同政府劳动保障和有关部门及企业代表组织的配合与协作，推进协调劳动关系集体协商机制、三方机制建设，参与协调解决劳动关系领域重点、难点问题，推动创建和谐劳动关系。

6. 做好工会有关农民工的服务协调工作，维护农民工合法权益。

二、工会权益保障工作的地位和作用

工会权益保障工作主要包括劳动就业、收入分配、协调劳动关系（三方机制、集体协商）、社会保险、帮扶和农民工工作等内容，这些内容都是社会建设的重要领域。党的二十大报告明确指出："为民造福是立党为公、执政为民的本质要求。必须坚持在发展中保障和改善民生，鼓励共同奋斗创造美好生活，不断实现人民对美好生活的向往。""我们要实现好、维护好、发展好最广大人民根本利益，紧紧抓住人民最关心最直接最现实的利益问题，坚持尽力而为、量力而行，深入群众、深入基层，采取更多惠民生、暖民心举措，着力解决好人民群众急难愁盼问题，健全基本公共服务体系，提高公共服务水平，增强均衡性和可及性，扎实推进共同富裕。”工会权益保障工作事关广大职工最关心、最直接、最现实的利益，在推动构建和谐劳动关系、促进经济持续健康发展和社会和谐稳定中具有极为重要的作用，在整个工会维权工作中处于首要和基础的地位。做好工会权益保障工作，对于工会切实履行维护职工合法权益、竭诚服务职工群众的基本职责，维护职工队伍和社会的稳定，促进社会主义和谐社会建设具有重要意义。

（一）做好工会权益保障工作，有利于职工合法权益的实现

维护职工的劳动经济权益，是延续整个社会生产和再生产的基本条件，它可以使劳动者在健康和安全的环境下，为社会提供更多的商品和服务，同时获得收入，以延续劳动力的再生产。因此，在劳动者的合法权益中，劳动经济权益是最基本的权益，是劳动者获得政治民主权益及精神文化权益的前提和基础。职工的劳动经济权益得到保障，有利于政治民主权益和精神文化权益的实现。

（二）做好工会权益保障工作，有利于构建社会主义和谐劳动关系

在市场经济条件下，劳动关系是最基本的经济关系，劳动者和企业是劳动关系中两个相对应的主体。相对于劳动者而言，企业在各方面都处于优势地位，在市场竞争压力和利润目标的引导下，企业容易忽视劳动者权益，甚至会以牺牲劳动者的权益来获取企业的利益，这无疑将加大工会维护职工劳动经济权益的难度，也从客观上加大了工会权益保障工作的责任。做好工会权益保障工作，努力保障和促进职工最关心的劳动经济权益的实现，并通过加强同政府劳动保障和有关部门及企业代表组织的配合与协作，推进协调劳动关系集体协商机制、三方机

制建设，对于实现劳动关系双方的和谐，有效地化解和减少劳动关系双方的矛盾与冲突，推动构建中国特色和谐劳动关系，具有十分重要的意义。

（三）做好工会权益保障工作，有利于形成稳定和谐的经济社会发展环境

目前，劳动就业、收入分配、社会保障是广大职工最关心、最直接、最现实的利益所在，也是党和政府高度重视、关注的经济和社会问题。这些问题如果解决不好，将会直接威胁到经济的发展和社会的稳定。因此，做好工会权益保障工作，努力维护好职工在就业、分配和社会保障等方面的权益，有利于形成稳定和谐的经济社会发展环境，有利于充分调动广大职工的积极性和创造性，为我国经济社会的协调发展创造良好的条件并提供强大的动力。

（四）做好工会权益保障工作，有利于应对经济全球化给我国劳动关系带来的挑战

当前，世界正处于大发展、大变革、大调整时期，世界百年未有之大变局正在加速演进，国际形势继续发生深刻复杂变化，国内改革发展稳定任务艰巨繁重。随着经济全球化的深入发展，全球治理体系和国际秩序的加速变革，以及我国“一带一路”国际合作、建设开放型世界经济、构建人类命运共同体等战略的逐步推进，对我国社会的经济结构、劳动就业、分配方式、劳资关系等方面都产生了深刻的影响。我国正处于经济社会转型时期，劳动关系的主体及其利益诉求越来越多元化，劳动关系矛盾已进入凸显期和多发期，新就业形态劳动者权益保障问题凸显，劳动争议案件居高不下，一些行业和企业特别是工程建设领域拖欠农民工工资问题仍然突出，集体停工和群体性事件时有发生，构建和谐劳动关系任务紧迫。面对这种形势，有针对性地做好新形势下的工会权益保障工作，有利于减少劳动关

系冲突，缓和劳动关系矛盾，化解社会风险，使我们能够在经济全球化的冲击和挑战面前从容应对，抓住机遇，加快发展步伐。

第二节　我国工会权益保障工作的历史发展

一、新中国成立至改革开放前的工会权益保障工作

新中国成立后，党和政府十分重视广大职工的就业、工资以及保险福利等工作，也十分重视发挥工会组织在维护职工劳动经济权益方面的重要作用，工会权益保障工作取得了长足的进展。

（一）新中国成立至“文化大革命”前

这一历史时期，工会权益保障工作在整个国家的社会保障工作格局中占据着重要地位并发挥了十分重要的作用，这突出体现在以下几个方面：

1. 工会直接管理国家的社会保障事业。

1951 年 2 月，由政务院颁布的《劳动保险条例》明确规定，中华全国总工会为全国劳动保险事业的最高领导机关，统筹全国劳动保险事业，督导所属各地方工会组织、各产业工会组织有关劳动保险事业的执行。《劳动保险条例》颁布后，从全国到省、市、地、县及企业都建立了由工会牵头的完整的劳动保险业务的专管组织机构，并负责劳动保险事业的领导和实施；劳动保险基金分级管理，全国统筹调剂；基层以上工会与劳动部门共同负责解释劳动保险的有关政策、法规。1954 年 5 月，政务院第 211 次政务会议正式批准了劳动部关于劳动保险工作移交全国总工会统一管理的建议。同年 6 月，劳动部、全国总工会下发了《关于劳动保险业务移交工会统一管理的联合通知》。至此，全国全部的劳动保险工作统一由各级工会管理。

2. 各级工会直接参与了国家一系列重大劳动工资政策的研究与制定，协助政府推行了许多行之有效的工资奖金分配制度和办法。

1950 年 8—9 月，劳动部和全国总工会联合召开全国工资改革准备会议，制定了《工资条例（草案）》、《工资条例说明书》、《全国各主要地区工资所含物品牌号及数量表草案》、《各产业工人职员工资等级表（草案）》等文件；明确了以“工资分”作为工资的计算单位，工人实行八级工资制，建立工资标准的产业顺序和技术津贴、地区津贴等项内容；确定了工资改革的三条基本原则。1952 年 12 月，中央财经委员会和全国总工会联合召开了国营企业工资工作会议，拉开了全国第一次工资改革的序幕。1956 年 6 月，国务院印发了《关于工资改革的决定》，全国总工会随后也发出了《关于工资改革工作的指示》等文件，对工资改革的办法、步骤以及工会在工资改革中的主要任务等都提出了明确的要求。

3. 积极开展互助互济活动，改善职工生活福利，推动了职工生活的改善和提高。

1950 年 6 月颁布的《工会法》明确规定，工会有改善工人、职员群众的物质生活和文化生活的各种设施的责任，并规定各级政府应拨给工会必需的房屋与设备作为举办集体福利事业之用。党中央多次指示，工会必须经常密切地关心工人群众的生活状况，在增加生产的基础上，按照需要与可能，逐步改善工人物质与文化生活和工人的工作条件。

按照国民经济恢复时期的实际情况和广大职工的迫切需要，各级工会协同政府有关部门和企业行政，为改善职工生活进行了大量工作，特别是面对旧社会遗留下来的严重的失业现象和因物价上涨造成的职工生活严重困难，全国总工会发出了《为救济失业工人告全国工人书》，号召全国职工发扬阶级友爱精神，以实际行动援助失业工人。同时各级工会还协同政府有关部门，采取“以工代赈”、“生产自救”、“还乡生产”、“介绍工作”等办法安置失业人员，使旧社会遗留的474万名失业工人到1958年全部解除了失业的困苦，并为发展生产恢复经济作出了贡献。这一时期，工会协助地方和企业行政积极兴办职工的集体福利事业，建立起食堂、托儿所、浴室、疗养院、休养所、消费合作社等设施，并在企业建立了生活困难补助、宿舍冬季取暖补贴、上下班交通补贴、探亲路费补助等制度。各地工会还根据全国总工会1955年以来相继发布的《关于整顿互助储金会、改进困难补助工作的指示》、《工会基层（车间）委员会生活住宅工作委员会通则》、《互助储金会通则》、《职工生活困难补助办法》等文件，建立健全职工生活工作组织，推进工会职工生活工作的规范化、群众化。

1958年开始的“大跃进”的失误和连续三年的严重自然灾害，使农业大幅度减产，全国主副食品供应紧张，生活困难职工增多。据此，各级工会坚决按照党的“一手抓生产，一手抓生活”方针，大力加强职工生活工作。协同企业行政动员组织职工“生产度荒、节约度荒”，大搞农副业生产，改进食堂管理，推行“粗粮细作”、“瓜菜代粮”。为推动搞好困难职工的补助和救济，1962年10月，全国总工会、劳动部、财政部联合发出《关于做好当前职工生活困难补助工作的通知》，对补助标准、经费来源、工作程序作了明确规定。从1962年10月至1963年3月，共提供各方面经费2.5亿元，另外，各地还拨出相当数量的棉布、絮棉、针织品等物资进行了实物补助，得到补助的职工达650万人，对帮助职工度过灾荒、促进生产发展起到了重要作用。这期间，在党中央和周恩来同志的倡导下，群众性互助互济活动蓬勃兴起。1964年，全国总工会在辽宁省召开全国职工生活互助经验交流会，推动了各地在职工中广泛开展互助互济活动，群众自己动手谋福利，培育和发扬了集体主义精神，推动了职工生活的改善和提高。

（二）“文化大革命”期间

在“文化大革命”的十年中，各级工会组织遭到破坏，工作被迫停止，工会管理的劳动保险业务和工会劳动工资以及生活工作也随之处于停顿状态。财政部冻结了工会统一管理的劳动保险基金，并在1969年2月发出的《关于国营企业财务工作中几项制度的改革意见（草案）》中规定：“国营企业一律停止提取劳动保险金，原在劳动保险金中开支的劳动保险费用，改在企业营业外列支。”至此，退休费用的社会统筹被取消，社会保险基金的征集和管理调剂使用制度被废止，职工的养老、工伤、医疗、生育等保险由企业承担，社会保险蜕变成了“企业保险”。

二、改革开放后至20世纪80年代末期的工会权益保障工作

这一时期，整个国民经济处于恢复、整顿和改革阶段，工会劳动权益保障工作也逐步恢复，并进行了一系列的改革。

在劳动保险工作方面，由于1978年中国工会第九次全国代表大会召开后各级工会逐步恢复了组织活动，全国总工会九届二次执委会议提出恢复管理劳动保险工作，随后建立了全国总工会生活办公室（1979年改为劳动保险部）；许多地方的大中型企业工会也都恢复了对劳动保险的管理工作。1980年3月，根据当时各地劳动保险工作管理的实际情况，国家劳动总局、全国总工会联合发出了《关于整顿与加强劳动保险工作的通知》，对企业行政与工会、各级政府劳动部门与基层以上工会在劳动保险管理的具体职责划分方面提出了指导性意见。经过各级工会组织与劳动部门的合作、企业行政与基层工会的努力，

劳动保险整顿工作取得了很大成绩，劳动保险的管理工作又逐步走上了正轨。此外，在这一时期，工会在开展退休职工管理和服务方面也发挥了重要作用。

在劳动工资方面，全国总工会于1979年12月召开了全国工会工资工作座谈会，提出了工会工资工作的总体任务，并对工会工资工作建立工作机构与工作制度提出了具体要求。1985年，全国总工会下发文件，提出了关于充实工会工资工作干部的要求，全国多数省份和产业工会都相应配备了工资工作专兼职干部。1986年底，全国总工会成立了劳动工资社会保障部，全国许多省、市、县及基层企事业单位的工会组织迅速恢复建立了工会工资工作机构和组织。

在职工生活工作方面，1978年10月，邓小平同志代表党中央向中国工会九大致辞，强调“工会要努力保障工人的福利”，要求“工会组织要督促和帮助企业行政和地方行政在可能的范围内，努力改善工人的劳动条件、居住条件、饮食条件和卫生条件，同时要在工人中间积极开展各种形式的互助活动”。按照邓小平同志的指示精神，工会职工生活工作走上持续健康发展的轨道。1985年，全国总工会召开了全国工会群众生活工作会议，认真总结了中国工会九大以来职工生活工作的成绩和经验，提出了在改革开放新形势下工会生活工作的基本思路，全国各地工会按照全国总工会的统一部署，积极开展各项扶贫帮困工作，仅1985—1990年，全国10万个基层单位扶助贫困职工就达250多万人，有140万人摆脱贫困境况，连同家属共有600多万人脱困。此外，在这一时期，工会在开展职工物价监督方面也发挥了重要作用。

三、20世纪90年代初期至党的十八大前的工会权益保障工作

这一时期，我国提出了建立社会主义市场经济体制的目标，

在劳动和社会保障领域陆续出台了一系列重大法律、法规和政策，如 1994 年 7 月全国人大常委会颁布了《劳动法》，1997 年以来，国务院相继颁布了《关于建立统一的城镇企业职工基本养老保险制度的决定》、《关于建立城镇职工基本医疗保险制度的决定》、《失业保险条例》、《工伤保险条例》、《城市居民最低生活保障条例》等一系列政策法规，制定了确保下岗职工基本生活保障费和退休人员养老金按时足额发放制度（“两个确保”），建立了下岗职工基本生活保障、失业保险以及城市居民最低生活保障制度（“三条保障线”），开展了促进下岗失业人员再就业和完善城镇社会保障体系试点等工作。2004 年将“国家建立健全与经济发展水平相适应的社会保障制度”写入了新修改的《宪法》。2007 年出台了《劳动合同法》、《劳动争议调解仲裁法》以及《就业促进法》。2009 年 4 月，我国颁布了《中共中央 国务院关于深化医药卫生体制改革的意见》，在充分肯定改革开放以来国家医药卫生事业改革取得突破性进展的基础上，又进行了新一轮改革，以解决依然存在的医药卫生体制中一些深层次问题和新形势下出现的新问题，进一步推动了医疗保险制度的不断完善。2010 年 10 月 28 日，十一届全国人大常委会第十七次会议审议通过了《社会保险法》，并于 2011 年 7 月 1 日起正式实施。这是我国第一部社会保障领域的基本法，是我国社会保障制度建设进程中的一个重要里程碑。此后，新修订的《工伤保险条例》、《女职工劳动保护特别规定》等先后颁布实施，其他一系列配套法律法规陆续出台。随着我国经济体制由计划经济逐步向社会主义市场经济转轨，工会权益保障工作的重点内容、工作方式都发生了重大的变化。

这一时期，工会权益保障工作可以简要概括为以下三个大的方面：

（一）积极参与法律法规和政策的研究与制定，从源头上维护职工的劳动经济权益

各级工会组织积极主动地参与劳动保障法律法规和政策的研究与制定，及时向政府有关部门反映职工的意愿和呼声，提出建议和主张。全国总工会全过程参与了《社会保险法》等我国有关劳动和社会保障方面的立法和配套法规、政策的制定，参与了与《劳动法》相配套的几十项行政法规、规章的起草或修订工作，并与有关方面联合发布维护职工权益的多个文件。为明确全国总工会对代管劳动保险工作期间制定的劳动保险规章和政策文件的效力，更好地维护我国社会保障工作秩序，维护职工合法权益，2007 年，全国总工会对 1951 年至 1987 年工会代行劳动保障职能期间发布的劳动保险规章和政策文件进行了全面清理。与此同时，各地工会组织也都积极参与了本地相关政策法规的研究制定，提出积极的建设性意见。工会的源头参与，为各级政府制定有关劳动和社会保障政策、法规奠定了坚实的群众基础，推动了政府决策的科学化、民主化，同时也使广大职工群众的利益在源头上得到了有效维护。

（二）开展监督检查，推动相关法律法规和政策的贯彻落实

各级工会充分发挥组织机构健全的优势，积极开展工会群众监督，推动劳动保障法律法规和政策的贯彻落实。工会主要是通过参与人大、政协以及政府有关部门的联合检查（督察）组、社会保险（保障）监督委员会、三方协商会议、职工代表大会（职工大会）、厂务公开等渠道，积极开展有关监督检查工作。重点对社会保险中的违法违规行为，特别是对用人单位欠缴、拒缴社会保险费，社会保险经办机构挤占、挪用社会保险基金的行为；对企业重组改制和关闭破产工作中变更职工劳动合同、向解除劳动关系的职工进行经济补偿以及接续社会保

险关系和清偿劳动债权的情况；对企业落实最低工资规定情况、工资按时足额支付情况、企业签订劳动合同情况以及超时劳动等行为实施监督，维护广大职工群众的合法权益。

（三）办好事实事，努力为职工排忧解难

1. 大力促进下岗失业人员再就业。

各级工会立足自身优势，突出工会特色，积极协助党委和政府落实下岗失业人员再就业优惠政策，促进下岗失业人员再就业，取得了显著成效，并已经成为工会工作的一大亮点和品牌。各级工会大力推行小额借款、创业培训和再就业基地孵化“三位一体”的促进再就业工作模式，为下岗失业人员，特别是年龄偏大、技能单一、寻找工作比较困难的“4050”人员（女40岁、男50岁）提供多方位的创业指导和就业培训服务，帮助他们实现再就业。仅2002年至2005年三年间，全国各级工会组织已经成功介绍下岗失业人员再就业155.3万人次；培训下岗失业人员223.9万人次，通过多种形式、多种渠道安置和扶持220.2万人实现了再就业，全国工会开展的小额信贷余额达到4.2亿元，累计扶持14.2万名下岗失业人员自主创业。

2. 深入实施送温暖工程，采取多种形式帮扶困难职工，逐步发展成为社会救助体系的一个重要组成部分。

从1992年开始，全国总工会组织各级工会与党政部门一道，于每年的元旦、春节期间在全国范围内开展“进万家门、知万家情、解万家难、暖万家心”的送温暖活动，并拓展为实施送温暖工程。十多年来，各级工会多方筹集送温暖资金，建立困难职工档案和领导干部联系困难职工家庭等制度，帮扶困难企业和困难职工，缓解了他们的暂时困难，得到了各级党委和政府的充分肯定、职工群众的广泛赞誉和社会各界的普遍好评。

3. 建立健全困难职工帮扶中心，使送温暖工程实现常态化、经常化、日常化。

自2002年1月起，各地工会创新工作思路和工作方式，成立困难职工帮扶中心，旨在为困难职工群体提供直接、快捷、方便的“一站式”服务。各地帮扶中心从政策咨询、法律援助、就业服务、生活救助、医疗救助、教育救助等多个方面开展对困难职工的帮扶救助活动。自2005年起，由全国总工会统一命名的“金秋助学”活动在全国工会系统开展，各地工会开展了形式多样的对特困职工子女的助学活动，为缓解困难职工子女的上学难问题发挥了积极的作用。

4. 主动做好服务困难职工的相关工作。

各级工会积极帮助职工签订劳动合同，帮助下岗失业人员接续各项社会保险关系、领取基本生活保障费和失业保险金，帮助离退休人员领取养老保险金，帮助符合条件的困难职工及其家庭申领最低生活保障金，主动协助工伤职工及其家属及时办理工伤保险待遇申请手续。同时，各级工会还通过建立工会法律服务和法律援助机构，主动为职工提供法律援助和法律服务。

简要回顾工会权益保障工作的发展历程，可以看到，在新中国成立后的不同时期，虽然随着国家经济管理体制的变化和工会工作重点的转变，工会权益保障工作的工作内容、工作重点和工作方式也在发生相应变化，但是，劳动就业、工资分配、社会（劳动）保险、生活互助和职工福利工作等始终是工会权益保障工作的基本内容，努力维护和实现职工的劳动经济权益始终是工会权益保障工作的目标和中心任务。

第三节　新时代工会权益保障工作的新发展新任务

2012年11月，党的十八大召开，中国特色社会主义进入新时代。

2017年10月，党的十九大在北京隆重召开。这是在全面建成小康社会决胜阶段、中国特色社会主义进入新时代的关键时期召开的一次十分重要的大会。党的十九大对新时代背景下工会权益保障工作提出了重要指向。

2022年10月，党的二十大取得圆满成功，大会取得了一系列重大政治成果、理论成果、实践成果，为增进民生福祉，提高人民生活品质，紧紧抓住人民最关心最直接最现实的利益问题，着力解决好人民群众急难愁盼问题，扎实推进共同富裕等工会权益保障工作指明了方向。

一、新时代以来的工会权益保障工作

2015年11月，中央全面深化改革领导小组第十八次会议审议通过了《全国总工会改革试点方案》。在全国总工会开展中央群团机关改革试点，是党中央从协调推进"四个全面"战略布局出发作出的重大决策部署。各级工会深入学习贯彻习近平总书记关于群团改革和工会改革的重要指示精神，将贯彻落实习近平总书记关于工人阶级和工会工作的重要论述与切实履行工会维权服务基本职责紧密结合起来，认真贯彻落实党中央决策部署，建机制、促创新，攻坚克难、担当作为，维权服务工作的质量和水平进一步提升，在工会全局工作中的地位和作用进一步彰显。

这一时期，工会权益保障工作可以简要概括为以下六个大

的方面：

（一）从制度上源头上保障和发展职工群众利益，源头参与取得新成效

全国总工会将制度机制保障作为保障全体职工劳动经济权益的根本工作举措，参与《社会保险法》、《失业保险条例》、《社会救助法（草案）》等重大国家政策制定和修订，积极关注养老保险全国统筹、渐进式延迟退休政策、医保门诊共济保障等职工关心关注的问题，形成工会主张及时反映给政府相关部门，多项意见建议被吸收采纳，从源头上形成保障职工合法权益的制度性安排，一批热点、焦点、难点、堵点问题得到有力解决。

（二）贯彻落实就业优先战略和积极就业政策，就业服务工作取得新进展

各级工会从内容、手段、渠道等方面入手开展就业服务工作，着力缓解职工就业的总量压力和结构性矛盾。工会就业服务活动从现场招聘、综合招聘向线上线下同步、常态化多专场拓展。

1. 积极探索工会就业服务新渠道新模式。

全国总工会指导京津冀蒙、长三角等地工会开展了系列跨区域促就业活动，并建设全国工会网上就业服务平台——“工E就业”和“工会就业服务号”，截至2022年底，服务平台已提供线上岗位超过151万个，覆盖全国32个省（区、市）。2022年，全国总工会组织各地工会开展“工会进万家·新就业形态劳动者温暖行动”招聘月活动，北京、辽宁、黑龙江、江苏、安徽、福建等地方工会积极开展针对新就业形态劳动者的线上专场招聘，集中输送就业机会。

2. 加强重点群体就业援助。

积极发挥家政服务业吸纳就业作用，2020年和2021年，全

国总工会累计安排2800余万元对下补助资金，支持和带动各级工会加大家政培训投入力度。组织开展“阳光就业暖心”行动，对有就业意愿和帮扶需要的困难职工家庭的应届毕业生，提供就业服务。自2020年起，全国总工会每年组织开展“最美家政人”推树活动，得到广大家政服务人员的积极响应。

（三）巩固拓展城市困难职工解困脱困成果，构建多层次常态化帮扶新格局

2015年11月，中央扶贫开发工作会议召开后，全国总工会紧紧围绕国家脱贫攻坚大局，部署开展城市困难职工解困脱困工作。各级工会统筹发挥全国3361个县级以上帮扶中心和16万个基层帮扶站点作用，共投入帮扶资金206.8亿元，开展专项帮扶2789万人次。截至2020年底，工会建档立卡的549.87万户困难职工家庭全部如期实现解困脱困，涉及家庭人口1301万人。在此基础上，2021年，全国总工会以提升职工生活品质为目标，以满足职工需求为导向，部署开展提升职工生活品质试点工作。近年来，全国总工会聚焦疫情防控等国家重点工作、冬奥会等重大项目、核工业功勋工人等特殊困难群体、新就业形态劳动者等重点职工群体，安排专项资金开展常态化送温暖工作，逐步形成送温暖、金秋助学、农民工平安返乡等一系列工会品牌项目，构建起层次清晰、各有侧重、有机衔接的常态化梯度帮扶长效机制。

（四）推动构建和谐劳动关系，协调劳动关系工作迈出新步伐

全国总工会牵头开展《中共中央 国务院关于构建和谐劳动关系的意见》落实情况评估工作，建成覆盖全国31个省（区、市）158个城市近3000家企业170余万名职工的工会劳动关系发展态势监测网络，推动各级三方建立劳动关系风险监测预警预防机制和全国劳动关系风险会商研判机制。会同国家协调劳

动关系三方，实施劳动关系“和谐同行”能力提升三年行动计划、集体协商攻坚计划、“稳就业促发展构和谐”行动计划等，联合开展全国和谐劳动关系创建示范活动，推动形成促进企业发展和维护职工权益并重的工作机制，培育了一批鲜活案例。

（五）大力加强对农民工群体的关心关爱，农民工工作开创新局面

全国总工会制定《中华全国总工会农民工工作规划（2016—2020年）》，在加强思想引领、提高组织化程度、维护合法权益、提升服务质量等方面统筹推进工会农民工工作。大力加强工会户外劳动者服务站点建设，持续巩固做好利用工会、行业协会、社会公益组织（基金会）及爱心企业等各方资源，支持站点建设发展的工作模式。积极参与《工资支付保障条例》及其配套措施的制定，推动完善根治欠薪长效机制。

（六）聚焦新就业形态劳动者群体，维权服务工作取得新突破

全国总工会将新就业形态劳动者权益保障和建会入会作为当前工作重点，专门成立推进新就业形态劳动者工会工作领导小组，扎实推进相关工作。2019年以来，全国总工会推动人力资源和社会保障部等相关部委先后出台五个指导性文件。探索建立新就业形态劳动者权益协商协调机制，以快递、外卖行业为重点，开展集体协商，积极推动头部平台企业协商机制建设，培育了一批集体协商典型案例。推动新就业形态劳动者帮扶服务项目纳入中央财政专项帮扶资金支持范围。2021年以来，持续开展“工会进万家·新就业形态劳动者温暖行动”服务活动，通过开展一系列关爱服务行动，推动解决新就业形态劳动者的急难愁盼问题。

二、当前工会权益保障工作面临的新挑战

当前，全面建设社会主义现代化国家新征程已经开启，做好维权服务工作、满足职工美好生活向往的任务更艰巨、责任更重大，工会权益保障工作面临着许多新形势新任务，主要表现在以下几个方面：

（一）就业总量压力依然存在，结构性就业矛盾更加凸显，稳就业仍面临挑战

近年来，面对经济增速放缓，新冠肺炎疫情多发散发，外部环境复杂多变等多重因素冲击，就业局势总体稳定，但仍有波动起伏。部分职工在疫情期间出现暂时失业、减薪、无薪待工、社保缴费逾期、生活困难等情况，由此引发的职工劳动经济权益问题不容忽视。经济转型升级、新旧动能转换带来的半主动型、半被动型结构性失业，供给侧结构性改革带来的完全被动型结构性失业和新技术“替代效应”导致的结构性失业更加突出。高校毕业生规模屡创新高，就业形势仍然严峻复杂。随着经济社会发展、劳动力市场供求关系变化和人民生活水平的不断提高，广大劳动者对高质量就业的呼声日益增强，对职业发展、休息休假、劳动报酬、劳动保护、社会保障等方面提出了更高的要求。

（二）深入推进集体协商工作还面临不少困难

在各级党委、政府大力支持下，各级三方克服困难、密切协作，有力地推动了集体协商工作，但受疫情防控、政策调整、产业变革和新就业形态劳动者快速增长等因素影响，部分地区集体合同数量呈现下降趋势。企业组织结构和用工方式日趋复杂，开展集体协商、职代会审议、集体合同备案等工作机制需进一步创新，新就业形态劳动者权益协商机制需进一步探索。集体协商人才队伍建设有待进一步加大力度，职工方、企业方

协商代表培训覆盖面还要不断扩大。集体协商的宣传工作尚需进一步加强，引导社会各界认识、支持集体协商工作。

（三）构建和谐劳动关系面临较大挑战

受经济全球化遭遇逆流和新冠肺炎疫情全球蔓延影响，我国一些出口导向型企业、传统劳动密集型企业、中小微企业生产经营面临不少压力和困难，劳动争议有所增加，经济领域矛盾风险将持续向劳动领域传导，对部分区域、行业劳动关系和谐稳定带来影响。一些企业通过劳务外包规避劳务派遣用工比例等限制，或大量使用短期工，规避用工主体责任，劳动合同用工作为企业基本用工形式受到较大冲击，新就业形态劳动者大量涌现，用工主体责任虚置，违规用工多发，劳动者权益受到侵害等现象对劳动关系规则的适用和调整提出了新课题。随着供给侧结构性改革不断深化，化解过剩产能、淘汰落后产能、“僵尸”企业出清等重点改革任务仍在持续，因国企改制、并轨试点、关闭破产等遗留问题引发的劳动关系矛盾时有发生，特别是厂办大集体改革劳动关系处置过程中新老问题交织，情况较为复杂。

（四）工资收入分配领域仍然存在一些亟待解决的问题

受全球经济增长放缓、新冠肺炎疫情冲击等多种因素影响，我国经济恢复基础尚不牢固，需求收缩、供给冲击、预期转弱三重压力仍然较大，企业经营困难加大，工资支付能力下降，给工资工作带来挑战。劳动报酬占初次分配的比重依然偏低；行业间收入分配差距依然较大；最低工资标准调整放缓；工资决定和正常增长机制不健全，特别是在非公企业中企业主决定工资的现象普遍存在，企业的劳动定额和工资标准的确定随意性较大；根治欠薪的长效机制有待落实；政府对企业工资收入分配的宏观调控和管理作用有限。在推动解决收入分配领域中的主要问题、建立市场化收入分配机制的过程中，如何确保按劳分配在国民收入分配格局中占据主体地位，推动建立各要素之间的均衡收入分配机制，特别是建立普通职工的收入正常增长机制，是工会必须认真研究并在实践中努力探索的重要课题。

（五）社会保障体系还有待完善

进入新时代，全国总工会贯彻落实习近平总书记工会要“代表职工群众主动参与立法和政策制定，从制度上源头上保障职工群众利益、发展职工群众利益”的指示精神，关注养老、医疗等职工关心的问题，先后参与《医疗保障法》、《社会救助法（草案）》、《关于改革完善社会救助制度的意见》等制定和修订，一批热点、焦点、难点、堵点问题得到有力解决，但社会保险覆盖面仍需扩大，重点人群仍未全覆盖，新就业形态从业人员、农民工、其他灵活就业人员、劳务派遣工等参保率较低，在部分企业中，仍存在参保人数不足、缴费基数不实等问题。职工社会保险待遇水平有待提升，职工基本养老保险养老金替代率较低，基本医疗保险待遇水平存在差异，工伤待遇认定程序和申请规则存在不足。社会保险面临诸多挑战，现有社会保险法律法规体系与社会现实发展状况匹配度差，现行立法与制度质量不高，影响到了公民社会权益的维护和社会建设的发展。

（六）困难职工帮扶工作形势依然严峻

我国经济发展进入新常态，经济下行压力加大，给部分职工生产生活带来一定影响。随着化解过剩产能、企业兼并重组步伐加快，困难职工生产生活问题将更加突出。局部地区和部分群体的职工困难程度甚至在加剧，农民工进入工会工作范畴以后，进一步加大了工会帮扶工作的工作强度，主要表现在工会帮扶工作的政策和法律依据不够规范，缺乏可操作性，开展帮扶工作缺少有力支持；困难职工帮扶中心枢纽型平台功能弱化，资源整合力度弱，基本处于工会系统内部循环的状态；帮扶工作欠缺社会舆论引导，帮扶工作的宣传动员深度和广度不够，没有形成良好的帮扶工作大环境；帮扶工作的思路和理念滞后，创新突破的动力不足，行动迟缓。

（七）农民工工作面临新的挑战

由于城镇化进程、人口结构、职业结构、劳动力供给、收入分配、消费方式等领域都出现了变化，包括农民工在内的广大职工群众对生活质量有了更高的要求，社会心理需要也更高。随着经济发展、社会进步以及教育文化水平普遍提高，民主意识、法治意识、权利意识、社会参与意识在日益增强。“三新”经济的发展催生了一支规模庞大的以网约车司机、快递员、送餐员等为代表的以农民工为主体的网约工群体，企业在制订、修改或决定提成比例、接单规则、工作时间、劳动报酬、休息休假、服务标准、奖惩规定等直接涉及劳动者切身利益的规章制度时，很少与劳动者协商，劳动者缺少有效的诉求表达通道。农民工市民化进程还存在诸多阻碍和影响因素，工资收入、户籍制度、城乡就业制度以及社会保障制度等方面的制度安排成为阻碍农民工成为“城市人”的主要政策因素。

三、新形势下工会权益保障领域的重点工作

（一）加强源头参与，落实制度保障

源头参与工作是新形势下工会的一项十分重要的工作。工会必须主动参与涉及职工劳动经济权益的顶层设计，在涉及职工切身利益的政策和法律法规制定的过程中，充分反映广大职工的意见和呼声，从源头上保障和维护职工的合法权益。加强立法参与，将劳动就业、收入分配、社会保障等劳动经济权益作为参与立法和政策制定的重点。

围绕国家重大战略、重大工程、重大项目、重点产业，推动职工创业就业、维权服务等深度合作；密切关注新技术、新产业、新业态引起的新就业形态以及对职工权益的影响，并推动相关领域的社会保障制度建设。围绕重大社会保障改革举措，主动参与涉及职工劳动经济权益的顶层设计，找准工会在其制度设计中发挥作用的有效途径。健全完善欠薪报告制度，着力维护职工劳动报酬权益。

（二）强化就业优先政策，促进高质量充分就业

一方面，持续把握新就业形态对完善就业政策提出的新要求，积极参与国家就业创业政策的制定，配合做好深化产业工人队伍建设改革工作，推动完善产业工人权益保障机制、畅通产业工人流动渠道，推动健全完善省级工会参与促进就业工作协调机制。另一方面，坚持政策帮扶、制度保障、普惠性服务相结合，组织开展好“工会就业创业系列服务活动”，提供常态化、精准化就业服务。依托各级工会就业服务平台、全国性人力资源机构就业招聘网站等，开设线上专场专区，多渠道促进职工就业创业。围绕国家区域协调发展战略开展劳务协作，组织开展跨地区的劳务对接洽谈活动。积极开展家政技能培训，发挥家政服务业促进就业作用。完善就业形势研判制度，关注职工就业质量状况，研究重点地区、重点行业、重点群体就业需求，探索构建就业质量指标指数体系。推动完善促进创业带动就业的保障制度，以服务职工就业项目为纽带，在职工就业创业项目上开展公益合作，以创业带动就业。开展多元化、差异化的就业技能培训，缓解结构性就业矛盾。完善重点群体就业支持体系，加强困难群体就业兜底帮扶，创新“困难职工家庭高校毕业生阳光就业暖心行动”。加强对灵活就业人员的就业服务，持续加强对特困行业转岗职工、就业困难群体就业援助，协助政府落实兜底保障政策。

（三）完善劳动关系协商协调机制，依法维护职工劳动经济权益

围绕党的二十大报告中提出的“完善劳动关系协商协调机制”要求，推动完善构建和谐劳动关系协商协调机制，深化和谐劳动关系创建活动，构建和谐劳动关系。推动完善地方协调劳动关系三方委员会建设，打通和扩宽制度保障源头参与通道。培育基层劳动关系公共服务站点，开展和谐劳动关系标准化工作体系企业标准制定及测试工作。加强劳动关系发展态势监测和分析研判工作，形成具有工会特色的劳动关系大数据，为工会精准参与劳动关系领域社会管理提供支撑和依据。

围绕党的二十大报告中提出的“完善协商民主体系，统筹推进政党协商、人大协商、政府协商、政协协商、人民团体协商、基层协商以及社会组织协商，健全各种制度化协商平台，推进协商民主广泛多层制度化发展”目标要求，持续深入推进集体协商工作提质增效，坚持将集体协商作为市场经济条件下工会维护职工权益工作的重要手段和构建和谐劳动关系的重要载体，持之以恒地抓下去。坚持集体协商工作的正确方向，坚持企业工会“促进企业发展、维护职工权益”工作原则，推动企业与职工通过集体协商，互相交流、互相理解。开展集体协商集中要约行动，围绕援企稳岗和提高技术工人待遇，以劳动报酬、劳动定额、休息休假、技能人才待遇为重点开展集体协商，协调稳定企业劳动关系。深入开展集体协商质效评估，推动健全技术工人薪酬激励机制，引导职工技能和创新要素参与企业初次分配。

围绕党的二十大报告中提出的“加强灵活就业和新就业形态劳动者权益保障”要求，探索畅通新就业形态劳动者诉求表达渠道，全面推进新就业形态劳动者权益协商协调机制建设，推进企业建立劳资日常沟通协商机制，鼓励多层级、多形式地

开展协商。推动头部平台企业和快递行业龙头企业建立与工会、劳动者的协商协调机制，就订单分配、计件单价、抽成比例、奖惩制度等涉及劳动者权益的事项开展协商；推动快递、网约配送、网约车、货运行业签订集体合同，保障劳动者权益。

（四）充分发挥工会保障职工权益职能，在扎实推进共同富裕中彰显工会作用

围绕党的二十大报告中提出的“完善分配制度”，“努力提高居民收入在国民收入分配中的比重，提高劳动报酬在初次分配中的比重”，“构建初次分配、再分配、第三次分配协调配套的制度体系”等目标要求，突出维护职工收入分配权益，努力增加低收入者收入，扩大中等收入群体。继续配合政府相关部门做好收入分配有关工作，参与有关政策文件制定。加强对收入分配领域理论和实践问题的研究，持续开展最低工资标准调查，推动各地最低工资标准科学合理调整。鼓励支持通过行业集体协商确定行业最低工资标准，发挥集体协商的企业工资决定机制作用，推动形成符合企业实际的工资制度和合理增长机制，提高劳动报酬在初次分配中的比重。总结推广技能要素参与分配的经验做法，推动提高技术工人待遇政策的落实。配合政府做好根治欠薪工作，推动保障农民工工资支付长效机制落实落地。

围绕党的二十大报告健全社会保障体系中提出的“健全覆盖全民、统筹城乡、公平统一、安全规范、可持续的多层次社会保障体系”要求，做好工会参与社会保障体系建设工作，推动健全多层次社会保障体系，扩大社会保险覆盖面。主动配合政府有关部门，进一步完善职工社会保险制度，积极推进实现养老保险全国统筹，健全基本养老和基本医疗保险筹资和待遇调整机制，推动基本医疗保险、失业保险、工伤保险省级统筹，让广大劳动者共享改革发展成果。促进多层次医疗保障有序衔

接，完善大病保险和医疗救助制度，建立长期护理保险制度，积极发展商业医疗保险等，努力维护职工医疗保障权益。认真履行工会职能，进一步推动职工社会保险权益落实。与政府部门协同配合，加大监督检查力度，确保社会保险各项法律法规落实。充分发挥工会组织优势，提高职工和企业的参保意识，增强职工的维权能力。

围绕党的二十大报告中提出的“增进民生福祉，提高人民生活品质”，“着力解决好人民群众急难愁盼问题，健全基本公共服务体系，提高公共服务水平，增强均衡性和可及性，扎实推进共同富裕”的目标要求，始终坚持以职工为中心的工作导向，扎扎实实为职工群众做好事、办实事、解难事，不断增强职工群众的获得感、幸福感、安全感。健全分层分类的社会救助体系，巩固拓展城市困难职工解困脱困工作成果，持续推进提升职工生活品质工作，健全完善困难职工帮扶、送温暖、提升职工生活品质有效衔接的梯度帮扶服务工作格局。做实服务职工工作，加快构建以普惠性服务和精准帮扶为重点的工会服务职工体系。做实做细做优送温暖、金秋助学、农民工平安返乡、工会户外劳动者服务站点等工作品牌。

思考题：

1. 如何理解工会权益保障工作在工会工作中的重要地位？
2. 如何认识当前工会权益保障工作面临的新形势和新要求？
3. 结合工作实际谈谈如何做好新形势下的工会权益保障工作。

第二章　劳动就业工作

劳动就业是劳动者最基本的权利之一。扩大就业、降低失业水平和实现充分稳定就业，是培育经济发展新动能、推动经济转型升级的内在要求，对发挥人的创造能力、促进职工群众增收和保障基本生活、适应人们对自身价值的追求具有十分重要的意义。做好工会劳动就业工作，就是要在维护职工的就业权利、积极促进就业、提高就业质量、提高职工素质和依法维护职工的劳动权益等方面发挥作用。本章重点介绍劳动就业方面的基础知识，我国涉及就业的法律、法规、政策和工会劳动工作的基本内容，工会推动积极就业政策落实的实践及当前的主要任务。

第一节　劳动就业基本知识

一、劳动就业

（一）劳动就业的概念、方针和原则及就业权

1. 劳动就业的概念。

劳动就业是指具有劳动能力的人，运用生产资料从事合法社会劳动，并获得相应劳动报酬或经营收入的经济活动。

根据这一定义，一个人如果同时满足以下三个基本条件，就可以被认为是实现了就业：（1）在法定劳动年龄内且具有劳动能力；（2）所从事的是某种合法的经济活动，以提供满足社

会需要的商品或服务为目的；（3）从事这种社会劳动可以获得相应的收入。

国际劳工统计协会规定，各国可根据国情确定劳动年龄的上下限、劳动时间的长短和工资的最低限度。凡在劳动年龄之内、具有下列情况之一的都算就业：（1）在规定时间内从事有报酬的劳动；（2）有职业而由于疾病、事故、劳动争议、度假、旷工或气候不良、设备损坏临时停工等原因而暂时没有工作；（3）自己当雇主或营业，包括协助家庭经营企业或工厂，工作时间相当于正常工作时间的1/3以上，没拿报酬，也算就业。

下述情况不属于就业范畴：（1）童工；（2）不以获得收入或营利为目的的公益劳动、家务劳动等。

2. 城镇登记失业率与调查失业率。

城镇登记失业率是指在报告期末城镇登记失业人数占期末城镇从业人员总数与期末实有城镇登记失业人数之和的比。

城镇调查失业率是指通过城镇劳动力情况抽样调查推算得到的城镇失业人数占城镇从业人数与城镇调查失业人数之和的比。

城镇失业登记制度作为失业测量的另一个有效途径和方法，过去很长一段时间在反映我国失业状况，为就业政策的制定方面发挥了重要的参考作用。由于统计的是符合一定条件，且自愿主动前往就业服务机构进行登记的失业者。因此，在我国快速发展变化的经济社会环境下，越来越难以全面反映失业状况。而城镇调查失业率的统计范围是城镇常住人口，既包括城镇本地人口，也包括外来的常住人口。如从农村转移至城镇的人口，它不要求失业登记，也不限定户籍、工作经历等条件。从调查方法来看，与通过行政记录获取登记失业率的方法不同，调查失业率是通过对住户抽样调查的方法获得失业率数据。两者在调查对象、调查方法、指标含义和计算方法等方面存在差异，所发挥的作用不尽相同。调查失业率在全面、准确、及时反映我国宏观经济运行情况、劳动力市场资源配置状况、服务宏观管理和科学决策方面必不可少；登记失业率在政府制定出台就业政策、提供精准就业服务方面具有重要作用。

3. 我国劳动就业方针。

党的二十大报告提出："就业是最基本的民生。强化就业优先政策，健全就业促进机制，促进高质量充分就业。健全就业公共服务体系，完善重点群体就业支持体系，加强困难群体就业兜底帮扶。统筹城乡就业政策体系，破除妨碍劳动力、人才流动的体制和政策弊端，消除影响平等就业的不合理限制和就业歧视，使人人都有通过勤奋劳动实现自身发展的机会。"我国劳动就业方针是指党和国家制定的指导就业工作的总原则。它是根据不同时期的社会劳动力供求情况以及社会经济、政治状况，为充分利用劳动力资源和实现劳动力供求基本平衡所确定的指导就业工作的总原则。《就业促进法》第二条规定："坚持劳动者自主择业、市场调节就业、政府促进就业的方针，多渠道扩大就业。"

（1）"劳动者自主择业"是指劳动者个人是市场就业的主体，到什么岗位就业、以什么方式就业都由劳动者个人来选择和决定，以充分发挥个人在就业中的积极性。

（2）"市场调节就业"是指通过培育与发展劳动力市场，以市场价格调节各类劳动力供求，引导劳动者个人的择业行为，实现用人单位自主用人和劳动者自主就业的双向选择。

（3）"政府促进就业和鼓励创业"是指一方面政府要在促进经济发展、经济结构调整和制定积极的就业政策、加强就业服务等方面采取措施，增加全社会总的就业岗位数量，以促进劳动者就业并实现更高质量的就业；另一方面政府积极鼓励多渠道、多形式就业，扶持劳动者自主创业，以创业带动就业。

4. 我国劳动就业原则。

我国劳动就业原则是指《劳动法》规定的就业工作必须遵循的基本准则。我国的就业应遵循以下原则：

（1）国家促进就业。国家将就业作为衡量国民经济和社会发展的一项主要指标，通过发展经济、调整产业结构、深化改革、协调发展城乡经济以及完善社会保障体系促进就业，并采取财政、税收、收入分配等各种政策，创造就业条件，扩大就业机会。

（2）平等就业。劳动者享有平等的就业权利和就业机会。平等就业权是公民的基本权利之一，是公民享有的宪法平等权在劳动领域的延伸和具体化。同时，我国是国际劳工组织的成员国，有义务遵守国际劳工组织制定的反对就业歧视、保护平等就业权的国际标准。

（3）劳动者与用人单位相互选择。在就业中，劳动者有权自由选择用人单位，用人单位也有权自由选择劳动者。

（4）竞争就业。劳动者应通过用人单位考试或考核竞争而获得就业岗位。

（5）照顾特殊群体人员就业。对特殊群体人员就业实行特殊保护。特殊群体人员是指谋求职业有困难或处境不利的人员，包括妇女、残疾人、少数民族人员、退出现役的军人等。

（6）禁止未成年人就业。为了保障未成年人健康成长，限制未成年人就业年龄是非常必要的。因此，国家规定禁止用人单位招用未满十六周岁的未成年人。对于文艺、体育和特种工艺单位招用未满十六周岁的未成年人的，《劳动法》第十五条第二款规定，“必须遵守国家有关规定，并保障其接受义务教育的权利”。

5. 劳动就业权。

劳动就业权是劳动者最基本的权利之一。《宪法》第四十二条第一款规定："中华人民共和国公民有劳动的权利和义务。"就业权作为劳动者最基本的权利，又被称为工作权或狭义的劳动权。市场经济下的就业权，是其所谓"限定劳动权"。这种"限定劳动权"的特点为：劳动者的就业行为是通过劳动力市场流动来解决的，国家不再直接限制或包办，只有在劳动者不能自行寻求劳动机会或确保劳动机会时，国家才补充提供给劳动者适当机会或提供其维持生活必要的资金，即国家负有促进或保障就业的责任，但这种责任不同于计划经济下的就业的统包统配，而是要创造就业机会和实行失业救济。

市场经济下的劳动就业权，一般有两重含义：一重含义是自由工作或就业的权利。这一权利包含两个内容：一个是平等就业权，另一个是自由择业权。另一重含义是请求提供有报酬的工作机会的权利，又称职业保障权。

（二）劳动就业的形式与途径

1. 劳动就业的形式。

劳动就业的形式可以从不同角度去理解。从宏观上讲，就业形式可从两个方面表示：一是从社会分工上看，就业形式分为从事农业劳动（包括农、牧、渔、林业劳动），从事工业劳动（包括工业原料的开采、产品加工等），从事商业、流通劳动（包括商品交换、金融和服务业），从事脑力劳动（包括机关、科研、教育、卫生、宣传）等。二是从经济类型上看，劳动就业形式可分为国有和集体企业劳动就业、股份制企业劳动就业、个体私营企业劳动就业、港澳台和外商投资企业劳动就业等。从微观上讲，劳动就业的具体形式（职业）则是千变万化的，而且随着经济技术的发展不断出现新的劳动就业形式。

从劳动关系的角度划分，可分为正规就业和灵活就业。近年来，各种灵活就业形式在我国大量出现。这里所称的灵活就业是指劳动者从事社区服务、家政服务、企事业单位后勤服务等各种临时性劳务的人员，不包括领取营业执照的个体工商户和建立劳动关系的私营企业就业人员。目前，我国的灵活就业形式主要有临时工、季节工、劳务工、派遣工、小时工以及自由职业者等。国际上一般把非全日制就业、短期就业、派遣就业、季节就业、兼职就业、远程就业、承包就业、独立就业、自营就业、家庭就业等就业方式统称为灵活就业。

2. 劳动就业的途径。

解决就业的途径主要有：（1）实施就业优先战略，扩大经济发展对劳动力的需求；（2）支持新就业形态发展，扩大就业领域；（3）持续推进“双创”，促进以创业带动就业；（4）强化教育培训，提高劳动者素质；（5）强化就业创业服务，畅通人力资源市场；（6）多措并举，抓好重点群体就业创业。

除此之外，还可以通过地区间和国际的劳务输出来扩大劳动就业等。

（三）我国的劳动就业形势

当前我国经济发展已经进入由高速增长阶段转向高质量发展阶段，面对外部环境不确定性因素增加，以及国内经济下行压力加大的影响，党和国家坚持就业优先战略和积极就业政策，强化财政、货币等宏观政策与就业政策协同联动，并出台一系列援企、减负、稳岗、扩就业政策和专项措施，努力推动实现高质量充分就业，保持了就业形势总体稳定。2013—2022 年，全国就业人员稳定在 7.3 亿人以上，城镇新增就业人数每年保持在 1100 万人以上。2022 年，全国农民工总量达 29252 万人，比 2012 年增加 3301 万人，年均增长 1.2%。就业结构不断优化。2022 年，第三产业就业人员占全部就业人员比重达 48.0%，比 2012 年提高 11.9 个百分点。城镇调查失业率总体稳定。2018—2022 年，城镇调查失业率平均值分别为 4.9%、5.2%、5.6%、5.1%、5.6%，除 2020 年、2022 年受疫情影响相对较高外，其他年份均保持在5.5%以内。

但也要看到，当前国际环境发生深刻变化，就业工作面临的不确定性、不稳定性依然较多，难点和风险不容忽视。就业总量方面，尽管我国劳动年龄人口开始逐步减少，但总量压力依然存在，2021年末我国劳动年龄人口接近9亿人，对就业岗位的需求仍然巨大。与此同时，我国经济潜在增长率呈放缓趋势，新冠肺炎疫情、中美贸易摩擦等对我国经济造成负面冲击，导致经济增长对就业的拉动效应有所减弱；供给侧结构性改革中大量职工面临转岗安置和再就业，对就业持续带来较大压力。就业结构方面，随着产业转型升级、技术进步加快，我国劳动力供给侧与需求侧均出现较大变化，工业机器人、数字化智能设备的大规模应用不断创造新的就业岗位，企业对技术工人的需求大量增加。与此同时，大量农民工知识技能提升相对滞后，难以适应新就业岗位的要求，导致就业结构性矛盾进一步加剧。高校毕业生就业能力、就业意愿与市场就业需求匹配度不高，“慢就业”现象日益突出。

二、劳动合同

（一）劳动合同的概念

劳动合同又称“劳动契约”、“劳动协议”，是劳动者与用人单位为确立劳动关系，明确双方的权利、义务和责任而订立的协议。我国《劳动法》第十六条规定：“劳动合同是劳动者与用人单位确立劳动关系、明确双方权利和义务的协议。建立劳动关系应当订立劳动合同。”《劳动合同法》第十条规定：“建立劳动关系，应当订立书面劳动合同。已建立劳动关系，未同时订立书面劳动合同的，应当自用工之日起一个月内订立书面劳动合同。”劳动合同是确立劳动关系的法律依据。在市场经济条件下，用人单位成为用人主体，劳动者也成为自由就业的主体。用人单位与劳动者之间建立劳动关系，必须订立劳动合同，劳动合同一经订立，就成为规范双方当事人劳动权利和义务的法律依据，必须由本人亲自履行，不得由他人替代。劳动合同是有偿合同，劳动者按合同规定履行义务后，用人单位必须支付合同约定的劳动报酬。

（二）劳动合同的订立、变更、解除与终止

劳动合同一经依法订立，就具有法律约束力，双方当事人不得擅自变更、解除、终止劳动合同。但是，由于用人单位生产经营和工作条件以及劳动者自身情况的变化，往往需要对原订立的劳动合同进行一些调整。因此，劳动法律、法规对合同的订立、变更、解除和终止作出一些规范要求，劳动合同的当事人必须依法办事。

1. 劳动合同订立原则。

劳动合同订立原则是指劳动者和用人单位在订立劳动合同过程中必须遵循的准则。《劳动合同法》第三条第一款规定："订立劳动合同，应当遵循合法、公平、平等自愿、协商一致、诚实信用的原则。"

2. 劳动合同订立的程序。

订立劳动合同应按照法定程序进行。根据相关法律、法规的规定，用人单位招用人员时，求职者一旦被录用，双方在就劳动合同的内容协商一致后，应在劳动合同书上签字盖章，合同即属订立。

在订立劳动合同时，应注意以下几个问题：

（1）用人单位自用工之日起即与劳动者建立劳动关系。用人单位应当建立职工名册备查。

（2）建立劳动关系，应当订立书面劳动合同。已建立劳动关系，未同时订立书面劳动合同的，应当自用工之日起一个月内订立书面劳动合同。用人单位与劳动者在用工前订立劳动合

同的，劳动关系自用工之日起建立。

（3）劳动合同应由劳动者本人亲自签订。如果出于某种缘故劳动者本人无法亲自签订劳动合同而必须由他人代签，则该劳动者必须出具授权委托书。

（4）用人单位一方应由其法定代表人签订劳动合同。劳动合同的当事人一方是劳动者，另一方是用人单位的法定代表人或者法定代表人的授权委托人。租赁经营（生产）、承包经营（生产）的企业，所有权并没有发生改变，在与职工订立劳动合同时，该企业仍为用人单位一方。依据租赁合同或承包合同，租赁人、承包人如果作为该企业的法定代表人或者该法定代表人的授权委托人时，可代表该企业（用人单位）与劳动者订立劳动合同。用人单位设立的分支机构，依法取得营业执照或者登记证书的，可以作为用人单位与劳动者订立劳动合同；未依法取得营业执照或者登记证书的，受用人单位委托可以与劳动者订立劳动合同。

（5）用人单位未在用工的同时订立书面劳动合同，与劳动者约定的劳动报酬不明确的，新招用的劳动者的劳动报酬按照集体合同规定的标准执行；没有集体合同或者集体合同未规定的，实行同工同酬。

（6）劳动合同由用人单位与劳动者协商一致，并经用人单位与劳动者在劳动合同文本上签字或者盖章生效。劳动合同文本由用人单位和劳动者各执一份。

（7）劳动合同期限三个月以上不满一年的，试用期不得超过一个月；劳动合同期限一年以上不满三年的，试用期不得超过两个月；三年以上固定期限和无固定期限的劳动合同，试用期不得超过六个月。同一用人单位与同一劳动者只能约定一次试用期。以完成一定工作任务为期限的劳动合同或者劳动合同期限不满三个月的，不得约定试用期。试用期包含在劳动合同期限内。劳动合同仅约定试用期的，试用期不成立，该期限为劳动合同期限。

3. 劳动合同的履行和变更。

劳动合同的履行是指用人单位与劳动者应当按照劳动合同的约定，全面履行各自的义务。劳动合同的变更是指劳动合同在履行过程中，由于法定原因或约定条件发生变化，对已生效的劳动合同条款进行修改或补充。

履行和变更劳动合同时，应注意以下问题：

（1）《劳动合同法》规定："用人单位应当严格执行劳动定额标准，不得强迫或者变相强迫劳动者加班。用人单位安排加班的，应当按照国家有关规定向劳动者支付加班费。""劳动者拒绝用人单位管理人员违章指挥、强令冒险作业的，不视为违反劳动合同。劳动者对危害生命安全和身体健康的劳动条件，有权对用人单位提出批评、检举和控告。"

（2）根据《劳动法》第十七条的规定，变更劳动合同必须遵循平等自愿、协商一致和合法原则，在国家法律、法规允许的范围内经过充分协商，达成一致意见后，才能变更。同时，《劳动合同法》第三十五条规定："变更劳动合同，应当采用书面形式。变更后的劳动合同文本由用人单位和劳动者各执一份。"

（3）变更劳动合同必须在原劳动合同的有效期内进行，即劳动合同期满前这段时间内，当事人一方或双方提出变更要求的。劳动合同期满属于合同终止，就不存在变更的问题。

（4）《劳动合同法》规定："用人单位变更名称、法定代表人、主要负责人或者投资人等事项，不影响劳动合同的履行。""用人单位发生合并或者分立等情况，原劳动合同继续有效，劳动合同由承继其权利和义务的用人单位继续履行。"

（5）劳动合同变更时，当事人双方如在协商过程中不能达成一致意见而发生争议，任何一方都可以向当地劳动争议仲裁委员会申请仲裁。

4. 劳动合同的解除。

劳动合同的解除是指劳动合同订立后，在尚未全部履行以前，由于某种原因导致劳动合同无法继续履行或继续履行下去已经无任何意义，从而使合同提前终止的劳动关系法律行为。

根据《劳动法》、《劳动合同法》、《劳动合同法实施条例》的相关规定，解除劳动合同可以分为以下三种情形：

（1）依照《劳动合同法》规定的条件和程序，劳动者可以与用人单位解除固定期限劳动合同、无固定期限劳动合同或者以完成一定工作任务为期限的劳动合同：①劳动者与用人单位协商一致的。②劳动者提前30日以书面形式通知用人单位的。③劳动者在试用期内提前3日通知用人单位的。④用人单位未按照劳动合同约定提供劳动保护或者劳动条件的。⑤用人单位未及时足额支付劳动报酬的。⑥用人单位未依法为劳动者缴纳社会保险费的。⑦用人单位的规章制度违反法律、法规的规定，损害劳动者权益的。⑧用人单位以欺诈、胁迫的手段或者乘人之危，使劳动者在违背真实意思的情况下订立或者变更劳动合同的。⑨用人单位在劳动合同中免除自己的法定责任、排除劳动者权利的。⑩用人单位违反法律、行政法规强制性规定的。⑪用人单位以暴力、威胁或者非法限制人身自由的手段强迫劳动者劳动的。⑫用人单位违章指挥、强令冒险作业危及劳动者人身安全的。⑬法律、行政法规规定劳动者可以解除劳动合同的其他情形。

（2）依照《劳动合同法》规定的条件和程序，用人单位可以与劳动者解除固定期限劳动合同、无固定期限劳动合同或者以完成一定工作任务为期限的劳动合同：①用人单位与劳动者协商一致的。②劳动者在试用期间被证明不符合录用条件的。

③劳动者严重违反用人单位的规章制度的。④劳动者严重失职，营私舞弊，给用人单位造成重大损害的。⑤劳动者同时与其他用人单位建立劳动关系，对完成本单位的工作任务造成严重影响，或者经用人单位提出，拒不改正的。⑥劳动者以欺诈、胁迫的手段或者乘人之危，使用人单位在违背真实意思的情况下订立或者变更劳动合同的。⑦劳动者被依法追究刑事责任的。⑧劳动者患病或者非因工负伤，在规定的医疗期满后不能从事原工作，也不能从事由用人单位另行安排的工作的。⑨劳动者不能胜任工作，经过培训或者调整工作岗位，仍不能胜任工作的。⑩劳动合同订立时所依据的客观情况发生重大变化，致使劳动合同无法履行，经用人单位与劳动者协商，未能就变更劳动合同内容达成协议的。⑪用人单位依照企业破产法规定进行重整的。⑫用人单位生产经营发生严重困难的。⑬企业转产、重大技术革新或者经营方式调整，经变更劳动合同后，仍需裁减人员的。⑭其他因劳动合同订立时所依据的客观经济情况发生重大变化，致使劳动合同无法履行的。

（3）《劳动合同法》第四十条规定：用人单位提前三十日以书面形式通知劳动者本人或者额外支付劳动者一个月工资后，可以解除劳动合同：①劳动者患病或者非因工负伤，在规定的医疗期满后不能从事原工作，也不能从事由用人单位另行安排的工作的。②劳动者不能胜任工作，经过培训或者调整工作岗位，仍不能胜任工作的。③劳动合同订立时所依据的客观情况发生重大变化，致使劳动合同无法履行，经用人单位与劳动者协商，未能就变更劳动合同内容达成协议的。

《劳动合同法》第四十一条规定：需要裁减人员二十人以上或者裁减不足二十人但占企业职工总数百分之十以上的，用人单位提前三十日向工会或者全体职工说明情况，听取工会或者职工的意见后，裁减人员方案经向劳动行政部门报告，可以裁减人员：①依照企业破产法规定进行重整的。②生产经营发生严重困难的。③企业转产、重大技术革新或者经营方式调整，经变更劳动合同后，仍需裁减人员的。④其他因劳动合同订立时所依据的客观经济情况发生重大变化，致使劳动合同无法履行的。

裁减人员时，应当优先留用下列人员：①与本单位订立较长期限的固定期限劳动合同的。②与本单位订立无固定期限劳动合同的。③家庭无其他就业人员，有需要扶养的老人或者未成年人的。用人单位在六个月内重新招用人员的，应当通知被裁减的人员，并在同等条件下优先招用被裁减的人员。

《劳动合同法》规定，在下列情况下，用人单位不得解除劳动合同：①从事接触职业病危害作业的劳动者未进行离岗前职业健康检查，或者疑似职业病病人在诊断或者医学观察期间的。②在本单位患职业病或者因工负伤并被确认丧失或者部分丧失劳动能力的。③患病或者非因工负伤，在规定的医疗期内的。④女职工在孕期、产期、哺乳期的。⑤在本单位连续工作满十五年，且距法定退休年龄不足五年的。⑥法律、行政法规规定的其他情形。

《劳动合同法》第四十三条规定：“用人单位单方解除劳动合同，应当事先将理由通知工会。用人单位违反法律、行政法规规定或者劳动合同约定的，工会有权要求用人单位纠正。用人单位应当研究工会的意见，并将处理结果书面通知工会。”

需要特别注意的是，工会干部的劳动合同受到特殊保护。为支持基层工会干部大胆维护职工合法权益，防止企业对工会干部维权行为进行打击报复，2001 年修正后的《工会法》第十八条明确规定：“基层工会专职主席、副主席或者委员自任职之日起，其劳动合同期限自动延长，延长期限相当于其任职期间；非专职主席、副主席或者委员自任职之日起，其尚未履行的劳动合同期限短于任期的，劳动合同期限自动延长至任期期满。但是，任职期间个人严重过失或者达到法定退休年龄的除外。”

5. 劳动合同的终止。

劳动合同的终止是指劳动合同的法律效力自然消失或经判决、裁决而消失，即当事人双方建立的劳动关系的终结。劳动合同的终止必须符合法定的条件。

《劳动合同法》及其实施条例规定劳动合同终止包括以下情形：①劳动合同期满的。②劳动者开始依法享受基本养老保险待遇的。③劳动者死亡，或者被人民法院宣告死亡或者宣告失踪的。④用人单位被依法宣告破产的。⑤用人单位被吊销营业执照、责令关闭、撤销或者用人单位决定提前解散的。⑥法律、行政法规规定的其他情形。

职工在医疗期内劳动合同期满的，不得终止其劳动合同，应顺延到医疗期满，方可终止劳动合同。女职工在孕期、产期、哺乳期内劳动合同期满的，不得终止其劳动合同，应顺延到孕期、产期、哺乳期满。《劳动合同法》规定：丧失或者部分丧失劳动能力的劳动者的劳动合同的终止，按照国家有关工伤保险的规定执行。

（三）劳动合同管理

劳动合同管理是指国家及国家机关各级劳动行政主管部门对劳动合同制度进行立法并对劳动合同双方在劳动合同的订立、履行、变更、解除、终止等各环节依法进行监督、检查和协调的行政管理活动。

在对劳动合同进行管理的过程中，应坚持工人阶级的主人翁地位原则、尊重企业自主权原则、劳动者和用人单位双向选择原则、按劳分配原则、权利义务相一致的原则。

用人单位应当在解除或者终止劳动合同时出具解除或者终止劳动合同的证明，并在15日内为劳动者办理档案和社会保险关系转移手续。用人单位对已经解除或者终止的劳动合同的文本，至少保存两年备查。

（四）劳动合同争议及处理

劳动合同争议是指用人单位与劳动者因订立、履行、变更、解除和终止劳动合同而发生的争议。

根据我国《劳动法》和《劳动争议调解仲裁法》的相关规定，解决劳动争议，应当根据事实，遵循合法、公正、及时、着重调解的原则，依法保护当事人的合法权益。

发生劳动争议，劳动者可以与用人单位协商，也可以请工会或者第三方共同与用人单位协商，达成和解协议。当事人不愿协商、协商不成或者达成和解协议后不履行的，可以向调解组织申请调解；不愿调解、调解不成或者达成调解协议后不履行的，可以向劳动争议仲裁委员会申请仲裁；对仲裁裁决不服的，除《劳动争议调解仲裁法》另有规定的外，可以向人民法院提起诉讼。同时，当事人对自己提出的主张，有责任提供证据。与争议事项有关的证据属于用人单位掌握管理的，用人单位应当提供；用人单位不提供的，应当承担不利后果。

发生劳动争议，当事人可以到企业劳动争议调解委员会、依法设立的基层人民调解组织和在乡镇、街道设立的具有劳动争议调解职能的组织申请调解。企业劳动争议调解委员会由职工代表和企业代表组成。职工代表由工会成员担任或者由全体职工推举产生，企业代表由企业负责人指定。企业劳动争议调解委员会主任由工会成员或者双方推举的人员担任。

劳动争议仲裁委员会由劳动行政部门代表、工会代表和企业方面代表组成。劳动争议仲裁委员会组成人员应当是单数。劳动争议申请仲裁的时效期间为一年。仲裁时效期间从当事人知道或者应当知道其权利被侵害之日起计算。仲裁时效因当事人一方向对方当事人主张权利，或者向有关部门请求权利救济，或者对方当事人同意履行义务而中断。从中断时起，仲裁时效期间重新计算。因不可抗力或者有其他正当理由，当事人不能在仲裁时效期间一年内申请仲裁的，仲裁时效中止。从中止时效的原因消除之日起，仲裁时效期间继续计算。劳动关系存续期间因拖欠劳动报酬发生争议的，劳动者申请仲裁不受仲裁时效期间一年的限制；但是，劳动关系终止的，应当自劳动关系终止之日起一年内提出。

（五）工会劳动合同工作的主要任务

1. 帮助和指导职工签订好劳动合同。

这是法律赋予工会的职责，也是工会推动劳动合同制度实施的重要手段和主要工作。向职工广泛宣传劳动合同法律法规和政策规定，宣传推行劳动合同制度的意义，提高职工对劳动合同的认知度。为职工提供具体帮助指导，包括必要的法律援助和技术支持。依法规范劳动合同的签订、变更、终止和解除的条件和程序，对不规范的劳动合同要帮助和指导职工与企业重新签订。

2. 努力提高劳动合同建制率。

配合、协助劳动行政部门在巩固国有、集体及其控股企业、外商投资企业签订劳动合同工作成果的基础上，将推动建制的重点领域向私营企业和农民工转移。跟踪和指导劳务派遣人员与劳务公司签订劳动合同，关注供给侧结构性改革过程中转岗或分流安置职工签订劳动合同问题，督促企业及时与职工续签、重签或改签劳动合同。

3. 加强对劳动合同执行情况的监督。

工会要将劳动合同执行情况作为工会劳动法律监督的重点，建立和完善监督检查组织和制度，监督劳动合同双方认真履行劳动合同。对于企业未履行、未兑现劳动合同的行为，工会要依法要求行政进行整改，或支持职工通过仲裁或诉讼方式解决。

对不签订和不履行劳动合同的企业，工会要督促劳动保障部门责令其改正，依法予以行政处罚。积极推动各级人大开展《劳动法》、《劳动合同法》执法检查，促进劳动合同工作取得实效。

三、工作时间和休息休假

工作时间和休息休假成为制度是随着资本主义的原始积累和就业而产生的。18世纪中叶至19世纪初，工人一天的工作往往长达14—18小时。劳动工时的随意延长侵占了工人的成长和维持健康所需要的时间，给工人阶级带来深重灾难，大批劳动者未老先衰，甚至过早死亡。为缩短劳动工时，工人们展开了艰苦卓绝的斗争。1886年5月1日，在美国和加拿大行业及劳工工会联合会的号召下，以芝加哥为中心的许多城市的35万名工人举行了声势浩大的游行或罢工，打出“工作8小时”的口号。这次斗争取得了辉煌的胜利，芝加哥工人大罢工因此也成为“五一”国际劳动节的起源。

（一）工作时间

新中国成立初期，根据中国人民政治协商会议第一届全体会议通过的、具有临时宪法意义的《共同纲领》的规定，我国的公营和私营企业一般都实行了8小时至10小时的工作制。

我国纺织行业在1979年实行了“四班三运转”工作制，职工实际上每周工作42小时，经济效益却有很大提高。一些冶金行业的主要生产环节都采用了“四班三运转”工作制。同时一些企业陆续开始实行五天工作制或其他缩短工时的办法。实践证明，缩短劳动时间对于保障职工的健康、提高劳动生产率、促进企业加强管理、推动生产的发展都有重要的意义。

根据多年的实践和我国经济建设发展状况，按照《劳动法》和《国务院关于职工工作时间的规定》的规定，职工每日工作8小时，每周工作40小时。

（二）休息休假

新中国成立以来，我国多次颁布法令，对休息休假作出规定。如1954年《宪法》以及现行《宪法》都规定：劳动者有休息的权利。国家规定工作时间和休假制度，逐步改善劳动者休息和休养的物质条件，以保证劳动者享受这种权利。这从根本大法上保障了劳动者的休息权。

1. 法定节假日。

目前，根据我国《劳动法》及国务院颁布的《全国年节及纪念日放假办法》等法律法规的规定，全体公民放假的节日是：新年，放假1天（1月1日）；春节，放假3天（农历正月初一、初二、初三）；清明节，放假1天（农历清明当日）；劳动节，放假1天（5月1日）；端午节，放假1天（农历端午当日）；中秋节，放假1天（农历中秋当日）；国庆节，放假3天（10月1日、2日、3日）。部分公民放假的节日及纪念日是：妇女节（3月8日），妇女放假半天；青年节（5月4日），14周岁以上的青年放假半天。少数民族习惯的节日，由各少数民族聚居地区的地方人民政府，按照各民族习惯，规定放假日期。同时根据规定，全体公民放假的假日，如果适逢星期六、星期日，应当在工作日补假。部分公民放假的假日，如果适逢星期六、星期日，则不补假。

2. 带薪年休假。

2007年12月7日，国务院第198次常务会议通过《职工带薪年休假条例》。《职工带薪年休假条例》规定，机关、团体、企业、事业单位、民办非企业单位、有雇工的个体工商户等单位的职工连续工作1年以上的，享受带薪年休假（以下简称年休假）。单位应当保证职工享受年休假。职工在年休假期间享受与正常工作期间相同的工资收入。职工累计工作已满1年不满10年的，年休假5天；已满10年不满20年的，年休假10天；

已满20年的，年休假15天。国家法定休假日、休息日不计入年休假的假期。

单位确因工作需要不能安排职工休年休假的，经职工本人同意，可以不安排职工休年休假。对职工应休未休的年休假天数，单位应当按照该职工日工资收入的300%支付年休假工资报酬。县级以上地方人民政府人事部门、劳动保障部门应当依据职权对单位执行《职工带薪年休假条例》的情况主动进行监督检查。工会组织依法维护职工的年休假权利。

3. 女职工劳动保护。

2012年4月18日颁布的《女职工劳动保护特别规定》规定，对怀孕7个月以上的女职工，用人单位不得延长劳动时间或者安排夜班劳动，并应当在劳动时间内安排一定的休息时间。怀孕女职工在劳动时间内进行产前检查，所需时间计入劳动时间。女职工生育享受98天产假，其中产前可以休假15天；难产的，增加产假15天；生育多胞胎的，每多生育1个婴儿，增加产假15天。女职工怀孕未满4个月流产的，享受15天产假；怀孕满4个月流产的，享受42天产假。

四、职业培训

（一）职业培训的概念和基本特征

职业培训是指对从业人员或就业前人员从事某种岗位或某种职业所需要的专业知识、职业技能和管理能力所进行的有目的的培养和训练活动。职业培训属于教育的范畴，其目的在于把青年劳动者或需要重新就业的人员培养训练成有一定的文化专业知识、职业技能以及创新意识和创新能力的合格的劳动者，以适应就业或重新择业的需要。

作为人力资源开发管理工作的重要组成部分和国家劳动保障工作的重要组成部分，开展职业培训，不仅有利于提高广大职工的综合素质，增强其职业转换能力和工作能力，从而把我国的人力资源优势转化为经济社会发展的优势，促进国民经济的发展和社会的繁荣稳定；同时它也是预防失业、稳定就业和促进再就业的有效手段。目前，通过实施有针对性的培训，提高劳动者的就业能力、创业能力、职业转换能力和工作能力，已经成为我国促进就业工作的重要内容和措施。随着科学技术的进步和国民经济的发展，职业培训的地位和作用变得越来越重要。

与普通教育相比，职业培训主要有以下几个基本特征：

1. 职业性。职业性是职业培训的天然特征。职业培训的对象大多是有一定的社会职业、从事社会劳动或准备从事社会劳动的人，他们为了提高自己的职业能力，适应某种岗位的需要，必须参加职业培训。

2. 社会性。职业培训是涉及全社会的事业，有广泛的社会群众基础。它的社会性主要表现在培训对象的社会性、培训机构的社会化以及培训效果对社会发展的促进作用。

3. 多样性。多样性是职业培训的灵魂，主要表现为培训对象、学历层次、培训方式方法的多样性。

4. 实用性。职业培训的实用性主要体现在培训目标和培训内容上，必须紧紧围绕企业和员工的需求，以提高培训对象的综合素质为目标。

5. 经济性。职业培训的多样化、产业化，要求职业培训必须注重培训效益的提高。

6. 终身性。职业培训是终身教育的主要组成部分，表现为职业教育的无限性和永恒性，它是伴随人们一生的培训活动。

（二）职业培训体系

职业培训体系是由社会经济结构的变革和社会经济发展对人力资源需求的变化而决定的。随着我国人口结构与经济结构深度调整，劳动力供求两侧均出现较大变化，产业转型升级、技术进步对劳动者技能素质提出了更高要求，人才培养培训不适应市场需求的现象进一步加剧。《“十四五”就业促进规划》明确指出，完善职业技能培训政策体系。面向市场需求加强职业技能培训，健全终身职业技能培训制度，制定“十四五”职业技能培训规划，深入实施职业技能提升行动。稳步扩大培训规模，重点加强高校毕业生和城镇青年、退役军人、农村转移就业劳动者、脱贫人口、失业人员、个体工商户、就业困难人员（含残疾人）等技能培训，支持企业开展职工在岗培训，突出高技能人才培训、急需紧缺人才培训、转岗转业培训、储备技能培训、通用职业素质培训，积极发展养老、托育、家政等生活服务业从业人员技能培训，广泛开展新业态新商业模式从业人员技能培训，确保“十四五”期间开展补贴性职业技能培训7500万人次左右。

从一般意义上讲，现代职业培训体系由职业技能培训体系和职业技能鉴定体系两部分构成。职业技能培训体系包括职业技能培训的范围、层次结构和实施机构。职业技能鉴定体系包括职业鉴定的范围、层次结构和实施机构。

我国的职业培训实行的是在国务院领导下，分级管理、地方为主、政府统筹、社会参与的职业教育管理体制。教育行政部门负责本地区职业培训的统筹规划、综合协调、宏观管理，人力资源和社会保障部门及其他部门在各自职责范围内负责职业培训的有关工作。

我国职业技能培训的范围包括以下几个方面：

1. 劳动预备制度的培训。培训对象是初次从事技术工种的劳动者或准备就业的社会青年。

2. 在职职工的岗位培训。培训目的是提高在岗员工的知识水平、职业技能和创新精神，实现先培训、再鉴定、再升级。

3. 转岗培训。转岗培训是指需转换岗位的员工上岗前的适应性培训，主要是岗位技能培训。

4. 再就业培训和创业培训。再就业培训是指对下岗职工进行的以提高就业能力和职业技能为目的、促进其再就业的培训；而创业培训主要是指对下岗失业人员进行的旨在提高其能力和相关知识、技能，帮助其自谋职业的一种培训。

从职业技能培训的层次结构上看，我国的职业技能培训分为五个培训层次，即初级职业培训、中级职业培训、高级职业培训、技师培训、高级技师培训。

在具体实施方面，我国的职业培训既可以由技工学校、职业技术学校（院）、高等学校的成人教育学院等专业院校来实施教学，也可以由就业培训中心、工青妇等社会团体的职业培训机构、企业职工培训中心以及社会力量办学机构来承担。

（三）职业培训的分类

职业培训可按不同标准分类。按其与就业相联系的紧密程度可分为就业培训、在职培训、转岗培训、再就业培训和创业培训等不同类别。在职培训还包括学徒培训、技术等级培训、岗位培训、岗位练兵和其他各种适应性短期培训及技术比武、技术竞赛等。

1. 就业培训。

就业培训又称就业前培训或从业前培训，泛指对所有欲从事职业活动的人员（包括城镇待业青年、农村富余劳动力和企业下岗失业人员）所进行的旨在帮助他们提高就业和再就业能力而进行的必需的职业知识、职业技能的培养和训练活动。就业培训属于初级、中级的职业培训。

2. 在职培训。

在职培训是指对企事业单位的员工进行的不脱离生产、工作岗位，以提高本岗位工作能力和综合素质为目的的思想道德、职业技能和创新能力等方面的培训活动，也称在岗培训，它是企事业单位对员工进行职业培训活动的主要形式之一。在职培训有各种短期培训班（包括技术等级培训、岗位培训、文化知识和安全规程培训、学徒培训等），技术业务专题讲座和研讨、岗位练兵、技术比武、技术竞赛等多种多样的形式。但不论采取哪种形式，开展在职培训都要注重培训内容的针对性和实用性、培训对象的全员性和培训过程的全程性，要强调岗位工作的现实需要，以全面提高在岗人员的岗位工作能力，并能在生产工作过程中迅速见到培训效果。

（1）学徒培训。

学徒培训是在职培训的一种特殊形式，是指对已经参加工作但未正式顶岗劳动的从业人员进行的旨在提高本岗位适应能力的培训活动。学徒培训是我国培训新工人的传统方式，它是在生产现场，用师傅带徒弟的方式，把新工人培养成熟练工人。随着我国劳动用工制度的改革和劳动预备制度的进一步完善，除少数特殊专业（工种）和小型企业、集体企业外，学徒进厂后的培训已逐步被进厂前培训所取代。实行变招学徒工为招职业培训生，即持有合格职业资格证书的人才能被录用。2018年，人力资源和社会保障部、财政部印发《关于全面推行企业新型学徒制的意见》，在前期试点工作基础上，全面推行企业新型学徒制。

（2）技术等级培训。

技术等级培训是指对企业操作技能人员进行的适应本岗位技术等级标准要求和较高技术等级标准要求的培养和训练活动，是适应性和提高性相结合的培训，它包括技术工人的初级、中级、高级和技师、高级技师的培训。

技术等级培训的内容和考核标准是国家统一规定的职业（行业）技能标准。职业技能标准是根据职业（工种）的特点、技术工艺、设备材料以及生产方式等要求，对操作人员的技术业务知识和技术操作能力提出来的综合性水平规定，是操作人员培训和考核的基本依据。职业技能标准的内容由知识要求、技能要求和工作实例三个主要部分，以及名称、定义、适用范围、等级线和培训时间等几项内容组成。随着科学技术的进步与生产力的不断发展，职业技能标准的内容会不断更新，对技术等级培训的要求也会越来越高。

（3）岗位培训。

岗位培训是指按岗位规范要求，对从业人员进行以提高适应本岗位需要的工作能力或生产技能为重点的培训活动。它是我国企事业单位对在职员工培训的主要形式，也是任职资格培训。岗位培训具有在职性、定岗性、全员性、全面性、规范性、灵活性和实效性等特点。

（4）岗位练兵、技术比武。

岗位练兵和技术比武都是企事业单位对员工进行的在职培训活动的方式之一，但它们与其他在职培训活动方式有所不同，是一种在生产、服务和管理工作现场有组织地进行的与其工作性质直接面对（包括劳动手段、劳动对象及同业人员）的职业训练活动。

3. 再就业培训。

再就业培训是指对社会失业人员和企业下岗员工所进行的重新就业必须具备的职业技能、职业道德和职业纪律等方面的培训活动。它作为职业培训的一个组成部分，是帮助受训人员提高再就业能力，增强职业应变能力和适应能力，尽快实现再就业的重要措施，也是国家为了适应社会经济体制改革和国有企业改革，提高劳动者综合素质，完善劳动人事制度改革和劳动力市场的政策措施，将在今后一段较长时间内发挥积极作用。

再就业培训的对象具体是：非自愿中断就业的企业失业员

工，因企业减员离开工作岗位但未能解除劳动关系的富余人员，向非农产业转移的农村进城务工人员，以及需要转换工作岗位的其他失业人员。

4. 创业培训。

创业培训是指对具有创业愿望和相应条件的人员所进行的开办小企业或自谋职业所必备的基础知识和创业能力的培训，通过创业培训，培养、提高“创业者”的心理、管理、经营素质，增强其驾驭市场的应变能力。

创业培训的对象可以是下岗失业人员，也可以是院校毕业生、农村准备向非农产业转移的人员或返乡创业人员。只要有创业愿望和一定的创业能力，都可以申请参加开办企业的培训。在受训和创业期间，受训者可享受国家相关的优惠政策。2015年，人力资源和社会保障部办公厅下发《关于进一步推进创业培训工作的指导意见》，明确要强化创业培训公共服务，创新创业培训模式，扩大创业培训规模，建立政府激励引导、社会广泛参与、劳动者自主选择的创业培训工作新机制，为推进大众创业、万众创新提供支撑。

（四）职业培训权

职业培训权，又称职业技能培训权，是指劳动关系中的劳动者享有在准备就业和实现就业的过程中，为提高个人的技术技能而参加国家和企业举办的各种职业培训的权利。

在向社会主义市场经济过渡后，我国开始注意关于职业培训权的劳动立法。20世纪90年代以来，政府劳动行政部门在实现劳动者的职业培训权方面颁布了一系列规定，如《就业训练中心管理规定》、《关于加强工人培训工作的决定》、《关于加强待业职工转业训练工作的通知》、《就业训练规定》等，对培训的对象、内容、要求、经费等都作了具体的规定，如对于培训经费，相关法规规定，由劳动行政部门所属机构负责举办的就业训练，其经费主要来源于政府预算、失业保险金中的转业训练费和地方教育基金中的技术教育经费，其中，“就业经费中用于就业训练的费用一般不少于30%，当年收缴的失业保险费中用于转业训练的费用原则上不应少于5%”。特别是1994年颁布的《劳动法》，明确规定了劳动者享有职业培训权，此后，劳动者的职业培训工作得到了迅速发展。《国务院关于大力推进职业教育改革与发展的决定》规定：一般企业按照职工工资总额的1.5%足额提取教育培训经费；从业人员技术素质要求高、培训任务重、经济效益较好的企业，可按2.5%提取，列入成本开支。

职业培训权的提出，是劳动关系市场化和劳动力市场形成的客观要求。这一权利的确立，使劳动者的培训由以往的行政行为转变为一种法律行为。在这种转变中，涉及职业培训法律关系的劳动者、雇主和政府三方当事人都有一个适应和逐步规范的问题。

作为劳动者，职业培训由职责转变为权利，这是通过职业培训法律关系中各主体的权利义务的履行来实现的，即劳动者这一权利的实现，必须是法律关系的另一方履行义务的结果。由于劳动者在这一关系中实际处于一种被动的地位，因此，职业培训权利的实现并不是轻而易举的。

在市场经济条件下，劳动者的职业培训权是由国家强力保障，并由政府有关部门和雇主承担实施义务的劳动基准权利。在这方面，我国的劳动者还没有意识到这是自己的一项权利，许多劳动者并不知道如果自己一旦下岗，寻求再就业时还有享受免费培训的权利。而政府和雇主也还没有将劳动者的培训当成自己的一项义务来严格履行。在我国，要实现劳动者的职业培训权，还有许多工作要做，而加强和完善职业培训的立法和执法则是其中特别需要强化的工作。

第二节　当前我国就业制度的主要政策法规

一、法律法规对就业问题的一般性规定

（一）我国劳动立法的基本宗旨和内容

我国法律把平等就业作为劳动者应享有的基本权利和就业工作的基本原则，反对就业歧视，保障劳动者的合法权利。在就业方面，我国劳动立法的基本宗旨和内容主要包括以下几个方面：

1. 保障劳动者的就业权。

就业权是劳动者赖以生存的正当权利，也是各国宪法确认和保护的公民的一项重要基本权利。我国政府一向重视确认和保护劳动者的就业权，并创造条件帮助劳动者就业。《宪法》第四十二条规定："中华人民共和国公民有劳动的权利和义务。国家通过各种途径，创造劳动就业条件，加强劳动保护，改善劳动条件，并在发展生产的基础上，提高劳动报酬和福利待遇。劳动是一切有劳动能力的公民的光荣职责。"《劳动法》第十条规定："国家通过促进经济和社会发展，创造就业条件，扩大就业机会。国家鼓励企业、事业组织、社会团体在法律、行政法规规定的范围内兴办产业或拓展经营，增加就业。国家支持劳动者自愿组织起来就业和从事个体经营实现就业。"

2. 劳动者享有平等的就业权利。

《劳动法》第十二条规定："劳动者就业，不因民族、种族、性别、宗教信仰不同而受歧视。"2007 年 11 月，劳动和社会保障部颁布的《就业服务和就业管理规定》第九条规定："用人单位招用人员，应当向劳动者提供平等的就业机会和公平的就业条件。"

劳动者享有平等的就业机会，即劳动者就业机会均等。每一个劳动者都能平等地进入劳动力市场，自主择业，竞争就业。赋予劳动者平等的就业机会，有利于促进劳动者之间的平等竞争和社会公正的实现，是社会公平原则在就业问题上的体现。

3. 促进就业。

《就业促进法》于2008年1月1日开始施行，明确了国家把扩大就业放在经济社会发展的突出位置，实施积极的就业政策，明确了坚持劳动者自主择业、市场调节就业、政府促进就业的方针和多渠道扩大就业的决心。《就业促进法》还规定了公共就业服务经费纳入同级财政预算、要求县级以上人民政府和有关部门要加强对职业中介机构的管理、对就业困难人员提供就业援助制度和动态消除“零就业家庭”等促进就业的有力举措，旨在认真总结我国促进就业工作实践经验的基础上，将促进就业的各项工作纳入法治化轨道，建立社会主义市场经济条件下促进就业的长效机制。

4. 规范劳动标准。

我国的劳动法律规范的具体内容包括就业促进、劳动合同、工资分配、工时与休假、劳动安全卫生、职业病防治、集体协商与集体合同、工会、社会保险、职工民主参与、劳动监察以及劳动争议处理等内容，在这些方面形成国家最低劳动标准，作为调整劳动关系和维护职工劳动权利的法律规范。

5. 照顾特殊群体人员就业。

特殊群体人员是指谋求职业有困难或处境不利的人员，包括妇女、残疾人、少数民族人员、退出现役的人员、下岗职工等。《劳动法》第十三条规定：“妇女享有与男子平等的就业权利。在录用职工时，除国家规定的不适合妇女的工种或者岗位外，不得以性别为由拒绝录用妇女或者提高妇女的录用标准。”《残疾人保障法》第三十八条第二款规定：“在职工的招用、转正、晋级、职称评定、劳动报酬、生活福利、休息休假、社会保险等方面，不得歧视残疾人。”该法第四章“劳动就业”还规定，国家保障残疾人劳动的权利，推动各单位吸收残疾人就业，并为其选择适当的工种和岗位。《残疾人就业条例》规定：“国家鼓励社会组织和个人通过多种渠道、多种形式，帮助、支持残疾人就业，鼓励残疾人通过应聘等多种形式就业。禁止在就业中歧视残疾人。”《民族区域自治法》第二十三条规定：“民族自治地方的企业、事业单位依照国家规定招收人员时，优先招收少数民族人员，并且可以从农村和牧区少数民族人口中招收。”《兵役法》规定，义务兵退出现役后，按照“从哪里来，回哪里去”的原则，由原征集的县、自治县、市、市辖区的人民政府接收安置。此外，我国政府还出台了大量政策照顾下岗职工等弱势群体人员的就业。《就业促进法》在总则第三条罗列民族、种族、性别、宗教信仰四项外，技术性地加上“等”字兜底，以应对现实生活的需要。同时设专章对妇女、少数民族、残疾人、传染病病原携带者的公平就业问题作了具体的、有针对性的规定。为加大保障公平就业的力度，还在“法律责任”一章规定了救济途径，即遭遇就业歧视的，劳动者可以向人民法院提起诉讼。

（二）就业立法的分类

就业立法是劳动法律体系的重要组成部分。在我国现行劳动法律法规体系中，直接涉及就业的劳动立法可以分为以下几大类：

1. 综合类。

综合类主要是指《劳动法》。《劳动法》全面规定了就业、劳动合同、集体协商与集体合同、工资、工时、劳动争议处理等方面的问题。由于《劳动法》的很多规定原则性强，为了便于《劳动法》的执行，劳动部于 1995 年 8 月 4 日专门发布了

《关于贯彻执行〈中华人民共和国劳动法〉若干问题的意见》，共100条，全面地对《劳动法》的各项规定作了具体解释。

2. 劳动合同类。

劳动合同类包括《劳动合同法》、《劳动合同法实施条例》。

3. 集体协商与集体合同类。

我国的“集体合同法”尚在酝酿中，现行主要的专门立法是劳动部颁布的一些部门规章，包括《集体合同规定》、《工资集体协商办法》等。

4. 工作时间与休息休假类。

这方面的专门立法主要是国务院的行政法规，也有少量的部门规章。行政法规包括《国务院关于职工工作时间的规定》、《全国年节及纪念日放假办法》、《国务院关于职工探亲待遇的规定》、《职工带薪年休假条例》等。部门规章主要是《国家机关、事业单位贯彻〈国务院关于职工工作时间的规定〉的实施办法》、《关于企业实行不定时工作制和综合计算工时工作制的审批办法》等。

5. 劳动安全卫生类。

这方面的立法比较完整，而且立法的层次较高，大多是法律或行政法规。其中，法律包括《矿山安全法》、《职业病防治法》、《安全生产法》等。国务院制定的行政法规包括：《生产安全事故报告和调查处理条例》、《特种设备安全监察条例》、《女职工劳动保护特别规定》、《禁止使用童工规定》，等等。另外，劳动部也制定了一些配套部门规章，如《劳动安全卫生监察员管理办法》、《未成年工特殊保护规定》等。

6. 职业培训类。

这方面的法律有《职业教育法》。劳动部在这方面也制定了大量的部门规章，主要有《就业训练中心管理规定》、《职业技能鉴定规定》、《职业资格证书规定》、《劳动预备制度实施方案》等。

7. 就业促进与劳动力市场管理类。

主要包括《就业促进法》、《残疾人就业条例》、《人力资源市场暂行条例》。在劳动力市场政策方面，劳动部门根据国务院的政策，制定了一些部门规章，如《境外就业中介管理规定》、《就业服务与就业管理规定》等。各地也根据本地实际情况，制定了一些地方法规和地方规章。

8. 劳动监察类。

这方面目前没有专门的法律，只有一些行政法规、部门规章与地方性法规，如国务院颁布的《劳动保障监察条例》，对劳动监察的职权、内容、程序等都作了具体规定。

9. 劳动争议处理类。

这方面主要指《劳动争议调解仲裁法》。

二、从积极的就业政策到就业优先政策

20 世纪末至 21 世纪初，正值我国改革的攻坚阶段。亚洲金融危机的爆发，不仅使我国经济受到严重冲击，也使我国就业面临新中国成立以来最为严峻的就业形势：城镇新增劳动力处于高峰，国有企业下岗职工问题凸显，农村富余劳动力流动加快，形成“三碰头”的局面。根据我国的实际国情和就业形势，为切实解决经济转轨过程中下岗失业人员的再就业问题，从 2002 年开始，党中央、国务院决定把下岗职工基本生活保障和再就业的有关政策发展为“积极的就业政策”。积极的就业政策是指政府通过发展经济、调整经济结构、深化改革、协调发展城乡经济以及完善社会保障体系，促进就业并采取各种有效措施，千方百计增加就业，扩大就业规模，努力把失业率控制在社会可承受的限度内。

2002 年，中共中央、国务院下发了《关于进一步做好下岗

失业人员再就业工作的通知》，第一轮积极的就业政策自此付诸实施，内容包括：通过促进经济发展，调整产业结构，创造更多就业岗位；通过税费减免、小额担保贷款、社会保险补贴、岗位补贴等政策，鼓励自主创业、鼓励企业吸纳就业、开发公益性岗位安置就业；通过职业介绍补贴、职业培训补贴政策，强化就业服务和职业培训。政策的实施化解了下岗失业大潮的冲击，使中国就业走出困境。

2005 年 11 月，国务院下发《关于进一步加强就业再就业工作的通知》，将有关扶持政策延续三年，同时根据就业形势的发展变化，对政策进行进一步调整、扩展和充实：将自主创业的扶持政策扩展到城镇登记失业人员和城镇复员转业军人；将企业吸纳就业和公益性岗位安置就业的扶持政策扩展到厂办大集体下岗失业人员及享受城镇低保的长期失业人员；将免费公共就业服务和职业培训补贴政策扩展到农村进城务工劳动者。由此，政策着力点开始从重点解决国有企业下岗失业人员再就业问题向统筹城乡各类群体就业扩展。积极的就业政策内容进一步丰富。2007 年 8 月，全国人大常委会审议通过了《就业促进法》；2007 年 10 月，党的十七大将社会就业更加充分作为全面建设小康社会的奋斗目标，对建立促进就业长效机制提出了一系列新的更高要求；2008 年 2 月，国务院下发《关于做好促进就业工作的通知》，将积极的就业政策与法律规定进一步衔接。

2008 年，为应对汶川地震等重大自然灾害和国际金融危机带来的挑战，中央出台了一揽子计划，在保增长、保民生、保稳定的战略部署中，把就业摆在更加突出的位置。2009 年 2 月，国务院下发《关于做好当前经济形势下就业工作的通知》，打出了发展经济拉动就业、帮扶企业稳定就业、政策扶持鼓励创业、重点人群统筹就业、特别培训提高技能、加强服务促进就业的“组合拳”，其中4万亿元投资保增长拉动就业、“五缓四减三补贴”稳定就业、促进以创业带动就业等举措更是对稳定就业局势起到了关键作用。

2015—2017年，国务院连续出台《关于进一步做好新形势下就业创业工作的意见》（2015年4月）、《“十三五”促进就业规划》（2017年1月）、《国务院关于做好当前和今后一段时期就业创业工作的意见》（2017年4月）等一系列政策文件，对积极就业政策作了进一步丰富、发展和创新。相对前几轮政策，本轮就业政策对实施就业优先的战略的指向更明确，推动创业带动就业的举措更具体，进一步拓展和放宽了促进高校毕业生、困难人员、农村劳动力等重点群体就业方面的政策，对强化组织领导和保证资金投入有更切实的要求。与此同时，国务院还连续发出多个促进大众创业、万众创新的文件，形成了新一轮的以鼓励创业与促进就业相结合为鲜明特征的政策集成和创新。

2018年7月31日中共中央政治局会议提出，要做好稳就业、稳金融、稳外贸、稳外资、稳投资、稳预期工作，稳就业居于首位。2018年底召开的中央经济工作会议要求，要全面正确把握宏观政策、结构性政策、社会政策取向。社会政策要强化兜底保障功能，实施就业优先政策，确保群众基本生活底线，寓管理于服务之中。2019年《政府工作报告》首次将就业优先政策置于宏观政策层面，旨在强化各方面重视就业、支持就业的导向，提出加强宏观政策的协调配合，就业优先政策全面发力。2020年新冠肺炎疫情突然袭来，给经济社会发展和就业带来前所未有的冲击。面对严峻挑战，党中央、国务院出台一系列力度大、针对性强的组合政策和专项措施，援企、减负、稳岗、扩就业并举，不断优化完善就业优先政策，强化政策执行力，我国就业政策与就业服务体系进一步丰富完善。

三、对妇女、未成年人、残疾人等特殊群体人员就业的保护

（一）就业歧视

就业歧视是指没有法律上的合法目的和原因而基于种族、肤色、宗教、政治见解、民族、社会出身、性别、户籍、残障或身体健康状况、年龄、身高、语言等原因，采取区别对待、排斥或者给予优惠等任何违反平等权的措施侵害劳动者劳动权利的行为。2006 年 1 月 12 日，中国正式批准了国际劳工组织 1958 年通过的《关于就业及职业歧视的公约》（第 111 号公约），公约规定：基于种族、肤色、性别、宗教、政治见解、民族血统或社会出身的任何区别、排斥或特惠，其效果为取消或损害就业或职业方面的机会平等或待遇平等；有关成员在同雇主代表组织和工人代表组织——如果这种组织存在——以及其他有关机构磋商后，可能确定其效果为取消或损害就业或职业方面的机会平等或待遇平等的其他区别、排斥或特惠。

当前中国就业歧视泛化现象主要分为以下两种：

1. 市场性歧视。

市场性歧视是指以某种社会风气、价值观念和习惯的方式对某些人群进行排斥和限制，而这些限制和排斥行为是为法律法规所禁止的。因此，这种歧视也称为显性歧视，如公开歧视妇女、少数民族和持不同宗教信仰的劳动者，做出这些歧视行为的主体存在的违法举动主要是由于市场自我调节失灵造成的。受歧视者权益可以通过行政执法和司法途径得到救济，消除这些歧视应当从加强政府管制以及司法力度上入手。

2. 制度性歧视。

制度性歧视主要是由制度不衔接、体制摩擦而引起的，这种就业歧视现象常常在转轨经济中出现，主要有以下两种：一

种是积极的制度性歧视，意指在制度安排和政策制定层面上以法律、法规、条例、政策的形式将含有歧视性的内容予以制度化，这种歧视性的制度本身带有不合理性或非正当性，但是由于带有一定的法律规范形式，歧视性的制度在实践中被赋予强制执行力，故这种由于法律体系不统一造成的歧视类型又称为隐性歧视，如传统的政策性壁垒以及政府地方保护主义下的户籍型歧视、制度制定不科学导致的乙肝病毒携带者就业歧视等。另一种是消极的制度性歧视，亦即制度对就业市场中的歧视性做法缺乏可供调整的法律依据，市场经济中规制歧视的法规存在缺位的情况，这是由于法律制度本身的不完善所造成的。因此，加强立法建设，改善平等就业的法律环境并且在今后的法治进程中逐步建立违宪审查机制是消除此类歧视的途径所在。

新中国成立后，我国人权平等事业有了长足的进步，特别在保护妇女及未成年人权益方面。改革开放之后，我国由对人权概念的不认同到进行广泛的国际人权对话和研讨，在2004年宪法修正案中增加了“国家尊重和保障人权”之条款。

（二）妇女就业权利保护

我国《宪法》、《劳动法》、《妇女权益保障法》及其他法律法规对保障妇女的劳动权及就业均有明确的规定，依法保护妇女享有与男子平等的劳动权利，消除就业性别歧视，实行男女同工同酬，保障女职工在经期、孕期、产期和哺乳期以及在工作场所受到特殊劳动保护。具体规定有以下两个方面：

1. 妇女享有同男子平等的劳动和就业权利。

《劳动法》第十二条规定：“劳动者就业，不因民族、种族、性别、宗教信仰不同而受歧视。”《妇女权益保障法》第四十一条规定：“国家保障妇女享有与男子平等的劳动权利和社会保障权利。”

2. 妇女有同男子平等的就业机会，即就业机会均等。

《劳动法》第十三条规定："妇女享有与男子平等的就业权利。在录用职工时，除国家规定的不适合妇女的工种或者岗位外，不得以性别为由拒绝录用妇女或者提高对妇女的录用标准。"2001年5月，我国颁布了《中国妇女发展纲要（2001—2010年）》，进一步确定了促进妇女就业的发展目标。为了适应我国经济社会发展新形势的需要，进一步加强女职工劳动保护工作，2012年4月颁布的《女职工劳动保护特别规定》主要从三个方面对《女职工劳动保护规定》作了完善：一是调整了女职工禁忌从事的劳动范围；二是规范了产假假期和产假待遇；三是调整了监督管理体制。

（三）未成年人就业保护

《劳动法》第十五条规定："禁止用人单位招用未满十六周岁的未成年人。"即禁止国家机关、社会团体、企业事业单位、个体工商户、农户、城镇居民使用童工。禁止各种职业介绍机构以及其他单位和个人为未满十六周岁的少年、儿童介绍职业。各级工商行政主管部门不得为未满十六周岁的少年、儿童核发个体营业执照。父母或者其他监护人不得允许未满十六周岁的子女或者被监护人做童工。此外，法律法规对某些特殊行业和单位招用未满十六周岁的未成年人亦有特殊规定，主要内容是：(1) 文艺、体育和特种工艺单位，确须招用未满十六周岁的文艺工作者、运动员或艺徒时，报经县级以上劳动行政部门批准。(2) 用人单位批准招用的少年、儿童，用人单位应当切实保护他们的身心健康，促使他们在德、智、体诸方面健康成长，并负责创造条件，保证少年、儿童依法接受当地规定年限的义务教育。违法招用未满十六周岁的少年、儿童必须承担应负的法律责任。但未满十六周岁的少年、儿童，参加家庭劳动、学校组织的勤工俭学和省、自治区、直辖市人民政府允许从事的无损于身心健康、力所能及的辅助性劳动，不属于童工范畴。

（四）残疾人就业权利保护

残疾人是指在心理、生理、人体结构上，某种组织、功能丧失或者不正常，全部或者部分丧失以正常方式从事某种活动能力的人。残疾人包括视力残疾、听力残疾、言语残疾、肢体残疾、智力残疾、精神残疾、多重残疾和其他残疾的人。

我国《宪法》、《劳动法》及有关法律法规对保障残疾人就业均有明文规定。《宪法》第四十五条第三款规定："国家和社会帮助安排盲、聋、哑和其他有残疾的公民的劳动、生活和教育。"

《残疾人保障法》对残疾人就业作了全面的规定，主要内容是：国家对残疾人的就业实行集中与分散相结合的方针，即通过举办残疾人福利企业、工疗机构、按摩医疗机构和其他福利性企业事业组织，集中安排残疾人就业，同时推动各单位吸收残疾人就业；国家对残疾人福利性企业事业组织和个体残疾劳动者采取优惠政策和扶持保护措施，如实行减免税政策、保护残疾人福利性企业事业组织的合法权益、政府确定安排适合残疾人企业生产的产品、对个体残疾劳动者给予照顾等；国家对残疾人就业实行保护。在职工招用、晋级、劳动报酬等方面不受歧视，对于国家分配的残疾人毕业生，有关单位不得因其残疾而拒绝接收等。

《劳动法》第十四条规定："残疾人、少数民族人员、退出现役的军人的就业，法律、法规有特别规定的，从其规定。"国家和地方各级政府对残疾人福利性企业和事业组织和城乡个体劳动者实行税收减免的政策，并在生产经营的其他环节给予扶持。

1996年4月26日，国务院批准了《国务院残疾人工作协调委员会关于中国残疾人事业“九五”计划纲要》，并制定了实现任务指标的主要措施。

四、国际劳工组织的“体面劳动”及我国已签署的国际劳工公约

“体面劳动”（Decent Work）是1998年第87届国际劳工大会上，由国际劳工组织总干事索马维亚提出的国际劳工组织具有全球意义的战略口号。国际劳工组织把它定义为“促进男女在自由、公平、安全和具备人格尊严的条件下获得体面的、生产性的、可持续工作机会”。追求“体面劳动”的途径包括“促进工作中的权利、就业、社会保护和社会对话”四个战略目标。具体来讲，“体面劳动”追求的目标是：劳动者基本权利得到切实保障；通过实行积极有效的就业政策，为劳动者提供较为充分的就业机会，提高就业质量；建立和完善社会保障制度，使劳动者在遇到困难时能得到适当的保护；充分发挥社会对话，主要是政府、雇主组织和工会之间三方对话的作用，通过协商的方式妥善解决劳动领域的各方面问题，维护劳动者权益，保持社会稳定。

2005年，联合国劳工大会把“体面劳动”确定为联合国推动实现的千年发展目标之一；2008年的国际劳工大会，又通过了《国际劳工组织关于促进社会正义、实现公平全球化宣言》，把“体面劳动”从倡议上升为所有成员国都必须实现的目标。

国际劳工组织认为，促使各成员国批准并贯彻国际劳工公约，是实现“体面劳动”的基本步骤和途径。我国政府一贯重视维护劳动者合法权益，在加强国内劳动领域法制建设的同时，与工会、企业组织一道积极参与国际劳动规制的制订工作，切实履行国际义务。截至2022年，国际劳工组织187个成员国，共制订国际劳工公约189项和建议书205项，我国政府已经批

准的国际劳工公约28项，分别为：

1920年第7号海上最低年龄公约（1936年12月2日批准）；1921年第11号农业结社权利公约（1934年4月27日批准）；1921年第14号工业每周休息公约（1934年5月17日批准）；1921年第15号扒炭工和司炉工最低年龄公约（1936年12月2日批准）；1921年第16号海上未成年人体检公约（1936年12月2日批准）；1925年第19号事故赔偿同等待遇公约（1934年4月27日批准）；1926年第22号海员协议条款公约（1936年12月2日批准）；1926年第23号海员遣返公约（1936年12月2日批准）；1928年第26号最低工资确定办法公约（1930年5月5日批准）；1929年第27号船运货物标明重量公约（1931年6月24日批准）；1930年第29号强迫劳动公约（2022年8月12日批准）；1932年第32号码头工人事故防护条约（1935年11月30日批准）；1935年第45号妇女地下工作公约（1936年12月2日批准）；1937年第59号工业最低年龄公约（1940年2月21日批准）；1946年第80号最后条款修正公约（1947年8月4日批准）；1951年第100号对男女工人同等价值的工作付以同等报酬公约（1990年11月2日批准）；1957年第105号废除强迫劳动公约（2022年8月12日批准）；1958年第111号消除就业和职业歧视公约（2006年1月12日批准）；1964年第122号就业政策公约（1997年12月17日批准）；1973年第138号最低就业年龄公约（1999年4月28日批准）；1976年第144号三方协商促进履行国际劳工标准公约（1990年11月2日批准）；1978年第150号劳动行政管理公约（2002年3月7日批准）；1981年第155号职业安全和卫生公约（2007年1月25日批准）；1983年第159号残疾人职业康复和就业公约（1988年2月2日批准）；1988年第167号建筑业安全与卫生公约（2002年3月7日批准）；1990年第170号安全使用化学品公约（1995

年1月11日批准)；1999年第182号最恶劣形式的童工劳动公约（2002年8月8日批准)；2006年第155号海事劳工公约(2015年11月12日批准)。

第三节　工会就业服务工作

一、工会就业服务工作的概念、目标及其在工会工作中的重要地位

（一）工会就业服务工作的概念

工会就业服务工作是指工会根据自身的经济和社会职能，在就业领域围绕一定的目标所从事的工会活动。从历史的角度讲，工会是工业化的产物，是经济和社会矛盾的产物，工会的性质决定着工会主要在就业领域或劳动关系领域开展活动，发挥其职能作用。在一般市场经济条件下，工会运用劳动力供给方的市场力量和市场手段，在劳动力市场交易活动中追求劳动力供给方整体的经济和社会利益目标，以维持劳动力市场中的劳资均衡关系。

（二）工会在就业方面追求的基本目标

在计划经济条件下，城镇就业由国家实行统包统配，劳动者的就业及劳动权益主要通过国家计划和法规政策来作出安排或调整，企业不具备独立用工主体资格，工会在就业领域所能发挥的作用也很受限制。在这种制度安排下，工会的就业服务工作主要体现在两个方面：宏观上，参与国家就业计划、劳动法规政策的制定与实施；微观上，通过民主参与、民主管理和群众监督，促进国家的相关政策法规在企业得到切实执行。工会的各种活动一般都不涉及劳动关系的调整，因而工会不具备在劳动关系中那种特定的、不可或缺的身份和地位。

在社会主义市场经济条件下，国家实行“劳动者自主择业，市场调节就业，政府促进就业”的就业方针，市场在调节和配置劳动力资源方面起着基础性作用，劳动力市场在调节就业和劳动力市场价格方面起主导作用，大多数劳动者以受雇方式实现就业，按照国家劳动法律与用人单位之间结成市场化的劳动关系。尽管对于劳动力市场的交易行为，国家以劳动立法形式加以规范，但法律不可能细化到规范交易行为的方方面面，这就给市场调节和劳动力市场供求双方进行市场选择留下很大的空间。在这个市场主导的劳动关系中，劳动者与用人单位之间作为利益主体的关系十分清晰，他们既存在共同性的利益诉求，也存在对立性的利益诉求。工会需要代表劳动力供给方（职工）的集体利益，提出被代表者的共同利益诉求。

在一般市场经济中，工会作为劳动力市场供给方利益的代表，追求的目标包括：就业的不断扩大和比较充分的就业；就业机会的公平性、安全性、有效性和稳定性；合理的劳动待遇。国际劳工组织为应对全球化的发展趋势，把各成员国（包括各成员国的工会组织）所应追求的经济和社会目标概括为“体面劳动”。国际劳工组织的“体面劳动”原则，是在综合考察世界各国劳动和社会领域存在的问题及发展需要后提出的。各国在实行这一原则时必须结合本国具体情况，制定相应的政策措施以保证其各项目标的实现。

（三）工会就业服务工作的重要地位

就业在工会工作中的重要地位，可以从两方面来加以说明：

1. 就业本身对劳动者和工会的重要性。

就业是最大的民生，也是经济发展最基本的支撑。坚持实施就业优先战略，全面提升劳动者就业创业能力，实现比较充分和高质量的就业，是培育经济发展新动能、推动经济转型升级的内在要求，对发挥人的创造能力、促进群众增收和保障基本生活、适应人们对自身价值的追求具有十分重要的意义。中国工会作为工人阶级的群众组织，作为党联系职工群众的桥梁和纽带，作为国家政权的重要社会支柱，一方面必须从服从和服务于大局的高度，协助党和政府做好就业工作，为深化改革、加快发展和促进社会稳定作出贡献；另一方面工会作为工薪劳动者自愿参加的社会组织，关注广大职工的就业状况，代表和维护他们的就业权益，构成工会最具组织特征的、基础性的和经常性的工作。工会组织的性质、地位决定着工会主要是在劳动关系领域中，通过代表劳动者协调劳动关系来发挥自己的作用。就业领域是工会活动发挥作用的最基本的领域，工会在社会、政治和文化等其他领域的作用，都是以工会在就业领域的活动为基础的。

2. 工会在就业领域发挥作用具有独特的优势和功能。

在劳动力与资本这两大生产要素相互结合的过程中，劳动力被纳入由资本主导的社会化大生产的组织管理体系。然而，由于劳动力商品是一种特殊商品，使用劳动力与使用其他物质工具不同，劳动者的劳动力输出是由劳动力的所有者自身控制的。由劳动者集体组织起来的工会又比单个劳动者个人对劳动力输出具有更强的控制力。这是工会力量的源泉所在。在一般市场经济的形态下，经济基础和上层建筑都由资本所主导和控制，但作为与雇主对抗的势力的工会，也可以以其对劳动力供给的控制作为自己的力量所在和基本依托，通过集体谈判、工人参与、社会对话乃至产业行动等渠道和手段，或与资方开展市场博弈，或影响劳动力市场规则（主要为劳动法律所代表的劳工标准），在政府、雇主与雇员的三方格局中形成抗衡态势。在这个领域中，工会有着其他组织所没有的独特优势和作用。正是由于这种优势和作用，奠定了工会在资本主义社会中的地位。在我国社会主义市场经济条件下，劳动力市场及其交易日益趋向市场化，客观上要求工会进入就业领域并发挥其职能作用。中国工会的性质和地位决定着工会不是以激烈方式与企业（或资方）进行市场较量，而是在制度和法律框架下，通过参与劳动法律法规政策的制定、与政府召开联席会议、与企业开展集体协商签订集体合同、开展企业民主管理等多种渠道和手段，推动就业的不断扩大，协调和平衡劳动关系，促进各项法定劳动标准的落实，维护劳动者的就业权益。

二、工会推动积极就业政策的实践

（一）源头参与和调查研究

近年来，全国各级工会围绕重点，重视源头参与，深入实际调查研究，推动一系列与职工权益密切相关的法律法规与重大政策的制定和落实。针对《劳动合同法》、《促进就业法》、《残疾人保障法》、《职业技能培训条例（草案）》、《就业服务与就业管理规定》、《国务院办公厅关于应对新冠肺炎疫情影响强化稳就业举措的实施意见》、《“十四五”就业促进规划》等法规政策多次提出修改意见，坚持了工会的主张。与此同时，全国各级工会还积极开展热点问题调研。2016 年以来，先后开展了深化国有企业改革调研、东北等地区去产能职工安置情况开展专题调研、“十四五”时期就业方式变化趋势与职工劳动经济权益问题研究、农民工就业与劳动经济权益状况调研等。通过源头参与和调查研究，工会就业工作从源头及制度上为保障和实现职工的劳动经济权益创造了良好的条件，为党和政府研究制定政策提供了有力支持。

（二）促进就业工作相关活动。

全国各级工会始终将就业工作摆在工会工作的重要位置，抓紧抓好，不断开拓创新，做实做大就业服务品牌。

1. 全国工会就业创业服务系列活动。

2010 年，为协助党委政府解决好四川灾后重建富余劳动力再就业问题，全国总工会组织协调了北京、上海、天津、山东、江苏、浙江、广东、福建等八省市的工会职业介绍机构和用工单位，收集了十几万条空岗信息，赴四川绵阳、遂宁和南充举办“情系灾区人民，合力促进就业，倾心维权服务，共建美好生活”全国工会对口劳务协作大型招聘洽谈会。自 2011 年起，全国总工会将此项活动坚持下来，打造成“全国工会就业援助月”活动，积极协助党政缓解春节后外出务工人员集中求职的压力和沿海等地区出现的“用工荒”等问题。此后各地工会从职工实际需求出发，不断创新活动方式方法，服务对象和范围不断扩大，逐渐演化为全年常态化开展的“全国工会就业创业服务系列活动”，各地工会通过举办各类招聘活动，开展技能培训和创业培训，免费为劳动者提供政策咨询服务和岗位信息等方式，帮助农村富余劳动力、困难家庭子女高校毕业生和下岗失业人员等就业困难群体实现就业。组织开展“京津冀蒙跨区域促就业活动”等跨地区劳务对接洽谈活动，整合区域工会就业服务资源，为促进劳动力转移就业、缓解用工结构性矛盾发挥了积极作用。

2. 技能培训促就业行动。

2010 年，为进一步深化“千万农民工援助行动”，提高下岗失业人员、农民工等群体的技能水平，缓解就业结构性矛盾，协助党和政府做好就业再就业工作，全国总工会办公厅下发通知，开展“技能培训促就业行动”，要求各级工会要以农民工、就业困难人员和困难职工家庭高校毕业生等为重点，对 100 万名就业困难人员进行职业技能培训，并获得人力资源和社会保障等部门认定的初级以上资格证书；成功介绍 100 万名各类求职人员实现就业，并签订一年以上劳动合同。2011 年后，全国总工会继续组织各级工会开展“技能培训促就业行动”，有针对性地开展职业技能培训，对具有创业意愿和能力的劳动者进行企业创办能力、市场经营素质等方面的培训，提升劳动者职业技能水平，培养造就知识型、技术型、创新型职工队伍。

3. 工会创业小额贷款。

工会的小额信贷发端于职工互助互济活动，近年来，一些地方工会充分利用较强的组织网络和工作平台优势，积极推进工会创业小额贷款工作，并取得了许多宝贵的经验，创出了具有工会特色的小额借款、UNDP 工会小额担保贷款、南京工会小额贷款等模式，为今后进一步深入开展工会创业小额贷款工作奠定了良好的基础。尤其是 2009 年与银监会联合下发《关于开展工会创业小额贷款试点工作的通知》后，工会小额贷款工作又有了进一步的发展。

4. 困难职工家庭高校毕业生阳光就业暖心行动。

2009 年，为贯彻落实《国务院办公厅关于加强普通高等学校毕业生就业工作的通知》，积极应对当前国际金融危机对高校毕业生就业的影响，推动解决困难职工家庭高校毕业生就业问题，全国总工会、教育部在全国范围内实施“困难职工家庭高校毕业生阳光就业行动”。此后活动持续开展，2020 年活动更名为“困难职工家庭高校毕业生阳光就业暖心行动”，各级工会在建立实名制档案基础上，对高校毕业生实施“一对一”就业服务。

5. 全国工会就业服务平台。

2020 年 3 月，为落实中央统筹推进新冠肺炎疫情防控和经济社会发展工作部署会议精神，全国总工会迅速响应，搭建全国工会就业服务网络平台——“工 E 就业”和“工会就业服务号”。自上线以来，全国工会就业服务平台先后开展了“助力荆楚·共创未来”对口就业援助活动、“京津冀蒙工会跨区域促就业系列活动暨线上招聘会”、“工会进万家·新就业形态劳动者温暖行动”招聘月等一系列专场云招聘活动，产生良好的社会反响。截至2022年底，招聘就业服务已覆盖全国30个省（区、市），累计提供线上岗位超过143万个。平台将有关地方工会网上就业服务平台链接纳入，初步形成全国工会就业服务网上平台矩阵。

6. 与其他部委合作开展相关活动。

全国总工会还与人力资源和社会保障部、全国工商联、全国妇联等单位联合开展“春风行动”、“民营企业招聘月”、“金秋招聘月”等就业服务活动。

三、当前工会就业服务工作的重点任务

当前和今后一个时期，我国劳动力供求矛盾仍然突出，国际环境复杂多变，国内经济社会发展也面临一些新情况、新问题，我国就业形势依然严峻，任务十分艰巨。工会要充分运用自身政治优势、组织优势、群众优势、资源优势，在促进劳动者充分就业、平等就业、提高劳动者就业质量等方面发挥积极作用，为稳定职工就业贡献工会力量。

一是持续关注职工群体就业状况。当前就业领域不确定性、不稳定性因素增多。工会将密切关注就业形势，依托工会劳动关系监测平台，加强与高校、专业机构合作，及时了解掌握重点行业、重点地区企业用工和职工劳动经济权益状况。对可能出现规模裁员的企业，早预见、早介入，做好劳动关系处置和再就业帮扶，尽力把裁员影响降到最低。同时，主动与有关部门沟通，及时反映职工在就业岗位、工作时间等方面存在的问题，积极参与相关政策制定。

二是积极协助落实助企稳岗政策。市场主体是经济发展和

就业增长的源头活水，当前国家各类社保降费缓缴、稳岗返还等惠企政策陆续出台。工会将加强跟踪调研，及时掌握重点行业、重点群体稳岗政策落实情况，协助做好政策微调。发挥工会媒体、各类宣传渠道作用，做好政策宣传解读，推动政策应知尽知。加大小微企业工会经费返还力度，配合政府部门抓好各项政策落实，助力企业纾困解难、稳岗扩岗。

三是不断创新工会就业创业服务。进一步丰富全国工会就业创业服务系列活动内容，加大工作推动力度，开展常态化、精准化的就业服务。依托各级工会就业服务平台、全国性人力资源机构就业招聘网站，开设大型专项招聘活动线上专场专区，推广运用直播带岗、远程面试等新型招聘模式，实现线上招聘活动不停歇。以“工会技能培训促就业行动”为主要载体，开展多元化、差异化的就业技能培训，缓解结构性就业矛盾。推广部分省市贴息贷款经验，孵化职工创新创业项目，解决创业者融资难、融资贵、租金贵等问题。开展“工会就业创业服务公益计划”，以服务职工就业项目为纽带，联系一批人力资源机构对接工会就业服务体系，在职工就业创业项目上开展公益合作，以创业带动就业。

四是做好重点群体就业援助。在全国范围内开展“困难职工家庭高校毕业生阳光就业暖心行动”，对困难职工家庭高校毕业生优先推荐岗位，优先落实政策，优先组织培训见习，优先提供指导服务，实现“一人一档”、“一人一策”。加强灵活就业服务，举办“工会进万家·新就业形态劳动者温暖行动”线上专场招聘会，邀请新业态领域头部企业、大中型国企和民企等，为新就业形态劳动者提供更多合适岗位，拓宽就业渠道。聚焦受新冠肺炎疫情影响的中小企业待岗转岗职工，深入挖掘当地资源，开发就业岗位，鼓励就地就近就业，同时协助低风险地区企业职工有序安全返岗复工。对特困行业转岗职工、就业困难群体，持续加强就业帮扶，协助政府落实兜底保障政策。

思考题：

1. 当前我国就业的方针是什么？

2. 什么是积极的就业政策？工会组织在实施积极就业政策的过程中如何行使权利和承担责任？

3. 如何看待新就业形态？

4. 在哪几种情形下，用人单位不能单方解除劳动合同？

5. 工会组织如何在劳动力市场制度化建设中发挥作用？

6. 什么是职业培训权？职业培训权的法律依据有哪些？企业在保障劳动者职业培训权实施方面承担什么责任？

7. 结合自己单位和个人的经验，谈谈如何做好工会就业工作。

第三章　工资工作

工资是职工生活的基本来源和保障，是职工最基本的经济利益所在。随着社会主义市场经济体制的建立，我国的社会经济结构、运行机制、利益格局、分配关系等发生了深刻变化，工资分配机制也发生了重大变革。党的二十大提出："努力提高居民收入在国民收入分配中的比重，提高劳动报酬在初次分配中的比重。坚持多劳多得，鼓励勤劳致富，促进机会公平，增加低收入者收入，扩大中等收入群体。完善按要素分配政策制度，探索多种渠道增加中低收入群众要素收入，多渠道增加城乡居民财产性收入。"这一重要论述为进一步深化收入分配制度改革、推动建立健全公平合理的收入分配秩序指明了方向。

积极参与国家有关工资分配的法律法规和政策的制定，大力推动政府探索建立与市场经济体制相适应的工资分配调控手段和方式、推动企业建立合理的工资分配决定机制，同时通过代表职工与企业进行集体协商谈判、签订集体合同等方式，监督、制约企业的分配行为，维护职工的劳动报酬权益，这是社会主义市场经济条件下，工会维护职工权益、协调劳动关系，更好地保护和调动广大职工的积极性、创造性，促进经济发展和企业效益提高的重要工作内容。本章主要对工资工作的基本知识、我国现行的工资制度和主要政策法规以及如何做好工会的工资工作作概要的介绍和阐述。

第一节　工资工作基本知识

一、工资的基本概念和形式

（一）工资的概念

工资从形式上看，是劳动者付出劳动以后，以货币形式得到的劳动报酬。国际劳工组织在《1949年保护工资公约》中对“工资”作出了定义：“‘工资’一词系指不论名称或计算方式如何，由一位雇主对一位受雇者，为其已完成和将要完成的工作或已提供或将要提供的服务，可以货币结算并由共同协议、国家法律或条例予以确定而凭书面或口头雇用合同支付的报酬或收入。”这一定义，一是明确了工资的支付者和工资的收入者。支付者为雇主，收入者为雇员（按照我国《劳动法》的规定，雇主应统称为用人单位，工资收入者应统称为劳动者或工资劳动者）。二是明确了支付工资多少的依据，应是劳动者“已完成和将要完成的工作或已提供或将要提供的服务”。三是明确了工资支付的方式，即不论名称或计算方式如何，均应以货币结算并支付报酬或收入。四是明确了工资支付的标准，即应依照由共同协议、国家法律或条例规定的标准以及书面或口头劳动合同约定的标准支付。

（二）与工资相关的基本概念

1. 货币工资和实际工资。

货币工资，亦称名义工资，即以货币表示的工资数量。实际工资，是货币工资或名义工资的对称，是指在消除居民消费价格上涨和捐税加重等因素以后实际得到的工资，也可以理解为以货币工资实际购买商品和劳务的能力。实际工资可用货币工资除以消费价格指数求得。

2. 工资率与实得工资。

工资率亦称工资标准，是指按单位时间支付的工资数额。工资率可以按小时、日、周、月、年分别规定。实得工资是根据劳动者的工资率和他提供的劳动数量计算而得到的工资。假定一个工人的月工资率为2560元人民币，当月计薪天数为21.75天，这样，日工资率约为117.70元。如果该工人当月实际工作了16天，那么当月他的实得工资为1883.22元。

3. 工资总额与工资成本费用。

工资总额是指企业在一定时期内实际支付给全部职工的劳动报酬总额。按照国家统计局的规定，工资总额主要包括：计时工资、计件工资、奖金（不包括发明奖和技术进步奖）、各种津贴和补贴（不包括计划生育补贴）、加班加点工资以及特殊情况下支付的工资等。工资成本费用是指企业在生产经营活动中支付并列入成本的工资费用。如果企业在利润中支付一部分工资，那么工资成本费用则小于工资总额。

4. 人工成本费用。

人工成本费用亦称劳动成本，是指雇主因雇用劳动力而发生的列入成本的费用。按我国目前的统计口径，它应包括工资总额、职工福利费、教育经费、社会保险费和劳动保护费等。

（三）工资分配制度

工资分配制度是确定和支付职工劳动报酬的原则、形式、办法和规定的总称。我国现行工资分配制度的内容很广泛，主要包括以下几种：

1. 等级工资制。它是根据工作复杂程度、繁重程度、风险程度、精确程度等因素将各类工作进行等级划分并规定相应的工资标准的工资分配制度，在工资分配中居于主导地位，是其他工资制度的基础，主要包括技术等级工资制、岗位等级工资制、职能等级工资制等。

2. 结构工资制。它是基于工资的不同职能，将工资总额划分为若干相对独立的工资单元，各单元又规定不同的结构系数，组成有质的区别和量的比例关系的工资分配制度，一般包括基本工资、岗位工资、绩效工资、技能工资、浮动工资、年功工资等。

3. 岗位技能工资制。它是以按劳分配为原则，以劳动技能、劳动责任、劳动强度和劳动条件等基本劳动要素评价为基础，以岗位和技能为主要内容的工资分配制度。

4. 岗位薪点工资制。它是在对岗位的劳动责任、劳动技能、劳动强度和劳动条件评价的基础上，用点数和点值来确定职工实际劳动报酬的工资分配制度。

5. 绩效工资制。它是将职工的工资与个人工作业绩挂钩的工资分配制度，有利于使职工工资与可量化的业绩挂钩，将激励机制融于组织目标和个人业绩的联系之中，有利于工资分配向业绩优秀者倾斜，从而提高企业经济效益。

6. 提成工资制。它是企业实际销售收入减去成本开支和应缴纳的各种税费后，剩余部分在企业和职工之间按不同比例分成的工资分配制度。

（四）工资分配形式

1. 工资形式的概念。

所谓工资形式，就是计量劳动和支付劳动报酬的方式与具体办法。即在确定各类职工等级标准的基础上，计量各个劳动者的实际劳动数量，并把职工的工资等级标准同他们的劳动数量联系起来，计算出企业应当支付给职工的工资报酬量，并由企业按照预定的支付周期直接支付给职工本人。

2. 工资的基本形式。

（1）计时工资。

计时工资是根据劳动者的劳动复杂程度、熟练程度、繁重程度和工作时间长短支付工资的一种形式。

计时工资主要适用于劳动成果难以直接准确计算的工作(如管理者、教师的工作);劳动成果难以直接反映劳动者技术业务水准高低和努力程度的工作(如基础科学研究和试验性生产人员的工作);技术要求复杂,分工较细,产品数量和质量主要取决于集体协作劳动的部门和工种(如大型机械设备的制造);产品质量重于数量,质量要求极严格而又主要取决于个人技术水平高低的工作(如精密仪器的生产);生产规模较小或生产场地比较集中,便于监督管理的场合。

在我国,按照计算的时间单位不同,计时工资有三种常用的具体形式:月工资制、日工资制、小时工资制,目前我国计时工资一般以月工资制为基准。在西方国家,计时工资的形式还有周工资制,而在有些国家计时工资是以小时工资制为基准。

(2)计件工资。

计件工资是指按照劳动者生产合格产品的数量或完成一定工作量,根据预先规定的计件单价支付劳动报酬的一种形式。它与计时工资没有本质区别,其基本区别在于计时工资是用劳动时间作为计量工资的依据,而计件工资则是直接按生产的产品数或完成的一定工作量作为计量工资的依据。因此,计件工资是计时工资的转化形式,二者都是按劳分配原则的一种具体形式。

计件工资制的适用范围必须是计件单位的产品数量能够单独准确地计算,并且产品数量能准确反映劳动者支出的劳动量的工种;产品质量容易检查的工种;能够准确制定先进合理的劳动定额,并能准确反映劳动者劳动消耗量的工种;生产任务饱满,原材料和动力供应正常,成批生产,产供销正常,因而能够鼓励工人争取达到最高产量或达到最多工作量的工种;工人工作的性质就是增加产品数量的工作。

计件工资制的具体形式有八种：直接无限计件工资制、直接有限计件工资制、累进计件工资制、超额计件工资制、包工工资制、提成工资制、间接计件工资制、综合计件工资制。

3. 工资的辅助形式。

（1）奖金。

奖金是给予付出超额劳动的劳动者的现金奖励。奖金按照超额劳动对生产的作用是否直接可以分为两大类：一类是由于劳动者提供了超额劳动、直接增加了社会财富所给予的奖励，这一类称为生产性奖金或工资性奖励；另一类是由于劳动者的劳动改变了生产条件，为提高社会劳动效率、增加社会财富创造了有利条件所给予的奖励，这一类称为创造发明奖或合理化建议奖等。

（2）津贴和补贴。

津贴是对职工在特殊劳动条件和工作环境下的特殊劳动消耗，以及在特殊条件下工作的职工所付出的额外劳动消耗和生活费用，进行合理补偿的附加劳动报酬和物质鼓励。习惯上，属于生产性质的补偿称作津贴，属于生活性质的补偿称作补贴。

（3）加班加点工资。

劳动者根据企业、事业、机关行政方面的命令和要求，在法定节日和公休假日内进行工作，称为加班；在正常工作日延长工作时间，称为加点。加班加点工资是指因加班加点而支付的工资。

（4）特殊情况下的工资。

特殊情况下的工资是指在非正常情况下根据规定支付给职工的工资，包括病假工资、工伤医疗期间工资或工伤补贴、产假工资、婚丧假工资、探亲假工资、事假工资、履行国家和社会义务工资。

二、影响工资确定的因素

在市场经济条件下，影响工资确定的因素很多，也较为复杂，一般可划分为内在因素和外在因素两大类。

（一）内在因素

影响工资确定的内在因素是指与工作特性及状况有关的因素，其内容包括以下几个方面：

1. 劳动者的劳动。劳动者的劳动是影响工资确定的基本因素。工资量的大小取决于劳动者提供的劳动的数量和质量。在现代工业社会中，除体力外，劳动者能提供的劳动量同他所具有的技术和训练水平紧密相连。技术和训练水平高的人，能获得较高的工资。

2. 劳动者工作岗位的特点。工作岗位的特点往往直接影响到劳动者的贡献大小，因而影响到工资数量，主要包括职务高低与所承担责任和风险的大小、岗位的科技含量、岗位的工作环境。

3. 劳动者的工作年限。工作年限影响工资确定的部分主要是补偿劳动者过去的部分投入。此外，将工龄作为影响工资确定的因素，可以防止劳动力的频繁流动，是一个国家、一个企业保持劳动力队伍基本稳定的措施之一。

（二）外在因素

影响工资确定的外在因素是指与工作特性及状况无关但又同时构成对工资本身确定具有重大影响的一些经济因素，主要包括以下几个方面：

1. 生活费用水平。

2. 企业对工资的负担能力。工资与企业的生产力有关，如果企业所负担的工资超过了其负担能力，企业的生产就会受到影响，甚至可能使企业停产。

3. 地区或行业的工资水平。

4. 劳动力市场的供求关系。

5. 劳动力的潜在替代物。潜在替代物首先是机器，当使用生产人员的费用高于使用机器的费用时，企业就可能用机器代替劳动力。此外，劳动力市场存在的愿意接受较低工资的临时工作者，也对在职工人的工资构成影响。

6. 产品需求弹性。消费者的消费需求变化对企业产量产生决定影响，这种产量的变化，最终会影响到企业职工的工资水平。

三、工资确定的依据与方法

工资的高低首先应考虑到是否能维持劳动力再生产，即保证职工及其家庭成员的生活需要。

（一）工资确定的基础依据

劳动者应得到足够的满足生活需要的工资，这一点已为人们普遍接受，并在国际劳工组织章程中得到说明。因此，满足生活需要已成为工资确定的最基本的依据。在具体确定这一工资标准时，可以采取以下几种方式：

1. 理论估算法，或称为营养需要测定法。具体做法是针对不同行业、不同家庭人口，算出一个家庭所必需的全部营养量，然后引出一个主要食品的消费清单，计算粮食、副食品的必要消费量。而在市场上购买这些食品的费用就是职工家庭的食品基本需要，再加上衣、住、行的必要需要，就是职工家庭的全部基本需要。工资确定首先就要以满足这一需要为依据。

2. 家庭预算调查法。即对职工家庭的人数、子女年龄、各种收入来源和需要购买的商品、服务质量、费用等进行综合调查，以此计算职工家庭必要生活费用的数量。

3. 比较法。就是把调查地区的职工工资同其他地区的职工工资情况进行对比，当该地区工人工资超过或低于一般工资水平时，可以进行适当调整。

（二）工资确定的市场依据

工资确定的市场依据不仅仅是单纯的劳动力流动或劳动力供求关系，还应包括一些对工资下降起抑制作用的内容，如工会的影响，这种制约力的大小同工会的力量强弱有关。在一些发展中国家，工会力量较弱，此时政府的工资法就显得十分重要。因此，工资确定的市场依据包括劳动力供求关系、工会实力和政府的工资法律。我国工会在参与最低工资标准调整、开展工资集体协商、建立企业职工工资正常增长机制中，正逐步发挥着越来越重要的作用。

（三）工资确定的技术性依据

工资的确定不仅要考虑基本生活费用依据和市场依据，还应考虑到企业支付工资的能力和劳动者迫使企业支付工资的能力，而这两种能力都和企业的生产发展有关。因此，企业发展所涉及的内容，就是工资确定的技术性依据。企业要发展就必然要提取折旧、进行必要的储备并保证投资者取得利润。对前两项而言，确定一个合理的比例并不困难，关键是如何确定合理的利润。从投资者的期望看，当然是获得最大限度的利润。在撇开其他因素之后，利润的变化同工资的关系十分紧密。从当前世界各国的经验看，确定企业支付工资能力的大小和工会在多大程度上对企业施加压力，通常有两个方面的依据：一方面是从生产增长的角度判断。一般情况下，生产的增长首先是从企业利润增长中得到反映，即生产增长的好处首先归于企业，此时，职工就有充分的理由要求重新确定并增加工资。另一方面是从不同企业的经济实力的差别上判断。在现实经济生活中，一些企业比另一些企业有能力支付较高的工资，虽然企业经营者总乐于接受市场工资率理论，认为企业效益好坏与工人无关，工人已按照市场工资率获得了工资，但是，在高利润企业工作的职工并不会只愿意获得平均的市场工资，他们要求得到更多的报酬。从以上两个方面实践看，工资确定的技术依据，实际上是以企业经济效益为依据，当然，这里所指的效益应是在完全市场竞争条件下取得的。

（四）工资调整的依据

工资应在什么时候调整，在多大范围内调整，在实践中很难把握，但在理论上有以下三个依据：

1. 生活费用依据。生活费用决定职工名义工资与实际工资的差别。如果生活费用提高，而工资没有相应地增长，原有货币工资的购买力就会下降，进而影响职工的基本生活需要。生活费用的变化通常可以通过政府发布的消费品价格指数得到。调整方式可以采取工资指数化。

2. 企业产品销售价格依据。在企业产品销售价格中，工资部分总是占有一定比例，销售价格的变化既可以反映市场物价的涨落，也可以反映企业利润的增减，因而可以此作为工资调整的依据。但是企业也可以通过改进技术降低产品价格，此时，企业竞争力增强，反而会使企业具有较高的工资支付能力。因此，以企业销售价格为调整工资的依据，必须分析价格变动的具体情况，不能机械地套用。

3. 工资晋级依据。工资级别在正常情况下，应随工龄、业绩逐年调整。

（五）工资确定的方法

1. 确定不同职工的工资，首先应进行工作评价。工作评价是根据每种职业、每个工种的内在要求，把它们分类、定级，以确定何种级别的工作应获得较高的工资。工作评价有以下两种基本方法：

（1）直接划分工作级别。即将数量众多的工种进行简化分类，分类的主要依据是技术要求、智力要求、脑力和体力耗费、工作条件等。通过分类将一些特征相同或相近的工种划入同一级别，并以此确定出工资标准。

（2）分值法。即把第一种方法中提到的分类依据，如技术要求、工作条件等按不同需要进行分组，如对某项工作需要耗费的体力可分为非常小、小、平均水平、大、非常大，然后对每项因素中不同的需要程度确定一个分值，分值随需要程度的提高而提高。将每项工作得到的分值相加，就得出各项工作的评价。

2. 通过劳动者与企业协商确定具体工资，一般包括以下三种方法：

（1）政府规定的最低工资标准。

（2）集体协商确定的工资应是职工与企业单独协商工资的依据，职工个人可以要求企业按集体协商的条款确定自己的工资。

（3）当工资确定发生纠纷时，可通过劳动仲裁予以解决。

四、最低工资制度

（一）最低工资的概念

最低工资标准是指劳动者在法定工作时间或依法签订的劳动合同约定的工作时间内提供了正常劳动的前提下，用人单位依法应支付的最低劳动报酬。正常劳动是指劳动者按依法签订的劳动合同约定，在法定工作时间或劳动合同约定的工作时间内从事的劳动。劳动者依法享受带薪年休假、探亲假、婚丧假、生育（产）假、节育手术假等国家规定的假日期间，以及法定工作时间内依法参加社会活动期间，视为提供了正常劳动。

（二）最低工资制度的内涵

我国《劳动法》明确规定，国家实行最低工资保障制度，最低工资的具体标准由省、自治区、直辖市人民政府规定。用人单位支付劳动者的工资不得低于当地最低工资标准。

按照2004年3月1日实施的《最低工资规定》，最低工资标准一般采取月最低工资标准和小时最低工资标准的形式。月最低工资标准适用于全日制就业劳动者，小时最低工资标准适用于非全日制就业劳动者。最低工资标准不包括：加班加点工资；中班、夜班、高温、低温、井下、有毒有害等特殊工作环境、条件下的津贴；以及国家法律法规、政策规定的劳动者福利待遇和企业通过贴补伙食、住房等支付给劳动者的非货币性收入等。福利待遇一般包括两大项：一是用人单位依法为劳动者缴纳的养老、医疗、失业、工伤、生育等社会保险费；二是法律、法规和国家政策规定的其他福利待遇。最低工资标准的确定和调整方案，由省、自治区、直辖市人民政府劳动保障行政部门会同同级工会、企业联合会/企业家协会研究拟订，并将拟订的方案报送人力资源和社会保障部。最低工资标准每两年至少调整一次。

凡在中华人民共和国境内的企业、民办非企业单位、有雇工的个体工商户（以下统称用人单位）和与之形成劳动关系的劳动者及国家机关、事业单位、社会团体和与之建立劳动合同关系的劳动者都适用于最低工资标准。

省、自治区、直辖市范围内的不同行政区域可以有不同的最低工资标准。县级以上地方人民政府劳动保障行政部门负责对本行政区域内用人单位执行本规定情况进行监督检查。各级工会组织依法对本规定执行情况进行监督，发现用人单位支付劳动者工资违反本规定的，有权要求当地劳动保障行政部门处理。

（三）近年来最低工资调整情况

2004年《最低工资规定》修订后，当年最低工资标准大幅上调。此后，各省市基本保持了每两年调整一次最低工资标准的频率。特别是“十二五”期间，我国最低工资标准进入快速提高期，各地最低工资标准呈现调整范围广、调整频率快、调整幅度大的特征，对大幅提高低收入劳动者收入水平起到了“立竿见影”的作用。近年来，受经济下行压力、中美贸易摩擦、新冠肺炎疫情等因素影响，调整频率和幅度均有下降。2017—2021 年，全国分别有 20、6、8、3、21 个地区调整了最低工资标准，调整地区对应平均调增幅度分别为 11.1%、13.7%、10.6%、10.2%、10.8%。

第二节　我国现行的工资制度和主要政策法规

一、我国工资制度改革和当前工资工作的主要内容

20 世纪 90 年代中期以后，尤其是党的十六大以来，随着我国社会主义市场经济体制的建立和发展，我国的工资分配制度改革也在逐步推进，工资工作进入了一个全新的阶段。近年来，我国工资制度改革和当前我国工资工作的内容主要有以下几个方面：

（一）明确分配原则

1987 年，党的十三大报告正式提出了坚持按劳分配为主、其他分配方式为补充的分配原则，允许其他生产要素参与分配。1997 年，党的十五大报告进一步提出要“坚持按劳分配为主体、多种分配方式并存的制度。把按劳分配和按生产要素分配结合起来，坚持效率优先、兼顾公平”。2002 年，党的十六大报告在分配理论方面第一次提出了“一切合法的劳动收入和合法的非劳动收入，都应该得到保护”，“确立劳动、资本、技术

和管理等生产要素按贡献参与分配的原则”。报告对效率与公平的关系问题作了具体的阐述，指出：“坚持效率优先、兼顾公平，既要提倡奉献精神，又要落实分配政策，既要反对平均主义，又要防止收入悬殊。初次分配注重效率，发挥市场的作用，鼓励一部分人通过诚实劳动、合法经营先富起来。再分配注重公平，加强政府对收入分配的调节职能，调节差距过大的收入。”同时，报告还对怎样实现共同富裕的目标指明了方向：一是“规范分配秩序，合理调节少数垄断性行业的过高收入，取缔非法收入”；二是“扩大中等收入者比重”；三是“提高低收入者收入水平”。2007 年，党的十七大报告对分配原则进行了重要调整，报告指出：“要坚持和完善按劳分配为主体、多种分配方式并存的分配制度，健全劳动、资本、技术、管理等生产要素按贡献参与分配的制度，初次分配和再分配都要处理好效率和公平的关系，再分配更加注重公平。”2011 年，《国民经济和社会发展第十二个五年（2011—2015 年）规划纲要》再次确认了这一分配原则，并提出“加快城乡居民收入增长。健全初次分配和再分配调节体系，合理调整国家、企业、个人分配关系，努力实现居民收入增长和经济发展同步、劳动报酬增长和劳动生产率提高同步，明显增加低收入者收入，持续扩大中等收入群体，努力扭转城乡、区域、行业和社会成员之间收入差距扩大趋势”的规划目标。2012 年，党的十八大再次明确分配原则，全面阐述了我国收入分配制度改革和发展的方向，报告强调：“初次分配和再分配都要兼顾效率和公平，再分配更加注重公平。完善劳动、资本、技术、管理等要素按贡献参与分配的初次分配机制，加快健全以税收、社会保障、转移支付为主要手段的再分配调节机制。”2017 年，党的十九大明确指出：“坚持按劳分配原则，完善按要素分配的体制机制，促进收入分配更合理、更有序。”2019 年，党的十九届四中全会通过的

《中共中央关于坚持和完善中国特色社会主义制度 推进国家治理体系和治理能力现代化若干重大问题的决定》明确将“按劳分配为主体、多种分配方式并存”确立为社会主义基本经济制度之一。2022年，党的二十大在完善分配制度方面作出了新的阐述，更多强调“促进机会公平”，首次提出“规范收入分配秩序，规范财富积累机制”，明确提出“构建初次分配、再分配、第三次分配协调配套的制度体系”，进一步推动分配制度改革走向深入。

（二）改革企业内部分配制度

企业实行工效挂钩以后，落实了企业分配自主权，企业可以根据自身生产经营特点和提高经济效益的要求，自主制定、选择内部工资制度。经过改革，僵化的八级工资制度被打破，浮动工资制、结构工资制、岗位工资制等基本工资制度和工资形式相继被企业采用。劳动部在20世纪90年代初向企业推行了“岗位技能工资制”，使之成为企业内部分配的主要形式和基本工资制度。与此同时，劳动部还引导企业试行“岗位薪点工资制”和“岗位效益工资制”等，使企业内部分配制度更能调动职工劳动积极性。2000年11月，劳动和社会保障部印发了《进一步深化企业内部分配制度改革的指导意见》，围绕建立现代企业工资收入分配制度的总体目标，指导企业建立健全企业内部工资收入分配激励和约束机制，积极稳妥地开展生产要素分配试点，包括建立岗位工资为主的基本工资制度，实行董事会、经理层成员按职责和贡献取得报酬的办法，对科技人员实行收入激励政策；探索进行企业内部职工持股试点，技术入股、参与收益、劳动分红等。

（三）逐步明确企业工资分配制度改革目标

从1989年开始，劳动部就对经济体制改革后企业工资分配制度的改革目标进行了研究。1992年以后，通过不断实践和完善，提出了社会主义市场经济体制下企业工资分配制度改革的目标，具体内容是：坚持按劳分配为主体、多种分配方式并存，以及效率优先、兼顾公平的原则，实行“市场机制调节、企业自主分配、职工民主参与、国家监督指导”。这一改革目标的确立，为我国全面改革工资分配制度和工资管理体制指明了方向。

（四）建立健全企业工资收入宏观指导体系

根据企业工资分配制度的改革目标，劳动部与相关部门为建立健全企业工资收入宏观指导体系进行了以下几项工作：

1. 建立工资指导线制度。

工资指导线是政府对企业的工资分配进行规范与调控，使企业工资增长符合经济和社会发展要求，促进生产力发展的企业年度货币工资水平增长幅度的标准线。工资指导线水平包括本年度企业货币工资水平增长基准线、上线和下线。从1996年开始，我国开始在深圳、成都、北京进行工资指导线制度的试点。1996年6月，劳动部、国家计委发出《关于对部分行业、企业实行工资控制线办法的通知》，主要控制职工工资水平偏高、增长过快行业的工资发放，对部分行业、企业工资总额发放增长速度实行上限控制，调节行业、企业职工工资水平，逐步协调工资关系，缓解分配不公。1997年1月，劳动部印发了《试点地区工资指导线制度试行办法》，逐步扩大试点范围。全国各省、自治区、直辖市已普遍建立工资指导线制度。

2. 建立劳动力市场指导价位制度。

为加快建立符合社会主义市场经济要求的企业工资宏观调控体系，劳动和社会保障部于1999年10月印发了《关于建立劳动力市场工资指导价位制度的通知》。该制度的主要内容是：劳动保障行政部门按照国家统一规定要求，定期对各类企业中的不同职业（工种）的工资水平进行调查、分析、汇总、加工，形成各类职业（工种）的工资价位，向社会发布，用心指导企业合理确定职工工资水平和工资关系，调节劳动力市场价格。1998年，在北京、上海等城市开展了这项工作，并逐步在其他省市试点。全国各中心城市普遍建立了人力资源市场（劳动力市场）工资指导价位制度。

3. 建立行业人工成本信息指导制度。

行业人工成本信息指导制度是指政府劳动保障部门或由其委托的社会组织调查、收集、整理并分析预测行业人工成本水平，定期向社会公开发布行业人工成本信息，指导企业加强人工成本管理、合理确定人工成本水平的制度。2004年12月，劳动和社会保障部发布了《关于建立行业人工成本信息指导制度的通知》。根据通知进度安排，2005年在全国35个大中城市（不含拉萨）建立行业人工成本信息指导制度，3—5年内在全国各中心城市全面建立行业人工成本信息指导制度，形成国家、省（自治区、直辖市）、市多层次、广覆盖的人工成本信息网络。

4. 加强工资立法，保护职工合法收入。

自20世纪90年代以来，我国加快了有关工资分配方面立法的步伐，先后制定出台了《劳动法》、《最低工资规定》、《工资支付暂行规定》、《集体合同规定》、《工资集体协商试行办法》、《保障农民工工资支付条例》等一系列法律法规和规章，初步建立起了以《劳动法》为中心，国务院行政法规、劳动和社会保障部部颁规章为枝叶，辅以地方立法和地方性行政规章而组成的协调收入分配的法律规范体系，使我国的工资分配逐步纳入法治化轨道（表3-1）。

表 3-1　1990 年以来的部分工资立法

分类	名称	公布施行日期
综合	《劳动法》	全国人大常委会 1994 年 7 月 5 日通过
工资分配	《关于工资总额组成的规定》	国家统计局 1990 年 1 月 1 日发布
	《关于加强企业工资总额宏观调控的实施意见》	劳动部 1993 年 1 月 1 日发布
	《进一步深化企业内部分配制度改革的指导意见》	劳动和社会保障部 2000 年 11 月 6 日发布
	《国务院批转发展改革委等部门关于深化收入分配制度改革若干意见的通知》	国务院 2013 年 2 月 3 日发布
工资支付	《工资支付暂行规定》	劳动部 1994 年 12 月 6 日发布
	《对〈工资支付暂行规定〉有关问题的补充规定》	劳动部 1995 年 5 月 12 日发布
	《关于切实解决建筑业企业拖欠农民工工资问题的通知》	劳动和社会保障部、建设部 2003 年 9 月 30 日发布
	《建设领域农民工工资支付管理暂行办法》	劳动和社会保障部、建设部 2004 年 9 月 6 日发布
	《〈刑法修正案（八）〉关于拒不支付劳动报酬罪的规定》	全国人大常委会 2011 年 2 月 25 日通过
	《关于加强对拒不支付劳动报酬案件查处工作的通知》	最高人民法院、最高人民检察院、人力资源和社会保障部、公安部 2012 年 1 月 14 日发布
	《关于加强涉嫌拒不支付劳动报酬犯罪案件查处衔接工作的通知》	最高人民法院、最高人民检察院、人力资源和社会保障部、公安部 2014 年 12 月 23 日发布

续表

分类	名称	公布施行日期
	《关于全面治理拖欠农民工工资问题的意见》	国务院办公厅 2016 年 1 月 17 日发布
	《关于印发〈治欠保支三年行动计划（2017—2019）〉的通知》	人力资源和社会保障部办公厅 2017 年 7 月 7 日发布
	《关于印发〈拖欠农民工工资“黑名单”管理暂行办法〉的通知》	人力资源和社会保障部 2017 年 9 月 25 日发布
最低工资	《关于实施最低工资保障制度的通知》	劳动部 1994 年 10 月 8 日发布
	《关于最低工资问题的复函》	劳动和社会保障部 2001 年 11 月 5 日发布
	《最低工资规定》	劳动和社会保障部 2004 年 1 月 20 日发布
	《关于进一步健全最低工资制度的通知》	劳动和社会保障部 2007 年 6 月 12 日发布
	《保障农民工工资支付条例》	国务院 2019 年 12 月 30 日发布

5. 对企业经营者进行年薪制试点，建立经营者收入分配的激励机制与约束机制。

经营者年薪制，是以年度为单位确定经营者的基本收入，并视其经营成果分档浮动支付效益年薪的工资制度。1995 年前后，在深化国有企业改革时，根据现代企业制度的要求，国家对企业经营者进行了年薪制试点，形成经营者收入分配的激励机制与约束机制。到 2005 年，全国已有 1 万多家国有企业进行经营者年薪制试点。

6. 在企业拥有工资分配自主权的同时，建立职工民主参与为基础的工资集体协商机制。

在市场经济体制下，企业工资分配是企业行为，企业可以根据自身的生产经营特点、本企业的经济效益和国家有关工资收入分配的法律、法规和政策，以及工资指导线等市场信息，进行自主分配。随着经济体制改革的不断深入，我国企业的工资分配自主权不断扩大。同时，这种自主分配权不应仅仅是企业行政单方行使的，而应通过集体协商等形式和途径，充分听取职工的意见，由企业行政和职工共同来确定。为此，劳动和社会保障部于 2000 年制定了《工资集体协商试行办法》，于 2004 年 1 月又公布了《集体合同规定》，规定了工资集体协商的原则、内容、程序，集体合同的订立、变更、解除、终止和审查等内容。

二、当前我国有关工资制度的主要政策法规

（一）全国人大及其常委会通过的法律中有关工资问题的规定

《劳动法》第五章专门就工资问题的五大方面作出了规定。规定共有六条，其内容主要包括：工资分配原则、工资水平增长及工资总量宏观调控、用人单位工资水平确定及工资分配形式、国家实行最低工资保障制度、建立工资支付制度等。《劳动合同法》也有多个条文涉及工资问题，包括劳动者在制定、修改、决定有关劳动报酬的规章制度或重大事项中民主权利、试用期工资、用人单位拖欠工资的责任及救济、工资集体协商、劳务派遣工的同工同酬权、非全日制用工的小时计酬标准、最低工资标准等。2011 年 2 月 25 日第十一届全国人大常委会第十九次会议通过的《刑法修正案（八）》，增加了拒不支付劳动报酬罪，正式将欠薪逃匿等恶意拖欠工资行为纳入《刑法》规范。

（二）国务院及各部委有关工资分配的政策、行政法规和规章

1. 最低工资。

1993 年，劳动部制定颁布了《企业最低工资规定》，对最低工资保障制度内容、最低工资标准制定办法、监督管理等作出了详细的规定，这是我国在最低工资保障制度方面的第一个部颁规章。随着社会主义市场经济体制的发展和逐步完善，2004 年 1 月，劳动和社会保障部颁布了《最低工资规定》，并于 2004 年 3 月 1 日起施行，原《企业最低工资规定》被废止。2007 年 6 月，劳动和社会保障部又发布了《关于进一步健全最低工资制度的通知》。目前，全国 31 个省、自治区、直辖市都建立了最低工资保障制度，各省、自治区、直辖市都根据实际情况制定颁布了当地的最低工资标准。

2. 工资支付。

1994 年，劳动部出台《工资支付暂行规定》，随后又印发了《对〈工资支付暂行规定〉有关问题的补充规定》，这两个文件对工资支付的形式、方法、加班加点工资的支付计算标准、破产清偿中的工资支付、侵害职工工资权益的处罚等内容给予了明确规定。2019 年 12 月 30 日，国务院发布了《保障农民工工资支付条例》，并于 2020 年 5 月 1 日起施行，开启了依法治欠薪的发展阶段。

3. 工资集体协商。

2000 年 11 月，劳动和社会保障部发布了《工资集体协商试行办法》（以下简称《办法》），规定凡在我国境内的企业依法开展工资集体协商、签订工资协议都适用此《办法》。《办法》明确订立集体合同的，工资协议作为集体合同的附件，与集体合同具有同等效力。工资集体协商一般包括工资协议的期限，工资分配制度、标准和分配形式，职工年度平均工资水平

及其调整幅度，奖金、津贴、补贴等分配办法，工资支付办法，变更、解除工资协议的程序，工资协议的终止条件，以及工资协议的违约责任等。协商确定职工年度工资水平应符合国家有关工资分配的宏观调控政策，并综合参考地区、行业、企业的人工成本水平，地区、行业的职工平均工资水平，当地政府发布的工资指导线、劳动力市场工资指导价位，本地区城镇居民消费价格指数，以及上年度企业职工工资总额和职工平均工资水平等。《办法》同时明确，工资集体协商中职工一方由工会代表，未建工会的企业需由职工民主推举代表，且须经半数以上的职工同意。企业代表由法人或法人指定的人员担任。协商双方享有平等的建议权、否决权和陈述权。职工代表的合法权益受法律保护，企业不得对其采取歧视性行为，不得违法解除或变更其劳动合同。《办法》对工资集体协商程序也有明确规定。同时强调，工资协议签订后，应于七日内报送劳动保障部门审查。经同意后，协商双方应将已生效的工资协议向本方全体人员公布。工资集体协商一般情况下一年进行一次。

（三）未来几年工资立法工作的展望

在未来的一段时间里，工资立法工作将以制定《工资条例》以及国家关于深化收入分配制度改革总体方案为重点，不断完善工资支付、工资集体协商等法规规章，为开展行业协商、区域性协商提供法律支持，逐步建立完善工资支付保障机制、工资决定机制和合理调整机制。

第三节　工会工资工作

一、工会工资工作的性质和地位

（一）工会工资工作的性质

工会工资工作是指工会组织为维护职工群众的自身利益，保护劳动者在生产劳动中取得合理、合法收入，促进社会劳动生产率的提高而进行的参与政府以及企业确定宏观、微观工资分配决策的行为。按照有关规定，全国总工会对国家收入分配体制的建立及工资政策有参与权；企业工会对企业内部工资分配有协商谈判共决权，同时对工资收入分配运行情况负有监督责任。

工会工资工作在我国已有几十年的历史，在社会主义市场经济体制建立过程中，劳动关系发生了深刻变化，作为劳动关系核心内容的工资问题，必然成为中国工会在新形势下维护职工权益的重要工作。作为工人阶级自己的群众组织，中国工会要通过参与国家宏观分配政策的制定，加强对企业微观分配的民主参与和监督，维护职工群众最基本的劳动报酬权益，并不断提高职工工资水平，使广大职工共享改革发展成果，共建和谐劳动关系，以充分调动广大职工的积极性、主动性和创造性，推动我国的改革和发展事业不断前进。

（二）工会工资工作的地位

工资是关系职工生活和社会主义现代化建设的重大问题。刘少奇同志曾指出："工资问题，对于工人阶级来说，犹如土地问题对于农民一样，是一个十分重要的基本问题。"在我国，工资作为职工主要的劳动报酬形式，是企业生产经营管理的重要经济杠杆，更是广大职工及其家庭生活的主要经济来源和维持劳动力再生产的必要条件。因此，工资直接涉及每个职工及其家庭的切身利益，是他们最关心、最直接的物质利益。工资问题处理得好，可以调动职工的积极性，促进生产力的发展，促进劳动关系的和谐，进而促进全社会的和谐。反之，就会挫伤职工的积极性和创造性，阻碍生产力的发展。

为职工群众说话办事是工会组织的天职。工资问题作为职工利益中最基本、最首要的问题，必然也是工会必须关注和参与的首要和核心问题。如果工会不参与工资问题，不注重在这个领域维护职工基本权益，工会就会失去广大职工的信赖和拥护，就会失去自己的吸引力和凝聚力。因此，工会工资工作在工会的全部工作中处于十分重要和基础的地位。

二、工会工资工作的指导思想和发展目标

（一）工会工资工作的指导思想

当前和今后一段时期工会工资工作的指导思想是：坚持推进改革，通过改革完善体制机制，实现广大职工的民主权利和劳动报酬权益。坚持以按劳分配为主体、多种分配方式并存的分配制度。坚持在初次分配中公平与效率并重，努力提高居民收入占国民收入分配的比例和劳动份额占初次分配的比例；坚持职工总体受益，实现共同富裕，各项改革的进度和力度必须考虑绝大多数职工的综合承受能力，维护职工队伍稳定和社会安定。坚持企业民主，依靠广大职工搞好收入分配制度改革和工会工资工作，使职工真正成为改革发展的力量源泉和成功的根本保证。

（二）工会工资工作的发展目标

工会工资工作的发展目标是：争取用五年左右或更长一些

时间，建立和逐步完善适应社会主义市场经济体制要求，以深化收入分配制度改革，推动三项机制建设为工作重点，以提高职工工资水平、保障职工收入分配权益为具体目标的工会工资工作体系，使工会成为推动我国收入分配制度改革和发展的重要社会力量。建立和完善劳动工资法律法规以及企业工资集体协商机制、职工工资合理增长机制、职工工资支付保障机制，落实职工企业收入分配的知情权、协商权、监督权。建立一支懂得企业管理、工资分配、财务统计以及协商谈判等方面的专业知识的工会工资干部队伍和工资集体协商专家队伍。在经济发展的基础上，职工工资特别是一线职工工资水平有较大的提高，影响职工收入分配的突出问题基本得到解决，逐步实现分配公平。通过卓有成效的工会工资工作让包括广大职工在内的人民群众共享经济发展的成果，以分配公平促进社会和谐发展。

三、工会工资工作的基本内容

（一）参与国家和地方有关工资分配的法律、法规和政策的研究制定，从源头上维护职工合法权益

在社会主义市场经济条件下，国家对工资的宏观调控手段和方式都发生了转变，工会应积极参与并协助制定与《劳动法》、《劳动合同法》、《社会保险法》等劳动法律配套的收入分配相关政策法规，形成工会上下源头参与的工作格局，使有关工资政策法规在制定中能够最大限度地反映广大职工的合理意见和建议，保证有关工资政策法规的科学性、严肃性和可行性。

（二）推动政府有关部门建立和完善最低工资保障制度

2004年3月1日实施的《最低工资规定》，对建立和完善最低工资保障制度、适时调整提高并严格执行最低工资标准作出规定，对于保障劳动者的合法权益、规范企业工资支付行为、促进经济发展和社会稳定，具有十分重要的意义。贯彻实施这

个规定也是工会工资工作的一项重要内容。在这方面，工会应当重点做好以下几点工作：

1. 加强调查研究。

地方工会要加强对当地职工工资水平、社会保障情况、工资支付情况、基本生活费用以及本地区经济发展、就业和最低工资执行等情况的调查研究。本着促进经济发展、合理提高劳动者工资收入水平的原则，在进行测算论证和广泛征求职工群众意见的基础上，提出本地区最低工资标准调整的意见和建议。

2. 积极参与制订当地最低工资标准调整方案。

地方工会要积极参与制订调整最低工资标准的方案，推动建立最低工资正常调整机制，保证最低工资标准每两年至少调整一次。要求政府劳动保障部门在制定最低工资标准时，将劳动者应缴纳的社会保险费用、住房公积金等考虑在内。在经济发展的基础上，推动当地最低工资标准适时合理提高，提高最低工资占在岗职工平均工资比例。

3. 推动和督促企业严格执行最低工资制度。

各地要建立自上而下的最低工资监督检查制度和自下而上的最低工资监督举报机制。每年要对本地区、本单位，特别是外商投资企业、私营企业以及农民工比较集中的企业，执行最低工资制度的情况进行专项检查。工会要重点纠正随意提高劳动定额、压低计件工资单价、不依法支付加班工资等变相降低工资水平、使职工收入低于最低工资标准的违法行为。对发现的问题，工会要督促企业整改并补发职工应得工资。对存在的违法行为经批评教育拒不改正的，工会要及时向当地劳动保障部门举报，督促、协助劳动保障部门予以纠正并按照有关规定进行处罚。

4. 加大对最低工资保障制度的宣传力度。

各级工会要充分利用报纸、杂志、广播、电视、网络等媒体，以及工会的文化宫、俱乐部等多种宣传阵地，广泛宣传最低工资保障制度的相关内容，帮助劳动者特别是农民工了解最低工资标准、内容以及对企业违法行为的举报程序。加大对用人单位特别是外商投资企业、私营企业以及农民工比较集中的企业进行宣传和舆论监督的力度。各级工会在对工会干部培训时要把《最低工资规定》和工资集体协商的有关内容作为培训内容之一。

（三）推动建立企业内部分配的民主参与、民主监督机制

市场经济条件下企业劳动关系发生了变化，企业与职工的契约关系不断加强，利益冲突凸显，而我国适应社会主义市场经济体制的企业分配机制还很不完善，企业工资收入分配中还存在许多亟待解决的矛盾和问题。针对存在的问题，工会工资工作要充分运用国家法律法规赋予的权利，围绕职工普遍关心的热点、难点问题，帮助和推动企业建立有关内部分配的民主参与、民主监督机制，不断健全完善职工代表大会制度、厂务公开制度、职工董事职工监事制度，在小型非公企业集中的乡镇（街道）、村（社区）、开发区等，探索建立联合职代会或区域（行业）职代会制度，对企业的收入分配进行全过程、全方位的参与与监督。同时深入基层，开展调查研究，听取职工的意见和呼声，及时发现问题，提出解决问题的途径和方法，为党和政府决策提供依据。工会还要配合劳动行政部门进行工资政策法规贯彻执行情况的监督检查工作。

四、当前工会工资工作面临的形势及工作重点

（一）当前工会工资工作面临的新形势、新问题

随着我国社会主义市场经济体制的逐步完善和国民经济的持续、快速发展，企业分配制度改革逐步推进，职工整体收入

水平不断提高。总的来看，经过多年的努力，与市场经济要求相适应的“市场机制调节、企业自主分配、职工民主参与、政府监督指导”的企业分配机制已初步形成。但是，目前我国适应社会主义市场经济体制的企业分配机制还很不完善，企业工资收入分配中还存在许多亟待解决的矛盾和问题，突出表现为以下几个方面：

1. 中低收入群体占比大、收入长期偏低，抵御风险能力弱。

在农业劳动力转移增量与新增劳动力总量都逐年减少的大背景下，中国劳动力成本提高，既有供求关系变化的影响，又有发展方式转型要求的制度性“反弹”，但普通劳动者总体工资水平仍然偏低。同时，由于物价上涨较快，对主要集中在农民工、一线职工、私营企业以及国有困难企业的低收入职工的生活影响较大。部分职工工资落后于物价增长水平，大量职工未涨工资或涨工资的数额偏低，使他们对平均工资涨幅“跑赢”CPI 并没有多少感觉，甚至感觉工资涨幅只是一个“假象”。

2. 工资增速放缓明显。

受国内外多重因素影响，经济下行压力也正在向收入分配领域传导。既要降低经济运行成本、保持经济中高速增长，又要提高居民收入、不断增进人民福祉，实现居民收入增长和经济增长同步、劳动报酬提高和劳动生产率提高同步任重而道远。根据人力资源和社会保障部统计数据显示，近年来工资增速下降明显。特别是经济新常态下经济增长放缓，以及劳动生产率提高缓慢，工资增长面临压力。第九次职工队伍状况调查中职工表示“2019 年以来没涨过工资”的比例为 25%，而在第八次职工队伍状况调查中职工表示“2014 年以来没涨过工资”的比例为 21.1%。

3. 部分领域收入分配不公问题仍未从根本上消除。

自 2008 年以来，我国基尼系数虽然略有下降，但很多导致收入差距扩大的因素仍在发挥作用。当前及今后一段时间中国收入差距仍将会处于高位徘徊的状态。根据国家统计局数据，城镇单位就业人员平均工资从2017年的74318元增长到2021年的106837元，五年间增长43.7%；而农民工月均收入从2017年的3485元增长到2021年的4432元，五年间仅增长27.1%。城镇内部收入差距还在加大，财产净收入及转移净收入增速快于工资性收入及经营净收入，特别是近几年居民财产差距出现了急剧扩大，导致城市内部收入差距扩大较快。

4. 侵犯职工劳动报酬权益问题依然存在。

当前各地在最低工资标准落实过程中仍然存在一些问题。一些非公有制企业特别是小型餐饮、服务和加工制造企业，往往按照最低工资标准支付职工的基本工资、计算加班工资，个别企业甚至低于最低工资标准支付工资；一些企业采取随意提高劳动定额、降低计件单价等手段变相违反最低工资规定，使劳动者工资在扣除加班工资后，实际工资水平低于最低工资标准。

5. 政府对企业工资分配的宏观调控和管理作用有待加强。

如何在市场经济条件下健全完善政府对企业工资分配的宏观调控，仍然是一个尚未完全解决的难题。目前，工资指导线、劳动力市场工资指导价位、人工成本信息发布和最低工资保障制度是当前政府对企业工资收入分配进行宏观调控和管理的主要手段。但这些手段尚需进一步完善，其科学性、准确性以及约束力有待进一步加强。

（二）新形势下工会工资工作的重点

近年来，按照党的十八大提出的“实现发展成果由人民共享，必须深化收入分配制度改革”要求，对深化和改善收入分配制度改革作出一系列重大部署，重要文件密集出台。收入分配制度按照“坚持发展，坚持共享”的原则，通过完善收入分配调控体制机制和政策体系，有力地促进了劳动报酬增长和劳动生产率提高同步，分配格局不断优化。党的十九大提出“坚持按劳分配原则，完善按要素分配的体制机制，促进收入分配更合理、更有序”的要求，推动我国收入分配改革取得了新进展。党的二十大进一步重申了“坚持按劳分配为主体、多种分配方式并存”的分配制度，重点强调“构建初次分配、再分配、第三次分配协调配套的制度体系”的要求，首次提出“规范财富积累机制”，进一步强调“提低扩中”。针对当前收入分配领域影响职工权益的突出问题，工会工资工作要重点做好以下几个方面的工作：

1. 积极参与宏观分配体制改革，推动建立职工工资合理增长机制。

推动最低工资保障制度的完善。要在发展生产的基础上适时推动最低工资标准的提高，促进低收入岗位工资增长。加强宣传，让广大职工都了解最低工资标准，运用最低工资标准维护自己的基本工资收入权益。探索建立行业最低工资标准，使最低工资保障制度的作用得到更好的发挥。

推动工资指导线制度不断完善。要加强对工资指导线的研究，提高其科学性和准确性。要尽快制定和发布行业工资指导线，使地区性工资指导线和行业工资指导线相结合，引导企业合理确定职工的工资水平和增长幅度。要从制度上进一步把工资指导线和工资集体协商联系起来，明确企业开展工资集体协商必须以当地的工资指导线为基本依据。

加强劳动定额标准制定和管理工作，推动政府劳动主管部门尽快制定出台有关政策措施规范企业劳动定额管理。推动各行业协会和产业工会在政府有关部门的指导下，通过协商，科学合理地制定并定期发布各行业、各工种的劳动定额标准。企业职工和工会有权参与劳动定额标准的制定和管理。

促进消除各种形式的体制性障碍，建立统一开放的劳动力市场，实现同工同酬。推动消除行政性行业垄断，遏制垄断行业工资增长的趋势。推动健全国有企业高管人员薪酬管理制度，促进高管薪酬在全社会范围披露，不断完善和充分发挥厂务公开等企业民主监督制度的作用，监督国企高管工资支付和职务消费的行为。推动户籍制度改革，实现劳动者公平就业，同工同酬。

2. 明确目标，抓住重点，建立和完善以工资集体协商制度为主要形式的企业工资决定机制。

各级工会要按照“市场机制调节，企业自主分配，职工民主参与，政府监控指导”的企业工资收入分配制度改革基本要求，推动建立和完善以工资集体协商制度为主要形式的企业工资决定机制，推动企业通过工资集体协商合理决定职工工资水平。

正确把握工资集体协商的发展时期，科学制定工作任务。在社会主义市场经济体制完善过程中，政府在企业工资分配方面应当发挥更大作用。与市场经济国家相比，我国开展工资集体协商仍处于发展的初级阶段，未能完全承担起调节企业工资分配、维护职工合法权益的重任。当前工资集体协商的主要任务：营造协商共识、提升协商能力，完善法律法规、健全相关机制，推动建立与我国社会主义市场经济相适应的、具有中国特色的工资集体协商制度。

最大限度地调动劳动关系双方积极性。广大职工的支持和参与是有效开展工资集体协商工作的力量源泉。加强宣传，提高认识，增强职工参与工资集体协商的自觉性；加强公开和民主，促进职工全过程参与工资集体协商；完善集体协商质效评估机制，把职工和企业的满意度作为考核评价的重要指标。大力推进行业性工资集体协商。行业协商是将来工资集体协商工作的重点，应当积极创造条件不断推动建立和完善。加强协商主体建设，推动行业工会联合会，支持行业协会（商会）建设，把制定劳动定额标准、计件单价、工种指导价位等作为行业协商的重点，并以此为基础开展工资集体协商。

3. 健全完善根治欠薪工作长效机制，重点解决建筑施工等领域拖欠农民工工资问题。

贯彻落实《保障农民工工资支付条例》，推动健全完善根治欠薪工作长效机制。将易发生工资拖欠的行业、企业纳入重点监控范围。进一步强化法规政策教育宣传。落实欠薪报告制度，建立完善工会预防和推动解决拖欠工资问题的工作机制，充分发挥工会组织第一知情人、第一报告人作用，将农民工工资支付作为开展工会劳动法律监督的重点，推动劳动关系矛盾及时调处化解。

加强工会在监督企业按时足额发放职工工资中的责任。企业违法克扣或拖欠职工工资的，工会应当代表职工与企业交涉，要求企业采取措施予以改正；企业应当认真整改，并向工会作出答复；企业拒不改正的，基层工会应及时向当地政府人力资源保障部门和上级工会报告，并请求人力资源和社会保障部依法予以纠正。

4. 加强工资立法，切实做好执法监督检查。推动《工资条例》的制定和出台，将三项机制建设纳入法制轨道。

要对最低工资制度、工资指导线制度、劳动定额管理等国家宏观调控手段提出明确要求；要将工资支付保障机制中行之有效的手段作为法律规定，并加大对拖欠工资行为的惩罚力度；要对工资集体协商作出更为详细和更具可操作性的规范。对于拒不协商或协商失败的，要规定劳动部门介入和纠正相关程序。要详细规定协商人具有的权益和具体保护措施，在法律层面明确工会对协商人承担义务和责任，进一步保护协商人权益。

配合政府有关部门加大执法力度，推动《劳动法》、《劳动合同法》的全面落实。加强对企业工资分配行为的监督检查，纠正延长劳动时间、不依法支付加班工资、违反或变相违反最低工资规定、拖欠工资等违法行为，加强对违法行为的处罚，加重企业的违法成本，减少职工因企业违法造成的收入损失。

5. 加强调查研究，提高工会工资干部的业务素质。

各级工会特别是各级工会领导机关要围绕政府工资工作的重点、新形势下工资工作的难点、群众关心的热点问题开展工作。深入实际调查研究，倾听职工群众的呼声，善于发现问题和总结经验。要在调查的基础上注重对工资分配的重大理论问题进行探讨和研究，提出工会的观点和主张。工会工资工作是一项理论性、政策性、业务性极强的工作，工会工资工作干部的业务素质是制约工作水平的关键。各级工会组织要把培训工资工作干部当作一项长期的战略任务来抓，加大培训力度，不断提高广大工会工资干部的业务素质、参政议政的能力，进而提高工会工资工作的整体水平。

思考题：

1. 工资确定的依据有哪些？

2. 我国工资立法体系的基本框架是什么？

3. 最低工资制度的主要内容是什么？工会如何参与和推动最低工资制度的完善和落实？

4. 我国未来几年工会工资工作的重点、难点是什么？

第四章　社会保险工作

社会保险是社会保障制度的核心内容，积极参与和推动社会保险制度的建立、运行并促使其发挥应有作用，是工会权益保障工作的重要组成部分。本章主要介绍社会保险的概念、主要内容、性质、特征、作用、基本原则和我国现行的养老、医疗、失业、工伤和生育等社会保险政策，同时对工会社会保险工作的主要内容，面临的形势、任务及应对措施进行探讨和阐述。

第一节　社会保险基本知识

一、社会保险的概念和主要内容

社会保险是指国家通过立法，多渠道筹集资金，对参保对象在年老、疾病、工伤、失业、生育等情况下依法提供物质帮助，以使他们能够享有基本生活保障的一项社会制度。社会保险资金的来源主要是用人单位和参保者本人缴费，政府给予财政补助并承担最终责任。对于职工参保人来说，只有本人及其所在的用人单位履行了缴费义务，才能获得相应的社会保障补偿权利。社会保险主要包括养老保险、失业保险、医疗保险、工伤保险、生育保险等，目前国家正在各省（区、市）选择一个或多个地市试点长期护理保险，探索建立以互助共济方式筹集资金、为长期失能人员的基本生活照料和与之密切相关的医疗护理提供服务或资金保障的社会保险制度。

（一）养老保险

1. 养老保险的概念。

养老保险是指依法参保并缴纳费用，达到待遇领取条件者，国家依法提供物质帮助，以保证因年老而退出劳动后，能够保障其基本生活的一种社会保险制度。我国实行以基本养老保险为第一支柱，以企业年金、职业年金等补充养老保险为第二支柱，以个人养老金、其他个人商业养老金融业务为第三支柱的多层次、多支柱的养老保险体系。

2. 企业年金、职业年金。

企业年金是指企业及其职工在依法参加基本养老保险的基础上，自主建立的补充养老保险制度。在我国，企业建立年金制度的条件是：依法参加基本养老保险并履行缴费义务；具有相应的经济负担能力。职业年金是指机关事业单位及其工作人员在参加机关事业单位基本养老保险的基础上，建立的补充养老保险制度。企业年金、职业年金是我国多层次、多支柱养老保险体系的第二支柱。

3. 养老保险的财务模式。

（1）现收现付式。该模式不考虑资金储备，只从当年或近两三年的社会保险收支平衡角度出发，确定一个适当的费率标准向企业与个人征收社会保险费，其特点是以支定收，实质上体现着养老保险负担的代际转移。

（2）完全积累式。该模式是在对社会经济指标长期测算后，从追求养老保险长期平衡角度出发，确定适当的费率标准，将养老保险较长时期的支出总和按比例分摊到整个期间并向企业和个人征收，同时对已筹集的养老保险基金进行有效运营与管理。

（3）部分积累式。兼具上述两种模式特点的混合筹资模式。

该模式根据分阶段以收定支、略有节余的原则确定收费率，目标是保持养老保险基金在一定时期内的收支平衡，其特点是费率具有弹性，可以根据养老金支出的需求分阶段地调整费率。

4. 养老保险基金运行模式。

（1）社会统筹模式。即通过养老保险筹资而筹集到的养老保险基金全部进入社会统筹，由相关部门根据当年或一个周期内的社会需要统筹规划考虑养老保险基金的使用问题。该模式的最大特点就是高度社会化，最大限度地发挥了社会保险互助互济和风险共担的功能。但是该模式通常只考虑短期内的基金平衡，一般没有或很少有结余，因此，采用该模式的养老保险制度要在人口结构稳定的情况下才能得以维持，当人口结构发生变化，如出现人口老龄化危机时，就难以为继。

（2）个人账户模式。即指征缴的养老保险费全部进入个人账户，当劳动者步入老年、失去劳动能力、离开劳动力市场后，再按照个人账户积累的金额（本金+运营收入），领取属于自己养老金的模式。这种模式对于劳动者具有一定的激励作用，但没有体现“大数法则”，没有互助共济和风险分担功能，而且基金保值增值压力大。

（3）社会统筹与个人账户相结合模式。这是中国首创的一种新型养老保险基金运行模式。该模式实行的是国家、企业和个人三方承担供款责任但分别记账，其中，个人所缴部分全部进入个人账户，其余的实现社会互济，计发时实现结构性组合。

（二）医疗保险

1. 医疗保险的概念。

广义的医疗保险制度是指国家、企业对劳动者由于疾病、受伤和生育等原因需要去医疗机构进行诊断、检查治疗时，提供必要的医疗费用和医疗服务的制度。狭义的医疗保险制度是指劳动者由于疾病、非因工负伤引起的医疗费用给予保障的制度。医疗保险的目的是恢复劳动者的劳动能力和补偿劳动者病假期间的生活开销，从而有效地帮助患病的劳动者从“因病致贫”或“因贫致病”的困境中解脱出来。医疗保险制度最早产生于德国，目前在各国的社会保险制度中，医疗保险已经成为仅次于养老保险的又一重要社会保险制度。

2. 医疗保险的特点。

与其他社会保险项目相比，由于疾病发现和医疗服务需求的特殊性，医疗保险有其明显的特点，主要表现在以下几个方面：

（1）支付形式为非定额的费用补偿。它通过为参加保险的人员提供相应的医疗服务来达到恢复患者健康的目的，这种费用补偿待遇与缴费多寡无关而与医疗费用直接相关，即患者获得的费用补偿不是取决于其缴过多少医疗保险费，而是取决于病情、疾病发生的频率以及实际需要。

（2）补偿期短但受益时间长。由于疾病的发生具有随机性和不可预见性，医疗保险伴随参保人员终生。

（3）涉及关系非常复杂。医疗保险涉及政府、用人单位、医疗机构、医药机构和患者个人等多方之间复杂的权利义务关系，需要兼顾各方整体的权益，对各利益主体形成制衡机制。医疗保险制度的建立健全也是医药卫生体制改革的重要内容。

（4）医疗服务消费具有不确定性和被动性。通常表现为医疗费发生的时间及数额均无法事先确定，医疗服务供给始终处于主动的、垄断的地位，而医疗消费无法通过市场手段来选择医疗服务的内容和数量以及控制医疗费用的支出等，决定了医疗保险的管理包含对保险基金的收支、医疗服务、医药服务等各项内容的管理。

3. 世界各国医疗保险的基本模式。

目前世界各国实行的医疗保险制度各具特色，概括起来主要有五种模式：

（1）国家医疗保险模式，即政府直接举办医疗保险事业，向全体国民提供免费或低收费医疗服务的模式。英国、瑞典、爱尔兰、丹麦、芬兰、加拿大等福利国家均实行覆盖全民的国家医疗保险制度。这种模式的突出特点是全民性与公平性。

（2）社会医疗保险模式，即国家通过立法的形式强制实施，要求雇主、雇员按照一定的比例缴纳医疗社会保险费，建立医疗社会保险基金，用于支付雇员（也包括直系亲属）医疗费用的一种医疗社会保险制度。德国、日本、韩国和我国实行的医疗保险制度就属于这种模式。实行医疗社会保险制度具有社会统筹功能，但是控制医疗服务垄断性作用较小，其现收现付的资金运行方式无法解决人口老龄化带来的医疗费用增加问题。

（3）强制性储蓄医疗保险模式，即国家依法强制个人或者单位建立储蓄医疗保险基金，存入个人医疗储蓄账户，逐年积累，用于支付医疗保险费用的制度。这种模式的医疗社会保险制度主要运用于完全积累制国家，如新加坡、智利等。

（4）合作医疗保险模式，又称社区合作医疗保险、基层医疗保险或集资医疗保险制度。中国实施新型农村合作医疗制度之前的农村合作医疗与泰国的健康保险卡制度属于这一模式。它是立足于社区或基层，按照风险分担、互助互济的原则多方筹集资金，用于支付参保人及其家庭成员的医疗、预防、保健等服务费用的一项综合性医疗保健措施。

（5）商业医疗保险模式，即由商业保险公司承办，以营利为目的的一种医疗保险形式，由投保人自愿选择险种并缴纳相应的费用。美国绝大多数在职职工的医疗是由商业医疗保险提供保障的。在这种模式下，政府财政无补贴，但缴费水平高，社会公平性差，在参保条件上设置很多限制条件，老年人及体弱多病者往往被排除在外。

（三）失业保险

1. 失业保险的概念。

失业保险是指国家通过立法强制实行的，由社会集中建立基金，对因失业而暂时中断生活来源的劳动者提供物质帮助的制度。失业保险为失业者提供生活保障，并通过转业培训、在职培训和职业介绍等方式促进再就业。失业保险的基本功能是保障失业者的基本生活。

2. 失业保险的特点。

（1）失业保险是国家通过立法强制实施的一种社会政策。

（2）失业保险以保障职工及其家庭的基本生活需要为准则。

（3）国家通过立法建立基金，全社会统筹使用。

（4）失业保险属于短期待遇。

3. 失业保险应遵循的原则。

（1）保障失业人员的正常生活。确定失业待遇应以确保失业者及其家属（按平均赡养系数计算）享有正常生活需要为标准。失业津贴只能支付给非自愿失业者，并与职工失业前的工资、工资标准挂钩。

（2）失业救济与促进再就业相结合。失业保险不是单纯的经济救济或帮助，更重要的是通过职业培训提高失业人员的竞争力和就业能力，为他们谋求职业创造条件。

4. 失业保险基金来源及享受待遇条件。

在基金来源上，一般与社会保险其他险种相同，通常由雇员、雇主及政府三方负担，也有些国家规定全部保险费由政府或雇主负担。在享受待遇条件上，一般都规定三种情况才能享受：非自愿性失业；缴纳一定期限的保险费或在受保职业工作一定年限；申请者具有工作能力并愿意寻找工作。另外，对无正当理由而自愿离职的，由于行为不端被解雇的，或参加劳资纠纷导致停产而使自己失业的，一般规定要取消其享受资格或降低给付标准，有的还要推迟给付时间。

5. 失业保险金给付待遇标准。

在失业保险给付方式上，有些国家规定以周或月为单位支付，有些国家发给一次性失业救济金。失业保险金待遇标准一般为其最近一段时期平均工资的一定百分比。大多数国家计算失业补助金的替代率，为平均收入的40%—75%。有些国家一律支付等额补助金。如果失业人员已成家，除发给基本补助金外，还要对其配偶及子女加发一定的补助金。在支付失业补助金前，通常有几天的等待期。大多数国家对连续领取失业补助金的时间有一定限制。一般情况下为8—36周，在某些情况下可适当延长。另外，有些国家根据缴费期限或参保时间决定享受期限。有些国家除正规的失业保险外，还提供失业援助或提供以失业人员家庭经济状况为条件的其他待遇作为补充。这样，失业人员领取补助金期满后，如果收入低于一定水平，还可以继续得到一些救助。

（四）工伤保险

1. 工伤保险的概念。

工伤保险是指由用人单位缴纳工伤保险费，对劳动者因工作原因遭受意外伤害或者患职业病，从而造成死亡、暂时或者永久丧失劳动能力时，给予职工及其相关人员工伤保险待遇的一项社会保险制度。工伤剥夺了劳动者的健康权、生存权和劳动权，并给劳动者本人及其家属带来精神痛苦和经济损失。目前，世界上多数国家在立法中都明确规定劳动者享有工伤保险的权利，80%的国家建立了工伤保险制度。工伤保险工作的内容主要包括：工伤范围认定、工伤鉴定、工伤保险待遇、工伤保险基金、工伤预防、职业康复等。

2. 工伤保险的特点。

与养老保险、失业保险和医疗保险相比较，工伤保险不但要保障劳动者的基本生活，还要根据其伤残程度提供经济补偿，其医疗待遇也比非因工负伤、患病的医疗待遇要高。此外，劳动者参加工伤保险不需要个人缴纳费用，享受工伤待遇不受年龄、工龄、缴费年限、性别等条件的限制，凡是因工伤残或死亡的，都应享受相应的待遇。

世界上多数国家的工伤保险制度普遍遵循以下原则：(1) 无过失补偿原则，即无论企业或雇主是否有过错，只要不是劳动者本人故意所为，均按法律规定给予劳动者工伤保险待遇；(2) 个人不缴费原则；(3) 补偿直接经济损失原则；(4) 因工伤残与非因工伤残区别对待原则；(5) 补偿与预防、康复相结合原则；(6) 一次性补偿与长期补偿相结合原则。

工伤保险制度是维护劳动者最基本权益、分散行业或企业的职业伤害风险、减轻行业或企业负担不可或缺的重要手段，是建立工伤事故和职业危害防范机制的重要条件。

(五) 生育保险

1. 生育保险的概念。

生育保险是国家为保障妇女劳动者因生育子女而暂时丧失劳动能力和正常收入来源时的基本生活需要，而向其提供物质帮助和医疗保健服务的一项社会保险制度。其宗旨在于通过向职业妇女提供生育津贴、医疗服务和产假，帮助她们恢复劳动能力，重返工作岗位。

2. 生育保险的内容。

生育保险包括产假、生育津贴和医疗服务三部分内容。产假是指依据国家法律、法规规定，给予职工在生育过程中休息的期限，也就是女职工在分娩前和分娩后的一定时间内所享有的假期。生育津贴是指国家法律、法规规定对职业妇女因生育而离开工作岗位期间给予的生活费用。有的国家又叫生育现金补助。生育医疗服务是指由医院、开业医生或合格的助产士向职业妇女和男工之妻提供的妊娠、分娩及产后的医疗照顾以及必需的住院治疗。生育医疗服务是生育保险待遇之一。各国生育保险提供给怀孕妇女的医疗服务的项目不同，一般是根据本国的经济实力和社会保险基金的承受能力，制定相应的服务范围，大多数国家为女职工提供从怀孕到产后的医疗保健及治疗。

3. 生育保险的特点。

生育保险的主要特点可概括为五个方面：(1) 保障对象主要是生育期间的妇女劳动者，相对于其他险种来说覆盖范围小，有些国家和地区将生育保险范围扩大至所有的育龄妇女；(2) 保险给付水平高，具有明显的福利性；(3) 无论女职工妊娠结果如何，均可以按照规定得到补偿；(4) 主要提供因生育导致劳动能力丧失期间的短期保险；(5) 与医疗、疾病保险密切相关。因此，一些国家将该三者合并成为“健康保险”。生育保险作为国家社会保险的项目之一，实施中要求遵循强制性原则、社会性原则和互济性原则。

二、社会保险的性质和特征

(一) 社会保险的性质

1. 强制性。

强制性是指国家通过立法强制实施，受保人必须参加，劳动者只要符合法律规定，都必须参加社会保险并享受相应的权利。社会保险的强制性，旨在保障劳动者的收入安全。凡属于社会保险法律规定范围内的劳动者都必须参加社会保险，按照规定履行缴纳保险费的义务，用人单位必须依法为职工缴纳社会保险费，维护职工的基本权益。

2. 保障性。

保障性就是保障人们的基本生活，从根本上安定社会秩序。这是实施社会保险的根本目的。工业化、都市化带来了一系列的社会和经济问题，其中最大的问题莫过于劳动者丧失收入、生活陷入贫困。社会保险的作用，就是对劳动者的收入安全起到保障作用，使其在失去收入之后，仍能维持基本生活。

3. 福利性。

福利性是社会保险不以营利为目的，必须以最少的花费，解决最大的社会保障问题。社会保险的福利性，还表现在社会保险除了有现金给付的方式以外，还有医疗护理、职业康复、职业介绍以及许许多多的老年活动方面的服务等保障方式。

4. 社会性。

社会性也称普遍性，它是指社会保险应尽可能在全社会普遍实施，使覆盖面尽可能涵盖所有的劳动者，以至全体社会成员。社会保险的社会性，还表现在它的国际性上。许多国家间都订有双方或多方互惠协议，以保护旅居国外的本国人平等享受社会保险的权利与义务。

（二）社会保险的特征

1. 社会保险是国家和社会基本政策的直接体现，是维护国家社会稳定、经济持续发展的重要措施。

2. 社会保险是国家以立法形式强制实施的一种保障制度，即哪些单位和人员应当参加社会保险、缴纳社会保险费，哪些人员在什么条件下有权享受社会保险待遇等，都由国家立法规定。

3. 社会保险是全社会所有劳动者的一项基本权利，具有社会互济性，即参加社会保险的人员，作为一个利益共同体，共同抵御风险，但不是要求每个成员的投保与其所得的补偿相等，而是共同帮助遇到风险的成员。

4. 社会保险所保障的水平为一定时期劳动者的基本生活需要。

5. 社会保险实行权利与义务对等原则，即劳动者在享受社会保险权利的同时，必须依法履行一定的社会保险义务。

6. 建立社会保险基金。该基金一般由用人单位和劳动者共同缴纳的社会保险费构成。

三、社会保险的作用

（一）社会保险制度对维系社会安定具有重要作用

在现代社会里，伴随着生产的高度社会化和分工协作的发展，劳动危险的存在日益普遍，且其影响面和危害程度日益加剧。当为数众多的劳动者面临种种不同劳动危险和收入损失且得不到及时解决时，就会形成一种社会的不安定因素。社会保险制度的存在，使劳动者通过社会保险补偿获得可靠的基本生活保障，从而有效地消除社会不安定因素。

（二）社会保险对于保证劳动者特殊情况下的基本生活、保证劳动力再生产顺利进行具有重大作用

劳动危险是客观存在的，劳动者在劳动过程中，不可避免地会遇到疾病、意外伤害以及失业的威胁，影响身体健康和正常的劳动收入，从而使劳动力再生产过程受到影响。有了社会保险，可以获得必要的补助和物质保障使劳动力得到恢复，劳动力再生产过程得以正常进行。此外，社会保险还可以通过调整制度规定，如调整待遇水平、费用分配、项目范围等，对劳动力的生产、分配、使用和调配起到间接的调节作用。

（三）社会保险对于调节收入差距、实现社会分配公平有一定的作用

社会保险就是国家通过法律保证下的经济手段，对社会个人消费品分配实行的直接干预。调节劳动者个人收入过大的差距，从而实现人们对社会分配公平的普遍要求，有助于消除社会矛盾，协调劳动者之间的关系，保持社会和经济稳定向前发展。

（四）社会保险制度对社会主义精神文明的建设有重要作用

社会保险体现了权利和义务相结合的关系，主张个人利益和社会利益、长远利益和眼前利益的有机结合，这些基本指导思想有助于培养劳动者的集体主义精神，打破小生产自给自足的狭隘思想的禁锢，使社会精神文明水平不断提高。社会保险是以互助共济为主要行为方式的制度，其实质就是“我为人人、人人为我”，有利于协调人与人之间的社会关系，树立助人为乐、有难同当、有福共享的良好社会风气。

四、社会保险的基本原则

（一）共同承担社会风险的原则

共同承担社会风险的原则是指全社会所有参加社会保险的人员，将每个人遇到的生、老、病、死等风险集中起来，由大家共同来承担风险。

（二）权利与义务一致性的原则

权利与义务一致性的原则是指被保险人及其单位须先尽缴纳社会保险费的义务，而后被保障人才有享受社会保险待遇给付的权利。

（三）预防与善后处理相结合的原则

采取预防措施可将社会风险可能造成的损害和损失控制在最小范围和最低限度内。善后处理，就是在事故发生后，根据社会保障提供补助金和社会服务，恢复受益人的身体健康和工作能力。

（四）“大数法则”的原则

社会保险是集合社会力量来保障社会安全的，只有集合社会多数的人和单位组合成较大的社会保险集团，才能将发生于少数人和少数单位的危险及造成的损失，转由多数人和多数单位共同分担。“大数法则”可使危险分担达到最大程度的均衡，统筹的面越大，对个体而言损害就越能降到最低限度。

（五）“待遇均等化”的原则

“待遇均等化”的含义包括：（1）社会保险待遇规定最低保障数额。（2）随着物价上涨、社会生产发展和人民生活水平的提高，做到“水涨船高”，以保证受益人的实际生活水平不至于下降，共享社会发展成果。（3）社会保险待遇的基数，能反映劳动者长期劳动所得的实际水平。（4）社会保险属于国民收入再分配，但不完全是投保多少返还多少，社会保险机构要进行一定的调剂后再统一分配，并在一定程度上要照顾低工资者的实际需要。

第二节　我国社会保险制度概况

一、我国社会保险制度综述

在我国，“社会保险”一词早在 1922 年第一次全国劳动大会的《劳动法大纲》就已经使用。新中国成立后，20 世纪 50 年代初，我国开始建立社会保障制度。1950 年颁布《救济失业工人暂行办法》，对解决旧中国遗留的失业问题发挥了积极作用。1951 年颁布《劳动保险条例》，包括养老、伤残、遗属、疾病津贴、医疗、工伤和职业病、生育待遇等保障项目。此后，国家颁布了救灾救济、优抚安置等一系列社会保障政策，并根据社会发展对有关政策进行了充实和调整。到 20 世纪 80 年代中期，社会保障的覆盖面局限于城镇地区，重点是国有企业。20 世纪 80 年代中期以来，我国对社会保障制度进行了一系列改革，新的社会保险制度逐渐建立。1984 年开始企业职工养老保险制度改革，1986 年建立了城镇失业保险制度，1994 年、1996 年和 1998 年先后开始实施生育保险、工伤保险和城镇职工医疗保险制度改革，1999 年建立了城市居民最低生活保障制度，2002 年开始建立新型农村合作医疗制度，2004 年 5 月起施行《企业年金试行办法》，2007 年开始实行城镇居民基本医疗保险试点，2009 年 9 月启动新型农村社会养老保险试点，2011 年启动城镇居民社会养老保险试点，2011 年 7 月 1 日《社会保险法》正式施行。社会保险制度的改革和发展，对促进经济发展和维护人民群众的社会保障权益发挥了重要作用。

二、我国现行基本养老保险制度

（一）职工基本养老保险

我国的养老保险制度始建于新中国成立初期。1984—1994 年，我国对养老保险制度进行了改革和探索。随着改革开放的推进，企业养老保险费用负担畸轻畸重的问题凸显出来，改革养老保险制度、实行退休费用社会统筹势在必行。1984 年，一些地区开始进行国有企业职工退休费用社会统筹试点。1991 年，国务院在总结地方试点经验的基础上，下发了《国务院关于企业职工养老保险制度改革的决定》。1993 年，党的十四届三中全会提出实行社会统筹与个人账户相结合的基本制度，确定了统筹基金现收现付，个人账户基金完全积累的制度模式，探索出了适合我国国情的养老保险制度。1994—2004 年，养老保险制度改革进一步深化。1995 年，国务院下发《关于深化企业职工养老保险制度改革的通知》，提出了统账结合的两个具体方案，由各地选择进行试点。1997 年，统一了全国城镇企业职工基本养老保险制度，确立了社会统筹与个人账户相结合的制度模式。2001 年，国务院在辽宁省进行完善社会保障体系的试点，随后扩大到吉林、黑龙江两省。经过近十年的改革，我国养老保险制度的模式基本确立。2004 年以后，养老保险制度逐步进入发展完善阶段。以党的十六届三中全会提出的一系列要求和 2004 年《宪法（修正案）》明确以“国家建立健全同经济发展水平相适应的社会保障制度”为标志，在东北三省试点的基础上，2005 年 12 月颁布《关于完善企业职工基本养老保险制度的决定》，2008 年发布《事业单位工作人员养老保险制度改革试点方案》，2010 年颁布《社会保险法》，就相关问题作出明确规定。2015 年 1 月，国务院发布《关于机关事业单位工作人员养老保险制度改革的决定》，明确了机关事业单位工作人员养老保险制度改革的总体目标、基本原则和政策举措。2017 年 1 月 18 日，人力资源和社会保障部办公厅印发《机关事业单位基本养老保险关系和职业年金转移接续经办规程（暂行）》，进一步对机关事业单位基本养老保险关系转移接续、待遇计发参数、待遇领取地等进行了详细规定，养老保险制度实现“并轨”。2022 年 4 月，国务院办公厅发布《关于推动个人养老金发展的意见》，推进多层次、多支柱养老保险体系建设。

截至 2021 年底，全国参加城镇职工基本养老保险人数为 48074 万人，比上年末增加 2453 万人。其中，参保职工 34917 万人，参保离退休人员 13157 万人，分别比上年末增加 2058 万人和 395 万人。年末城镇职工基本养老保险执行企业制度参保人数为 42228 万人，比上年末增加 2320 万人。全年城镇职工基本养老保险基金总收入 60455 亿元，基金支出 56481 亿元。年末城镇职工基本养老保险基金累计结存 52574 亿元。2021 年，企业职工基本养老保险基金中央调剂比例提高到 4.5%，基金调剂规模为 9327 亿元。

我国现行城镇职工基本养老保险制度的主要内容包括以下几个方面：

1. 覆盖范围和缴费模式。

城镇职工应当参加基本养老保险，由用人单位和职工共同缴纳基本养老保险费。无雇工的个体工商户，未在用人单位参加基本养老保险的非全日制从业人员以及其他灵活就业人员可以参加基本养老保险，由个人缴纳基本养老保险费。

2. 缴费基数和比例。

用人单位缴费比例一般为本单位职工工资总额的20%左右（2019年国务院印发《降低社会保险费率综合方案》后，按16%执行），记入基本养老保险统筹基金。职工缴费比例为本人工资的8%，记入个人账户。职工月平均工资超过当地职工平均工资300%以上部分，不计入缴费基数；低于当地职工平均工资60%的，按60%计算缴费基数。

3. 基本养老金构成。

基本养老金由统筹养老金和个人账户养老金组成。个人账户储存额的多少，取决于个人缴费额和个人账户基金收益。个人账户基金只能用于职工养老，不得提前支取。职工跨统筹范围流动时，个人账户随同转移。参保人死亡的，个人账户余额可以继承。

4. 享受基本养老保险待遇。

参加基本养老保险的个人，按月领取基本养老金需要满足两个条件：一是必须达到法定退休年龄；二是累计最低缴费满15年。达到法定退休年龄时累计缴费不足15年的，可以缴费至满15年，按月领取基本养老金；也可以申请转入城乡居民养老保险，待达到城乡居民养老保险规定的领取条件时，按照城乡居民养老保险办法计发相应待遇。参加基本养老保险的个人，因病或者非因工死亡的，其遗属可以领取丧葬补助金和抚恤金；在未达到法定退休年龄时因病或者非因工致残完全丧失劳动能力的，可以领取病残津贴。所需资金从基本养老保险基金中支付。

5. 关系转移接续制度。

个人跨统筹地区就业的，其基本养老保险关系随本人转移，缴费年限累计计算。个人达到法定退休年龄时，基本养老金分段计算、统一支付。

6. 其他。

国家建立基本养老金正常调整机制，根据职工平均工资增长、物价上涨情况，适时提高基本养老保险待遇水平。

（二）机关事业单位工作人员养老保险制度

2014 年 10 月 1 日起，《国务院关于机关事业单位工作人员养老保险制度改革的决定》（以下简称《决定》）、《机关事业单位职业年金办法》开始实施，逐步建立独立于机关事业单位之外、资金来源多渠道、保障方式多层次、管理服务社会化的养老保险体系。

1. 覆盖范围。

按照公务员法管理的单位、参照公务员法管理的机关（单位）、事业单位及其编制内的工作人员。

2. 制度模式。

实行社会统筹与个人账户相结合的基本养老保险制度。基本养老保险费由单位和个人共同负担。单位缴纳基本养老保险费（以下简称单位缴费）的比例为本单位工资总额的 20%，个人缴纳基本养老保险费（以下简称个人缴费）的比例为本人缴费基数的 8%，由单位代扣。按本人缴费基数 8%的数额建立基本养老保险个人账户，全部由个人缴费形成。个人工资超过当地上年度在岗职工平均工资 300%以上的部分，不计入个人缴费基数；低于当地上年度在岗职工平均工资 60%的，按当地在岗职工平均工资的 60%计算个人缴费基数。

个人账户储存额只用于工作人员养老，不得提前支取，每年按照国家统一公布的记账利率计算利息，免征利息税。参保人员死亡的，个人账户余额可以依法继承。

3. 基本养老金计发办法。

《决定》实施后参加工作、个人缴费年限累计满 15 年的人员，退休后按月发给基本养老金。基本养老金由基础养老金和个人账户养老金组成。退休时的基础养老金月标准以当地上年度在岗职工月平均工资和本人指数化月平均缴费工资的平均值为基数，缴费每满一年发给 1%。个人账户养老金月标准为个人账户储存额除以计发月数，计发月数根据本人退休时城镇人口平均预期寿命、本人退休年龄、利息等因素确定。

《决定》实施前参加工作、实施后退休且缴费年限（含视同缴费年限，下同）累计满 15 年的人员，按照合理衔接、平稳过渡的原则，在发给基础养老金和个人账户养老金的基础上，再依据视同缴费年限长短发给过渡性养老金。具体办法由人力资源和社会保障部会同有关部门制定并指导实施。

《决定》实施后达到退休年龄但个人缴费年限累计不满 15 年的人员，其基本养老保险关系处理和基本养老金计发比照《实施〈中华人民共和国社会保险法〉若干规定》执行。

《决定》实施前已经退休的人员，继续按照国家规定的原待遇标准发放基本养老金，同时执行基本养老金调整办法。

机关事业单位离休人员仍按照国家统一规定发给离休费，并调整相关待遇。

4. 职业年金制度。

机关事业单位在参加基本养老保险的基础上，为其工作人员建立职业年金。单位缴费按本单位工资总额的 8%，个人缴费按本人缴费基数的 4%。工作人员退休后，按月领取职业年金待遇。职业年金的具体办法由人力资源和社会保障部、财政部制定。

《决定》对建立基本养老金正常调整机制、做好养老保险关系转移接续工作、建立健全确保养老金发放的筹资机制、逐步实行社会化管理服务等方面也作出了明确安排。

（三）城乡居民养老保险

2009年9月，国务院发布《关于开展新型农村社会养老保险试点的指导意见》，决定从2009年起开展新型农村社会养老保险试点。2011年6月，国务院发布《关于开展城镇居民社会养老保险试点的指导意见》，决定从2011年起开展城镇居民社会养老保险试点。2012年这两项制度实现了全覆盖。2014年2月，国务院发布《关于建立统一的城乡居民基本养老保险制度的意见》，决定将新农保和城居保两项制度合并实施，在全国范围内建立统一的城乡居民基本养老保险（以下简称城乡居民养老保险）制度。

年满16周岁（不含在校学生），非国家机关和事业单位工作人员及不属于职工基本养老保险制度覆盖范围的城乡居民，可以在户籍地参加城乡居民养老保险。城乡居民养老保险基金由个人缴费、集体补助、政府补贴构成。个人缴费标准目前设为每年100元、200元、300元、400元、500元、600元、700元、800元、900元、1000元、1500元、2000元12个档次，省（区、市）人民政府可以根据实际情况增设缴费档次，最高缴费档次标准原则上不超过当地灵活就业人员参加职工基本养老保险的年缴费额，并报人力资源和社会保障部备案。人力资源和社会保障部会同财政部依据城乡居民收入增长等情况适时调整缴费档次标准。参保人自主选择档次缴费，多缴多得。地方政府补贴标准不低于每人每年30元。建立个人账户，个人缴费、地方人民政府对参保人的缴费补贴、集体补助及其他社会经济组织、公益慈善组织、个人对参保人的缴费资助，全部计入个人账户。养老保险待遇由基础养老金和个人账户养老金构成，中央确定基础养老金最低标准，个人账户养老金月计发标准为个人账户全部储存额除以139。截至2021年底，城乡居民基本养老保险参保人数54797万人，比上年末增加554万人。其中，实际领取待遇人数16213万人。全年城乡居民基本养老保险基金收入5339亿元，基金支出3715亿元。年末城乡居民基本养老保险基金累计结存11396亿元。

（四）城乡养老保险制度衔接

2014年2月，人力资源和社会保障部、财政部印发《城乡养老保险制度衔接暂行办法》，主要包括以下几个方面：

1. 参加城镇职工养老保险和城乡居民养老保险人员，达到城镇职工养老保险法定退休年龄后，城镇职工养老保险缴费年限满15年（含延长缴费至15年）的，可以申请从城乡居民养老保险转入城镇职工养老保险，按照城镇职工养老保险办法计发相应待遇；城镇职工养老保险缴费年限不足15年的，可以申请从城镇职工养老保险转入城乡居民养老保险，待达到城乡居民养老保险规定的领取条件时，按照城乡居民养老保险办法计发相应待遇。

2. 参保人员需办理城镇职工养老保险和城乡居民养老保险制度衔接手续的，先按城镇职工养老保险有关规定确定待遇领取地，并将城镇职工养老保险的养老保险关系归集至待遇领取地，再办理制度衔接手续。

参保人员申请办理制度衔接手续时，从城乡居民养老保险转入城镇职工养老保险的，在城镇职工养老保险待遇领取地提出申请办理；从城镇职工养老保险转入城乡居民养老保险的，在转入城乡居民养老保险待遇领取地提出申请办理。

3. 参保人员从城乡居民养老保险转入城镇职工养老保险的，城乡居民养老保险个人账户全部储存额并入城镇职工养老保险个人账户，城乡居民养老保险缴费年限不合并计算或折算为城镇职工养老保险缴费年限。

4. 参保人员从城镇职工养老保险转入城乡居民养老保险的，城镇职工养老保险个人账户全部储存额并入城乡居民养老保险个人账户，参加城镇职工养老保险的缴费年限合并计算为城乡居民养老保险的缴费年限。

5. 参保人员若在同一年度内同时参加城镇职工养老保险和城乡居民养老保险的，其重复缴费时段（按月计算，下同）只计算城镇职工养老保险缴费年限，并将城乡居民养老保险重复缴费时段相应个人缴费和集体补助退还本人。

6. 参保人员不得同时领取城镇职工养老保险和城乡居民养老保险待遇。对于同时领取城镇职工养老保险和城乡居民养老保险待遇的，终止并解除城乡居民养老保险关系，除政府补贴外的个人账户余额退还本人，已领取的城乡居民养老保险基础养老金应予以退还；本人不予退还的，由社会保险经办机构负责从城乡居民养老保险个人账户余额或者城镇职工养老保险基本养老金中抵扣。

三、我国现行医疗保险制度

我国传统的医疗保障制度是20世纪50年代建立起来的，它是由面向城镇居民的公费医疗、劳保医疗和面向农村居民的合作医疗三种制度共同构成的，为解除城乡居民治疗疾病的后顾之忧和普遍提高全国人民的健康水平，发挥了巨大的作用。但随着我国经济体制改革的不断深入，传统的医疗保障制度中反映出来的问题越来越突出，尤其是医疗费用增长过快，而医疗经费却严重不足，医疗保险社会化程度低，又缺乏强有力的医疗社会保险管理机构。因此，我国医疗保险制度的改革势在必行。20世纪80年代，我国开始探索实行由国家、企业和个人三方负担费用的医疗保险制度改革。1992年，广东省深圳市率先开展了职工医疗保险制度改革。随后，党的十四届三中全会

《关于经济体制改革若干问题的决定》提出，要建立社会统筹和个人账户相结合的社会医疗保障制度。1994 年，国务院在江苏镇江和江西九江进行医疗保险试点。1998 年，国务院发布了《关于建立城镇职工基本医疗保险制度的决定》，明确了医疗保险制度改革的目标任务和政策框架，以及建立覆盖全体城镇职工的基本医疗保险制度的具体要求，这标志着中国城镇职工医疗保险制度进入了一个崭新的发展阶段。2002 年 10 月，《中共中央 国务院关于进一步加强农村卫生工作的决定》印发，明确指出要逐步建立以大病统筹为主的新型农村合作医疗制度（以下简称新农合）。2016 年 1 月，国务院印发《关于整合城乡居民基本医疗保险制度的意见》，明确提出整合城镇居民医保和新农合两项制度，建立统一的城乡居民基本医疗保险制度。2021 年 4 月，国务院办公厅印发《关于建立健全职工基本医疗保险门诊共济保障机制的指导意见》，将门诊费用纳入职工医保统筹基金支付范围，改革职工医保个人账户，建立健全门诊共济保障机制，提高医保基金使用效率，逐步减轻参保人员医疗费用负担，实现制度更加公平更可持续。截至 2021 年底，基本医疗保险参保人数达 136424 万人，参保覆盖面稳定在 95%以上，基本医疗保险（含生育保险）基金累计结存 36121. 54 亿元。

（一）城镇职工基本医疗保险

我国现行的城镇职工基本医疗保障制度是建立适应社会主义市场经济体制，根据国家财政、企业和个人的承受能力，用人单位和职工共同负担、社会统筹和个人账户相结合的城镇职工基本医疗保障体系，其主要内容包括以下几个方面：

1. 强制城镇所有用人单位及其职工和退休人员参保。

2. 由用人单位和职工个人共同负担基本医疗保险费。其中，用人单位缴费率控制在职工工资总额的 6%左右，个人缴费率一般为本人工资收入的 2%，各地可根据当地经济发展情况适当调整缴费标准。

3. 实行统筹基金与个人账户相结合模式。在职职工个人账户由个人缴纳的基本医疗保险费计入，计入标准原则上控制在本人参保缴费基数的2%，单位缴纳的基本医疗保险费全部计入统筹基金；退休人员个人账户原则上由统筹基金按定额划入，划入额度逐步调整到统筹地区根据《关于建立健全职工基本医疗保险门诊共济保障机制的指导意见》实施改革当年基本养老金平均水平的2%左右。

4. 参加职工基本医疗保险的个人，达到法定退休年龄时累计缴费达到国家规定年限的，退休后不再缴纳基本医疗保险费，按照国家规定享受基本医疗保险待遇；未达到国家规定年限的，可以缴费至国家规定年限。

5. 符合基本医疗保险药品目录、诊疗目录、医疗服务设施标准以及急诊、抢救的医疗费用，按照国家规定从基本医疗保险基金中支付。

6. 实行基本医疗保险的社会化管理和服务。医疗保险统筹管理层次原则上以地级以上行政区为统筹单位，直辖市试行全市统筹。医疗保险统筹基金纳入单独的社会保障基金财政账户，并实行收支两条线管理和相应的财务、审计制度。

7. 推进医疗机构改革，提高医疗服务的质量和水平。主要政策有：通过制定基本医疗保险药品目录、医疗项目和医疗服务设施标准以及相应的管理办法，确定了基本医疗服务的范围和标准；实行医药分开核算、分别管理，对提供基本医疗服务的医疗机构和药店实行定点管理；对医疗机构进行调整改革，规范医疗行为，减员增效，提高医疗卫生资源的利用率；发展社区卫生服务，其中基本医疗服务可纳入基本医疗保险支付范围。

截至2021年底，职工医保参保人数35431万人，比上年增加976万人，增长2.8%。其中，在职职工26106万人，比上年增长2.7%；退休职工9324万人，比上年增长3.3%。在职退休比为2.80，较上年下降0.02。

（二）城乡居民基本医疗保险

城乡居民基本医疗保险制度是在总结新型农村合作医疗和城镇居民基本医疗保险运行情况及地方探索实践的基础上提出的，对积极构建保障更加公平、管理服务更加规范、医疗资源利用更加有效的城乡居民医保制度发挥了重要推动作用。

1. 整合基本制度政策。

一是统一覆盖范围。城乡居民医保覆盖除城镇就业人口以外的其他城乡居民。允许参加职工医保有困难的农民工和灵活就业人员选择参加城乡居民医保。

二是统一筹资政策。坚持多渠道筹资，合理确定城乡统一的筹资标准，完善筹资动态调整机制，改善筹资分担结构。城镇居民医保和新农合个人缴费标准差距较大地区可采取差别缴费的办法逐步过渡。逐步建立个人缴费标准与城乡居民人均可支配收入相衔接的机制。

三是统一保障待遇。逐步统一保障范围和支付标准，政策范围内住院费用支付比例保持在75%左右，逐步提高门诊保障水平。妥善处理整合前后特殊保障政策的衔接，逐步缩小政策范围内支付比例与实际支付比例间的差距。

四是统一医保目录。各省根据国家有关规定，遵循临床必需、安全有效、价格合理、技术适宜、基金可承受的原则，在现有城镇居民医保和新农合目录的基础上，适当考虑参保人员需求变化，制定统一的医保药品和医疗服务项目目录。

五是统一定点管理。统一定点机构管理办法，强化定点服务协议管理，健全考评机制，实行动态准入退出。对社会办医采取一视同仁的政策。

六是统一基金管理。执行统一的基金财务制度、会计制度和基金预决算管理制度，强化内控管理、外部监督制度，推进付费总额控制，健全基金运行风险预警机制，合理控制基金结余，防范基金风险，提高使用效率。

2. 理顺管理体制。

一是整合经办机构。鼓励有条件的地区理顺管理体制，统一行政管理职能。充分利用现有经办资源，对经办机构、人员、信息系统等各类经办力量进行整合，规范经办服务流程，补足经办服务短板，提供城乡一体化经办服务。

二是创新经办管理。通过完善管理运行机制、提升服务手段、改进管理办法，进一步提升管理效率和服务水平。同时，鼓励有条件的地区创新经办服务模式，在确保基金安全和有效监管的前提下，以政府购买服务的方式委托商业保险机构等社会力量参与基本医保经办服务。

3. 提升服务效能。

一是提高统筹层次。原则上实行市（地）级统筹，鼓励有条件的地区实行省级统筹。要根据地区经济发展水平和医疗服务水平加强基金分级管理，充分调动县级政府、经办管理机构基金管理的积极性和主动性。

二是整合完善信息系统，为城乡居民医保制度运行和功能拓展提供支撑，推进信息交换与数据共享，强化信息安全与隐私保护。

三是完善付费方式。系统推进按人头付费、按病种付费、按床日付费、总额预付等多种付费方式相结合的复合支付方式改革，推动形成合理的医保支付标准，引导医疗机构规范服务，推进分级诊疗制度建设，引导建立合理有序的就医秩序。

四是加强医疗服务监管。完善定点医疗机构协议管理，强化对医疗服务的监控。充分利用信息化手段，推进医保智能审核和实时监控，加强医疗服务监管，规范医疗服务行为。

截至2021年底，城乡居民基本医疗保险参保人数100866万人，比上年减少0.8%。其中成年人、中小学生和儿童、大学生分别为74305万人、24568万人、1993万人，分别比上年下降0.9%、0.2%、3.0%，分别占参保总人数的73.7%、24.4%、2.0%。

四、我国现行失业保险制度

失业保险是指国家通过立法强制缴费建立基金，对因失业而暂时中断生活来源的劳动者提供物质帮助的制度。我国的失业保险制度是1986年正式建立的。1986年，国务院颁布了《国营企业职工待业保险暂行规定》，明确规定对国营企业职工实行待业保险制度。1993年4月，国务院发布了《国有企业职工待业保险规定》，标志着我国失业保险制度进入了正常运行时期。1999年1月，国务院颁布了《失业保险条例》。2011年7月1日施行的《社会保险法》使失业保险制度得到进一步完善、规范和发展。

我国失业保险制度主要包括以下规定：

（一）覆盖范围

城镇的国有企业、集体企业、外商投资企业、港澳台投资企业、私营企业等各类企业以及事业单位，都必须参加失业保险并按规定缴纳失业保险费。社会团体及其专职人员、民办非企业单位及其职工、城镇中有雇工的个体工商户及其雇工是否适用《失业保险条例》，由各省级人民政府确定。

（二）资金来源

失业保险所需资金来源于四个部分：失业保险费，包括单位按照本单位工资总额的2%缴纳和个人按照本人工资1%缴纳的失业保险费两部分，这是基金的主要来源；失业保险基金的利息；财政补贴，这是政府负担的一部分；依法纳入失业保险基金的其他收入。

（三）失业保险待遇

失业保险待遇包括按月领取的失业保险金，领取失业保险金期间死亡失业人员的丧葬补助金及其供养的配偶、直系亲属的抚恤金。失业人员在领取失业金期间，参加职工基本医疗保险，享受基本医疗保险待遇，其应当缴纳的基本医疗保险费从失业保险基金中支付，个人不缴费；领取接受职业培训、职业介绍费用补贴。失业保险金的标准由省级人民政府确定，原则是低于当地最低工资标准，高于城市居民最低生活保障标准。医疗补助金的标准由省级人民政府规定。丧葬补助金和抚恤金的标准应参照对当地职工的规定办理，一次性发放。职工跨统筹地区就业的，其失业保险关系随本人转移，缴费年限累计计算。

（四）失业保险待遇领取期限

失业保险金的领取时间是由失业人员失业前所在单位和本人按照规定累计缴费时间决定的，满 1 年不足 5 年的，最长不超过 12 个月；满 5 年不足 10 年的，最长不超过 18 个月；10 年以上的，最长不超过 24 个月。重新就业后，再次失业的，缴费时间重新计算，领取失业保险金的期限与前次失业应当领取而尚未领取的失业保险金的期限合并计算，最长不超过 24 个月。

截至 2021 年底，全国参加失业保险人数为 22958 万人，比上年末增加 1268 万人。年末全国领取失业保险金人数为 259 万人，比上年末减少 11 万人。全年共为 608 万名失业人员发放了不同期限的失业保险金，比上年增加 93 万人。失业保险金月人均水平 1585 元，比上年增长 5.2%。延续实施阶段性扩大失业保险保障范围政策一年，向当年新发生的426万参保失业人员发放失业补助金。全年共为领取失业保险金人员代缴基本医疗保险费129亿元，比上年增加33.0%。全年发放稳岗返还惠及职工9234万人，发放技能提升补贴惠及职工179万人。全年失业保险基金收入1460亿元，基金支出1500亿元。年末失业保险基金累计结存3313亿元。

五、我国现行工伤保险制度

我国的工伤保险制度建立于20世纪50年代，原属于劳动保险制度的一项内容，与劳保医疗、生育待遇混合在一起，由单位负责组织实施。改革开放后，我国对这一制度进行了改革探索。2003年4月国务院颁布《工伤保险条例》，并于2004年1月1日起施行，2010年12月20日予以修订。它标志着我国新型工伤保险制度的基本确立，并且对解决工伤保险争议、推进工伤保险制度的改革发展，具有至关重要的作用。2011年7月1日起施行的《社会保险法》第四章对工伤保险制度作出专门规范，并规定对于用人单位不支付职工工伤保险待遇的情形，由工伤保险基金先行支付，在法律的层次上对工伤保险待遇给予了强有力的保障，在我国工伤保险制度发展史上具有划时代的重要意义。2014年12月，人力资源和社会保障部、住房和城乡建设部、安全生产监督管理总局、全国总工会联合下发了《关于进一步做好建筑业工伤保险工作的意见》，针对建筑业职工工伤维权中的突出问题，明确提出了相应的政策措施，完善了符合建筑业特点的工伤保险参保政策以及工伤保险费计缴方式，规范和简化了工伤认定鉴定程序，进一步落实了工伤保险先行支付政策，建立健全了工伤赔偿连带责任追究机制，有力促进了建筑施工企业工伤保险制度的落实。2021年12月，人力资源和社会保障部、全国总工会等十部门联合印发了《关于开展新就业形态就业人员职业伤害保障试点工作的通知》，并制定了《新就业形态就业人员职业伤害保障办法（试行）》，以出行、外卖、即时配送和同城货运行业为重点，通过分行业分地区先行试点，优先解决新就业形态就业人员职业伤害保障问题，逐步健全新就业形态就业人员参加社会保险制度。

截至2021年底，全国参加工伤保险人数为28287万人，比上年末增加1523万人。全国新开工工程建设项目工伤保险参保率为99%。全年认定（视同）工伤129.9万人，评定伤残等级77.1万人。全年有206万人享受工伤保险待遇。全年工伤保险基金收入952亿元，基金支出990亿元。年末工伤保险基金累计结存1411亿元（含储备金164亿元）。我国现行工伤保险制度规定了工伤保险的覆盖范围，包括我国境内的企业、事业单位、社会团体、民办非企业单位、基金会、律师事务所、会计师事务所等组织和有雇工的个体工商户。工伤保险制度的财政基础是工伤保险基金，是由用人单位缴纳的工伤保险金、工伤保险基金的利息和依法纳入工伤保险基金的其他资金构成的。工伤保险费率的确定与用人单位的所属行业和工伤发生率等情况挂钩，国家根据不同行业的工伤风险程度确定行业的差别费率，并根据工伤保险费使用、工伤发生率等情况在每个行业内确定若干费率档次，一般费率为0.5%—2%。工伤保险基金逐步实行省级统筹。

根据《工伤保险条例》的规定，工伤的范围包括七种应当定为工伤的情形和三种视同工伤的情形。七种应当定为工伤的情形为：（1）在工作时间和工作场所内，由于工作原因受到事故伤害；（2）工作时间前后在工作场所内，从事与工作有关的预备性或收尾性工作受到事故伤害；（3）在工作时间和工作场所内，因履行工作职责受到暴力等意外伤害；（4）患职业病；（5）因工外出期间，由于工作原因受到伤害或发生事故下落不明；（6）在上下班途中，受到非本人主要责任的交通事故或者城市轨道交通、客运轮渡、火车事故伤害的；（7）法律、行政法规规定应当认定为工伤的其他情形。此外，还规定了三种应视同工伤的情形：一是在工作时间和工作岗位，突发疾病死亡或者在48小时之内经抢救无效死亡；二是在抢险救灾等维护国家利益、公共利益活动中受到伤害；三是职工原在军队服役，因战、因公负伤致残，已取得革命伤残军人证，到用人单位后旧伤复发的。

根据《工伤保险条例》的规定，以下三种情形不能认定为工伤或视同工伤：故意犯罪的；醉酒或者吸毒的；自残或者自杀的。

因工伤致残的职工，应进行劳动能力鉴定，以取得享受工伤保险待遇的依据。我国的工伤保险待遇包括工伤保险基金负担待遇和用人单位负担待遇。工伤保险基金负担的工伤保险待遇主要包括：治疗工伤的医疗费用和康复费用；住院伙食补助费；到统筹地区以外就医的交通食宿费；安装配置伤残辅助器具所需费用；生活不能自理的，经劳动能力鉴定委员会确认的生活护理费；一次性伤残补助金和一至四级伤残职工按月领取的伤残津贴；终止或者解除劳动合同时，应当享受的一次性医疗补助金；因工死亡的，其遗属领取的丧葬补助金、供养亲属抚恤金和因工死亡补助金；劳动能力鉴定费。用人单位负担的工伤保险待遇包括：治疗工伤期间的工资福利；五级、六级伤残职工按月领取的伤残津贴；终止或者解除劳动合同时，应当享受的一次性伤残就业补助金。

为保证工伤保险的正常运行，《工伤保险条例》对工伤保险的监督管理作了具体的规定，并且赋予工会组织对用人单位的工伤保险工作实行监督的权利。该条例还对不按规定参加工伤保险，劳动能力鉴定机构、经办机构和社会保险行政部门的违规行为，单位或个人挪用工伤保险基金、骗取工伤保险待遇的行为应当承担的法律责任，以及对构成犯罪的依法追究刑事责任等作出了具体规定。

六、我国现行生育保险制度

我国现行生育保险制度以《社会保险法》、《女职工劳动保护特别规定》以及《劳动法》、《劳动合同法》等为依据，所覆盖的范围为中华人民共和国境内一切国家机关、人民团体、企业、事业单位的职工。生育保险待遇包括产假、生育医疗费用和生育津贴。用人单位已经缴纳生育保险费的，其职工享受生育保险待遇；职工未就业配偶按照国家规定享受生育医疗费用待遇，所需资金从生育保险基金中支付。

我国企业单位的生育保险制度是1951年由国家颁布《劳动保险条例》而建立的，国家机关、事业单位的生育保险制度于1955年建立，以《关于女工作人员生产假期的规定》出台为标志。企业与国家机关、事业单位的生育保险制度虽然分别建立，但其项目和待遇水平是相同的。当时规定女职工生育享受产假56天；产假期间由所在单位照发工资；生育期间的医疗费用由职工所在单位负担。1988年出台的《女职工劳动保护规定》扩大了生育保险覆盖范围，明确了“不得在女职工怀孕期、产期、哺乳期降低其基本工资或解除劳动合同”，并提高了待遇标准，将正常产假由原来的56天延长为90天。很多地区还采取了对晚婚、晚育的职工给予奖励的政策。

随着改革不断深化，1994年劳动部颁布了《企业职工生育保险试行办法》，将生育保险的管理模式由用人单位管理逐步转变为实行社会统筹，由各地社会保障机构负责管理生育保险工作。按照《企业职工生育保险试行办法》的规定，生育保险实行社会统筹，建立生育保险基金，由企业向社会保险经办机构缴纳生育保险费，职工个人不缴费。女职工生育期间的生育津贴和医疗费由生育保险基金支付。津贴的标准是按照职工所在企业上年度职工月平均工资计发，期限不少于三个月。医疗费包括检查费、接生费、手术费、住院费和药费。因生育引起疾病的费用也由基金支付。2012 年 4 月施行的《女职工劳动保护特别规定》明确规定，女职工生育享受 98 天产假，其中产前可以休假 15 天；难产的，应增加产假 15 天；生育多胞胎的，每多生育 1 个婴儿，可增加产假 15 天。女职工怀孕未满 4 个月流产的，享受 15 天产假；怀孕满 4 个月流产的，享受 42 天产假。2015 年修订颁布的《人口与计划生育法》第二十五条规定："符合法律、法规规定生育子女的夫妻，可以获得延长生育假的奖励或者其他福利待遇。"各地《人口与计划生育条例》给予延长生育假 30 天至 1 年。

2017 年初，国务院办公厅印发了《生育保险和职工基本医疗保险合并实施试点方案》，在河北省邯郸市等 12 个试点城市行政区域实施试点工作。试点工作遵循保留险种、保障待遇、统一管理、降低成本的总体思路，通过整合两项保险基金及管理资源，强化基金共济能力，提升管理综合效能，降低管理运行成本，探索适应我国经济发展水平、优化保险管理资源、促进两项保险合并实施的制度体系和运行机制。试点内容包括：统一参保登记，统一基金征缴和管理，统一医疗服务管理，统一经办和信息服务，职工生育期间的生育保险待遇不变。2019 年 3 月，国务院办公厅印发《关于全面推进生育保险和职工基本医疗保险合并实施的意见》，《意见》提出生育保险作为一项社会保险险种仍然保留，按照"保留险种、保障待遇、统一管理、降低成本"的总体思路，两项保险从提升公共治理的效能、减轻单位和参保人员负担、提升基金共济能力、规范运行的角度进行管理层面上的合并实施，按照《意见》规定，要求 2019

年底实现两项保险合并实施。

我国生育保险工作的实践证明，在市场经济条件下，实行生育费用社会统筹和社会化管理服务，对于均衡企业负担、改善妇女就业环境、切实保障女职工生育期间的基本权益发挥了重要作用。同时，对计划生育、优生优育等工作也产生了积极影响。2021 年，全国参加生育保险 23752 万人，比上年增长 0.8%。享受各项生育保险待遇 1321 万人次，比上年增加 154 万人次，比上年增长 13.2%。生育保险人均生育待遇支出为 22261 元，比上年增长 1.3%。

第三节　工会社会保险工作

一、工会社会保险工作的主要内容

工会社会保险工作的基本职责是维护职工的社会保险权益，其主要内容包括以下三个方面：一是参与国家有关职工社会保险方面政策法规的研究与制定，充分反映职工群众的意见、要求和建议，从源头上维护广大职工权益。二是开展调查研究，推动并监督有关职工社会保险方面政策法规的贯彻执行，并及时了解和掌握职工群众相关状况，提出相应的对策和建议。三是发挥工会自身优势，通过多种形式和途径，帮助职工解决在社会保险方面的实际困难，维护职工合法权益。

《社会保险法》对工会参与社会保险工作作出了明确规定。《社会保险法》第九条规定：“工会依法维护职工的合法权益，有权参与社会保险重大事项的研究，参加社会保险监督委员会，对与职工社会保险权益有关的事项进行监督。”第八十条规定：“统筹地区人民政府成立由用人单位代表、参保人员代表，以及工会代表、专家等组成的社会保险监督委员会，掌握、分析社会保险基金的收支、管理和投资运营情况，对社会保险工作提出咨询意见和建议，实施社会监督。”同时，国际劳工组织在1960年国际劳工大会通过的113号建议书，要求政府在拟订和实施影响工人和雇主利益的法律法规、建立负责社会保险与福利事业的全国性机构和发挥这些机构的作用时，应谋求取得雇主组织和工人组织（工会）的观点、建议和帮助。三方原则能够兼顾各方面的意愿和利益，使政府的决策切实可行。作为国际劳工组织会员国，三方原则同样应体现在我国社会保险工作中。我国工会作为职工群众利益的表达者和维护者，在社会保险制度改革中，肩负着参政议政、团结教育职工、实施群众监督、维护职工社会保险权益等重要职责。

（一）参与社会保险重大事项的研究

加强源头参与，维护职工的合法权益，是工会社会保险工作的重要内容。除《社会保险法》作出明确规定外，《工会法》第三十四条规定：“国家机关在组织起草或者修改直接涉及职工切身利益的法律、法规、规章时，应当听取工会意见。县级以上各级人民政府制定国民经济和社会发展计划，对涉及职工利益的重大问题，应当听取同级工会的意见。县级以上各级人民政府及其有关部门研究制定劳动就业、工资、劳动安全卫生、社会保险等涉及职工切身利益的政策、措施时，应当吸收同级工会参加研究，听取工会意见。”源头参与，就是工会代表广大职工在参与国家有关社会保险方面的法律法规和政策的研究制定过程中，充分反映广大职工的意愿与呼声，提出工会的意见建议和政策主张。在新中国成立初期的《劳动保险条例》的起草委员会中，五位成员中有三位是全国总工会的代表，以后在历次条文修订及制定有关社会保障政策中，工会都积极参与，并提出有关建议。从《劳动法》、《社会保险法（草案）》到各项社会保障单行条例，从养老、医疗、失业、工伤和生育保险到完善城镇社会保障体系试点再到全面启动养老保险，工会全过程参与了相关政策法规的研究制定，反映广大职工的意见，从源头上维护他们的社会保障权益。同时，各地根据全国统一的社会保障政策法规，结合本地的具体情况制订有关实施方案，各省、市级工会组织也都积极参与了本地相关政策法规的研究制定，提出了积极的建设性意见。工会的源头参与，为各级政府制定有关社会保险政策法规奠定了群众基础，推动了政府决策的科学化、民主化。

（二）开展监督检查，推动相关法律法规和政策的贯彻落实

《社会保险法》对工会参与社会保险监督作出了明确规定。各级工会要充分发挥组织结构健全的优势，积极搞好工会群众监督，推动劳动保障法律法规和政策的贯彻落实。工会主要是通过参与人大、政协以及政府有关部门的联合检查（督察）组、社会保险（保障）监督委员会、三方协商会议、职工（代表）大会、厂务公开等渠道，积极开展有关监督检查工作。近年来，重点对社会保险经办机构、用人单位、个人及被保险人实施了有效的监督，防止各种违法违规行为的发生，通过这些监督检查活动，有力地促进了社会保障政策法规的贯彻落实。

二、当前工会社会保险工作面临的形势、任务及应对措施

（一）工会社会保险工作面临的形势和任务

1. 我国社会保险制度建设面临许多亟待解决的问题。

尽管经过近 40 年的发展，我国的社会保险改革取得了举世瞩目的成就，但是从构建社会主义和谐社会的要求来衡量，我国的社会保险制度改革任务还远未完成，社会保险方面还存在许多亟待解决的问题。

（1）社会保险覆盖面仍需扩大。2021 年末，全国城镇就业

人员达46773万人，而参加城镇职工基本养老保险、城镇职工基本医疗保险、失业保险、工伤保险、生育保险的职工分别为34917万人、26106万人、22958万人、28287万人、23752万人，仅分别占就业人员的74.7%、55.8%、49.1%、60.5%、50.8%。此外，重点人群仍未全覆盖，新就业形态从业人员、农民工、其他灵活就业人员、劳务派遣工等参保率较低。在部分企业中，仍存在参保人数不足、缴费基数不实等问题。

（2）职工社会保险待遇水平有待提升。一是职工基本养老保险养老金替代率较低。职工实际缴费工资低于社会平均工资、整体缴费年限较短等原因，导致我国养老金替代率低于国际通行标准和国家标准。二是基本医疗保险待遇水平存在差异。不用统筹地区之间待遇执行标准不统一，导致待遇公平性受到影响。个人账户共济作用有限，职工在使用时感到不便，影响作用发挥。三是工伤待遇认定程序和申请规则存在不足，影响职工待遇享受。法定工伤认定程序在实际中受到挑战，申请主体规则、申请期限规则、举证责任分配等方面存在与司法实践不一致情况。工伤保险待遇体系不完善，如工亡时不符合供养亲属条件的人员未来确定没有任何工伤保险待遇、护理费标准过低等。四是生育保险待遇水平较低。医疗费用方面，大部分统筹地区对生育产前检查和住院分娩医疗费用实行定额或限额付费，且各地标准不一、差距较大，实际生育负担远高于报销标准。生育津贴方面，支付期限地区间差异大。不同统筹地区间支付期限不一致，有的地区严格按照98天产假支付津贴，部分地区按照128天甚至158天进行支付，影响制度公平性。

（3）社会保险面临诸多挑战，制度体系仍需进一步完善。一是尚未实现社会保险法治化。作为社会保险基本法的《社会保险法》过于原则，实践中仍然以各种规范性法律文件作为主要法律渊源，灵活性有余而刚性不足。二是现有社会保险法律法规体系与社会现实发展状况匹配度差。突出表现为《社会保险法》是基于统一的社会保险管理体制而制定的，国家医保局及其经办机构的设立导致法律基础与社会现实的脱节。三是现行立法与制度质量不高，影响到了公民社会权益的维护和社会建设的发展。如待遇的群体差距、项目地区间的运行成本都存在不平衡、不公平之处。四是社会保险制度创新不足。突出表现在多层面社会保障体系尚未完全形成，基本社会保险制度“一支独大”的局面没有得到根本改变，补充社会保险没能满足人民需求。五是社会保险制度的运行效率与实现程度仍有待提高。主要表现在普遍实施的规范性法律文件与法律存在矛盾和冲突、司法机关对社会保险法律规范认可度差等方面。

2. 工会社会保险工作存在的困难和问题。

（1）工会在社会保障制度中发挥作用的方式还没有实现制度化、法制化、规范化。在我国的一些法律法规中，尽管出现过一些规定工会组织在社会保障制度中的责权利方面的条款，但从总体上看，缺乏系统性和程序性，一些规定还很不到位。工会推动社会保障制度发展的工作力度还不够大，与一些发达国家相比，与工会在我国应有的地位相比，工会推动社会保障的潜力还未得到充分发挥，工会的参与渠道还比较狭窄。此外，工会的参与不仅体现在一些政策法规制定过程中，同时也体现在保障职工合法权益的过程中。在一些地方性法规或政策、文件出台前，工会的参与程度往往与有关部门或领导的认识程度有关，这种情况在基层尤为突出。《工会法》对于工会参与有关职工切身利益的法律法规和规章的制定、县级以上各级人民政府及其有关部门研究制定劳动就业、社会保险等涉及职工切身利益的政策措施应当吸收同级工会的意见等内容作出规定，但是一旦有违反《工会法》或政府及其有关部门不作为时，缺乏执法的主体，使《工会法》难以落实。

（2）工会的工作方式需要与时俱进。在当前实现共同富裕的大背景下，如何积极探索新形势下工会参与社会保障实践的新路子，成为各级工会组织不得不认真思考的重要问题。一些工会领导机关仍习惯传统的工作方法，忙于开会、检查、考核、总结、表彰，缺少深入基层、调查研究，缺少对职工社会保险权益现状情况的全面深入的了解，没有发挥好“第一知情人、第一报告人”的作用。要切实加强对下级工会工作的指导、服务和管理，建立健全信息沟通机制、工作督导机制、绩效考核评估机制等，提升工作执行力和工作效能。

（3）工会在社会保障制度中发挥作用面临新的挑战。随着新技术、新业态、新模式的快速发展，新就业形态劳动者规模迅速扩大，这部分从业者在实现了较为充分就业的同时，也由于处于不同于传统的用工关系之中，自身的社会保障权益维护成为一个亟待破解的难题。这部分群体在劳动关系中的劳动关系模糊化、劳动供给自由化、劳动激励数字化等因素致使部分就业人员的社会保障权益面临新的挑战。如何将这部分从业者有效组织到工会中来，通过源头参与不断完善新就业形态劳动者社会保障政策法规，做到切实维护他们的合法社会保险权益，是近一个时期各级工会面临的问题。

（4）基层工会干部的素质能力与工会工作的要求存在差距。主要表现在：一是缺乏必要的社会保险基础知识，没有系统掌握保障职工社会保险权益的法律法规政策知识，甚至对职工应享有的合法权益不够明确甚至不了解；二是缺乏有效的工作方法，在参与地方社会保险政策制定和调查了解职工社会保险权益现状问题方面缺乏有效的工作方式方法，工作成果不显著。

（二）工会促进社会保险制度完善的应对措施

1. 从职工的需求出发，推动有关社会保险体系的完善。积极推动《社会保险法》有关配套政策的出台，促进职工社会保险与城乡居民社会保险制度的整合，提高统筹层次，解决部分领域政策真空和落实难的问题。

2. 进一步拓展渠道，推动在社会保险监督体系下的社会监督立法，完善和细化《社会保险法》规定的社会监督办法，有效发挥工会对社会保障政策法规的源头参与和监督检查工作，推动政策的完善和落实。

（1）利用协调劳动关系三方会议制度参与社会保障政策法规的研究和制定，使广大职工的意见和建议在制定政策法规中得到充分体现，同时通过这一渠道积极反映政策法规执行中的问题，以引起决策层的重视。

（2）充分利用人大中工会代表以及相当一部分工会主席在人大兼职的政治优势，有力推进国家和地方对社会保障的立法，使社会保障制度由政策层面上升到法律规范。

（3）积极参加党委、政府及人大、政协开展的有关社会保障工作专项监督检查和视察活动，促进解决社会保障政策法规落实中的突出问题，从而推动社会保障政策法规的全面落实。

（4）推动依法建立社会保险监督委员会，明确其工作机构和牵头部门，建立工作制度，细化主要职责和履职方式，明确社会监督意见的法律效力，确保工会能够全过程、全方位地维护广大职工的社保权益。

3. 积极探索适应基层工会特点的工作模式、运行机制和活动方式。面对新的形势任务，在工作模式上，既要履行地方工会的职能，担负起对企业工会指导、管理和服务的重任，又要履行企业工会难以承担的部分维权职能，真正成为职工群众合法权益的代表者和维护者。在机制建设上，要建立科学的、规范的及长效的工作机制，保证各项工作依法有序、科学民主和积极有效地开展。在活动方式上，要根据上级工会要求、职工的意愿和企业实际，开展一些适应地方实际的活动，不断增强工会组织的吸引力、凝聚力和影响力。

4. 加强工会干部队伍建设。加大引进专业人才的力度，营造吸引人才、有利于人才成长的良好环境，充实工会参与社会保障建设的人力资源。加强与政府有关部门、学校、研究院所的协作，营造有利于人才发展的良好工作环境。加强对引进专业人员的再培养、再教育，使之尽快将专业知识与工会业务有机融合在一起，发挥出应有的作用。在引进专业人员的同时，也要继续加大对现有工会干部教育培训的力度，促进工会干部开阔视野、更新知识、成长成才。重视社会保障理论研究和对工会干部的业务培训，要对工会干部特别是基层工会干部普遍进行业务培训，使他们具备基本的社会保障知识。对从事工会社会保障工作的人员，要定期轮训。逐步提高工会社会保障工作队伍的整体业务素质，切实提高工会参与社会保障制度改革的水平。

思考题：

1. 简要阐述社会保险的性质、特征和作用。
2. 我国基本养老保险制度的主要内容是什么？
3. 我国基本医疗保险制度的主要内容是什么？
4. 在我国，可以认定为工伤的情形有哪些？
5. 生育保险的基本待遇有哪些？
6. 简要阐述失业保险的作用。
7. 当前工会社会保险工作面临哪些新的形势和任务？重点、难点问题有哪些？该如何应对？

第五章　集体协商工作

集体协商和集体合同制度是市场经济条件下维护职工合法权益、协调劳动关系的重要制度安排。工会集体协商工作是工会履行维护职工合法权益职责、协调劳动关系的重要手段和工作内容，是工会权益保障工作的重要组成部分。

第一节　集体协商工作概述

一、集体协商和集体合同的概念和类型

集体协商是指职工一方与用人单位之间依法就劳动报酬、工作时间、休息休假、劳动安全卫生、保险福利、职工培训、劳动纪律以及劳动定额管理等直接涉及劳动者切身利益的规章制度或者重大事项，为达成一致意见而进行商谈交涉的行为。

集体合同是指职工一方与用人单位之间依法就劳动报酬、工作时间、休息休假、劳动安全卫生、保险福利、职工培训、劳动纪律以及劳动定额管理等直接涉及劳动者切身利益的规章制度或者重大事项，在平等协商一致的基础上签订的书面协议。

集体协商和集体合同制度作为协调劳动关系的重要制度，其在实施中具有如下特点：（1）参与集体协商和订立集体合同的主体，一方是工会或职工代表，另一方是企业或企业代表组织。（2）集体协商的内容广泛，包括劳动报酬、工作时间、休息休假、劳动安全卫生、保险福利、职工培训、劳动纪律以及

劳动定额管理等，凡是直接涉及劳动者切身利益的事项都是集体协商的内容。（3）集体合同依照法律、法规及相关政策规定并遵循相关原则和程序订立。集体协商通常采取协商会议的形式；集体合同是劳动关系双方协商谈判的一种成果体现，通常以书面形式订立。（4）集体协商和集体合同制度为劳动关系双方争议的调处和化解提供了合法有序的制度途径，其最终目的在于协调和稳定劳动关系。

按照不同的划分标准，集体协商和签订集体合同可以分为不同的类型。从集体协商、集体合同覆盖范围来划分，分为企业、区域性和行业性集体协商；从集体合同所涉及的内容来划分，分为综合性集体合同和专项集体合同，专项集体合同主要包括工资专项集体合同、女职工专项集体合同、劳动安全卫生专项集体合同等。

二、集体协商和集体合同制度的建立与发展

集体协商和集体合同制度是起源于西方市场经济国家的重要的劳动法律制度，在国外称之为集体谈判、劳资谈判。这项制度自建立以来，在发展过程中不断完善，逐步形成了较为成熟的制度。

（一）西方市场经济国家集体合同制度的建立与发展

集体合同制度在西方市场经济国家已有近两百年的发展历史，大体经历了三个发展阶段。

第一个阶段即资本主义自由市场经济体制发轫时期（18 世纪中叶至 19 世纪末）。在这个阶段，集体谈判和集体合同以及工人结社权在劳动立法中被加以禁止或限制。第二个阶段即资本主义自由市场经济体制发展时期（19 世纪末至 20 世纪 30 年代）。在这个阶段，集体谈判和集体合同以及工人结社权逐步纳入劳动立法。第三个阶段即资本主义现代市场经济体制形成时

期（第二次世界大战至今）。在这个阶段，集体谈判和集体合同以及工人结社权在劳动立法中获得承认并形成制度规范。与此同时，国际劳工组织以国际劳工公约和建议书的形式就集体谈判作出规定，进而影响和推动世界各国及地区的集体合同立法与工会运动。

自 20 世纪 80 年代起，随着经济全球化进程，在资本跨国界流动和高新技术迅猛发展的同时，地区之间和国家之间的经济发展水平及贫富差距也在逐渐拉大，贸易摩擦加剧，加上受产业结构不断调整、企业人力资源管理理论广泛应用、工会力量持续衰退等多方面因素的影响，西方主要市场经济国家集体谈判受到一定程度的冲击。在这种背景下，西方主要市场经济国家工会积极应对，集体谈判出现了结构分散化、内容多元化、过程精细化、调处合作化的现象，呈现出一种新的发展态势。

从总体上看，虽然在一定程度上受到冲击和削弱，集体合同依然是西方主要市场经济国家协调劳动关系的一项重要机制和通行做法，并成为各国工会致力于维护工人权益的主要手段和活动方式。时至今日，集体谈判的理念已经深深植根于西方主要市场经济国家企业雇主和工会组织，成为一种企业文化和社会习惯。

（二）我国集体协商和集体合同制度的建立与发展

我国集体协商和集体合同制度伴随着经济社会发展，特别是社会主义市场经济体制的建立完善、劳动关系领域的深刻变化，逐步建立和发展。

1994 年 12 月，以贯彻实施《劳动法》为契机，全国总工会十二届二次执委会议提出，把推行集体协商和集体合同制度作为工会工作的首要抓手，开始以国有、集体企业为重点，同时在其他非公有制企业开展集体协商工作。全国总工会、劳动部、国家经济贸易委员会、中国企业联合会/中国企业家协会联合或单独下发指导性文件。各地培育、推广典型经验，积极探索多种形式的集体合同制度。

2001 年 8 月，国家建立协调劳动关系三方会议制度，将推进集体协商制度作为三方协商的重要内容，研究解决推进集体合同工作中的突出问题。同年 10 月，修改后的《工会法》正式颁布，各地据此制定和颁布了《工会法》实施办法和集体合同条例等一批地方性法规，将集体合同工作进一步纳入法制化轨道。2004 年 5 月 1 日起实施的《集体合同规定》，从内容、形式、方法上规制了集体合同制度。2007 年 6 月，全国人大通过的《劳动合同法》专门对集体合同作出规定，进一步规范了集体合同制度。各地按照全国总工会的部署，着力抓好以工资为主要内容的集体协商工作，推动集体合同工作不断拓宽领域、深化内容、创新形式、完善制度，在扩大覆盖面的同时，进一步增强实效性。

2010 年 5 月，人力资源和社会保障部、全国总工会、中国企业联合会/中国企业家协会联合下发了《关于深入推进集体合同制度实施彩虹计划的通知》，提出从 2010 年到 2012 年，力争用三年时间基本在各类已建工会的企业实行集体合同制度。同年 7 月，全国总工会十五届四次执委会议作出了“依法推动企业普遍建立工会组织、依法推动企业普遍开展工资集体协商”的工作部署，集体协商工作进入了快速发展阶段。2011 年初，国家“十二五”规划纲要提出要积极稳妥扩大工资集体协商覆盖范围、集体合同签订率达到 80%的目标任务。随后，全国总工会下发了《中华全国总工会 2011—2013 年深入推进工资集体协商工作规划》、《中华全国总工会关于推动世界 500 强在华企业建立工资集体协商制度的意见》、《全国工会集体协商指导员培训实施计划（2011—2013 年）》。三年规划完成后，全国集体协商建制率得到大幅度提升，达到了 80%以上，集体协商扩面的任务基本完成，实现了在企业普遍开展工资集体协商的目标。为了巩固建制率，进一步提升集体协商质量和实效，2014年3月和4月，全国总工会分别下发了《中华全国总工会关于提升集体协商质量和增强集体合同实效的意见》和《中华全国总工会深化集体协商工作规划（2014—2018年）》（以下简称《五年规划》），确立了下一步以提升集体协商质量和增强集体合同实效为核心的工作方向，明确了2014—2018年五年内集体协商工作的各项工作目标和应采取的主要工作措施。《五年规划》下发之后，全国工会深化集体协商工作进展很快、进步明显，协商持续深化并向广泛、多元、纵深发展。

2019年，国家协调劳动关系三方（以下简称国家三方）下发了《关于实施集体协商"稳就业促发展构和谐"行动计划的通知》（以下简称《行动计划》），就做好新形势下集体协商工作进行了安排部署。三年来，各级协调劳动关系三方积极争取党政重视、凝聚多方力量，全力推进《行动计划》实施，取得明显成效。截至2021年9月底，31个省（区、市）和新疆生产建设兵团已建工会的企业集体协商建制率全部动态保持在80%以上，规模（限额）以上已建工会的企业工资专项集体合同建制率全部动态保持在90%以上。行业（区域）集体合同覆盖职工数5858.98万人，继续保持在较高水平。31个省（区、市）和新疆生产建设兵团全部建立了集体协商质效评估体系，质效评估工作覆盖企业数超过111.1万家，质效评估覆盖行业（区域）74585个。

实践证明，实行集体协商和集体合同制度，在"稳就业促发展构和谐"方面发挥着积极成效，其协调劳动关系基础性作用得到充分体现。第一，集体协商稳就业的作用初步显现。新冠肺炎疫情期间，国家三方第一时间联合印发了《关于做好新型冠状病毒感染肺炎疫情防控期间稳定劳动关系支持企业复工复产的意见》和《关于应对疫情影响进一步做好集体协商工作的通知》，各级三方合力指导企业用好集体协商机制，就做好职工权益保障和支持企业稳岗留工开展协商，充分发挥了集体协商在稳就业方面的重要作用。同时，各地通过集体协商，积极应对产业结构调整，在去产能和污染防治任务较重的地区，围绕关停企业协商职工安置方案，维护好转岗职工的合法权益；围绕经营困难企业，通过集体协商争取企业不裁员或少裁员。第二，集体协商促发展的助力作用逐渐加强。各地积极探索技能要素和创新成果参与收入分配，推动了技术工人和技能人才待遇落实。各级三方通过指导企业就薪酬管理、工资分配制度、工资合理增长机制开展工资集体协商，努力提高劳动报酬在初次分配中的比重和一线职工的收入水平，集体协商成为推进产业工人队伍建设改革的有效手段、促进企业发展的助推器和推动实现共同富裕的有力抓手。第三，集体协商协调劳动关系基础性作用不断强化。新就业形态劳动者权益协商机制实现破题，2021 年《关于维护新就业形态劳动者劳动保障权益的指导意见》等一系列政策文件印发后，各级三方积极探索开展了快递、外卖送餐、货运等行业集体协商。各地积极推动构建多层级多形式的沟通协商机制，协商工作方法不断创新，各地普遍开始探索以“云协商”、线上协商等方式开展集体协商。

三、开展集体协商和签订集体合同应遵循的原则

根据《集体合同规定》，开展集体协商应当遵循以下原则：

（一）遵守法律、法规、规章及国家有关规定

协商双方应熟悉并掌握有关的规定要求，依法开展工作，做到主体、内容、形式、程序合法，保证集体协商的实体内容及程序操作规范到位。

（二）相互尊重、平等协商

劳动关系双方都应承认和公正对待对方当事人依法享有的平等地位及利益主张，即双方中的任何一方都不应采取回避、拒绝或歧视的态度。

（三）诚实守信、公平合作

诚实守信，就是协商双方坦诚互信、恪守承诺，并能够切实担当起法律责任。公平合作，就是协商双方不仅能够站在客观公正的立场寻求解决问题的途径，弥合分歧，取得共识，而且能够共同维护集体合同的法律尊严，使签订的集体合同能够通过劳动关系双方的共同努力得到切实履行。

（四）兼顾双方合法权益

开展集体协商，必须始终立足于兼顾劳动关系双方合法权益，将企业长远发展与职工的具体利益相结合，谋求与实现劳动关系双方权益的共赢，达到促进企业发展、维护职工权益的目的。

（五）不得采取过激行为

劳动关系双方在协商及合同履行过程中，应当采取理智和克制的态度，在法律范围内调处争议，把表达利益诉求控制在理性、有序的范围之内。

四、推行集体协商和集体合同制度的意义

具体来讲，推行集体协商和集体合同制度的意义主要体现在以下几个方面。

（一）完善社会主义市场经济体制的必然选择

市场经济是法治经济，公平交易是市场经济赖以建构的重要基础。在市场经济条件下，劳动关系双方之间的交易行为在理论上是公平的：劳动者向企业贡献其拥有的技能、知识、经

验和劳动，而企业向劳动者支付相应的报酬。但由于劳动关系的特殊性，劳动者在和企业进行“交易”时处于相对弱势的地位，在很多情况下，企业向劳动者支付的劳动报酬并不能真正反映劳动力的价值。若要建构和完善市场经济体制，就要通过相应的制度设计来矫正这种不公平。工会作为和资方“平起平坐”的团体，能够代表劳动者与资方进行博弈、平等协商，实现这一目标的主要手段就是开展集体协商，由劳动关系双方根据市场供求关系就劳动报酬、劳动条件等进行协商谈判，调整双方的利益关系。因此，只要坚持发展社会主义市场经济，就一定要通过集体协商来处理劳动关系矛盾。

（二）构建和谐劳动关系的客观需要

在经济与社会协调发展和保持稳定的全局中，劳动关系的和谐稳定是重要组成部分。集体协商和集体合同制度是规范劳动关系双方行为的重要法律手段，能够在劳动关系领域形成一种可以不断解决利益矛盾、妥善化解利益冲突、有效促进利益平衡的调节机制，《中共中央 国务院关于构建和谐劳动关系的意见》明确将集体协商和集体合同制度作为劳动关系三项协调机制之一。通过集体协商来化解劳动关系矛盾，兼顾了政府、企业、劳动者等各方的利益要求，能够有效缓解和消除劳动争议或突发事件对劳动关系以及经济与社会协调发展和稳定带来的消极影响，使劳动关系既充满活力又保持和谐稳定。

（三）工会依法履行维护职工合法权益基本职责的重要载体

工会是经济关系、劳动关系矛盾的产物，是职工自愿结合的工人阶级群众组织，职工参加和组织工会的目的，是期望工会能够代表和维护他们的利益。工会依法维护职工合法权益，不仅是由工会自身性质决定的，也是法律赋予工会的神圣职责。《工会法》第六条规定：“维护职工合法权益、竭诚服务职工群众是工会的基本职责。工会在维护全国人民总体利益的同时，代表和维护职工的合法权益。工会通过平等协商和集体合同制度等，推动健全劳动关系协调机制，维护职工劳动权益，构建和谐劳动关系。工会依照法律规定通过职工代表大会或者其他形式，组织职工参与本单位的民主选举、民主协商、民主决策、民主管理和民主监督。”随着经济社会的快速发展，广大职工的收入水平有了很大幅度的提高，但与经济社会的发展程度还不完全适应，特别是一线职工收入水平偏低的问题还比较突出，广大职工对工会代表自己维护自身劳动经济权益、共享经济社会发展成果充满期待。工会推行集体协商和集体合同制度，可以从制度上保护职工的合法权益，也能够建立市场经济条件下工会维护职工合法权益和协调劳动关系的有效机制。

五、工会在集体协商工作中的作用和职责

在集体协商工作中，工会既是集体协商和集体合同制度建设的参与者和推动者，又是集体协商和集体合同制度实施必不可少的实践者，具有不可替代的法定地位，发挥着积极而又重要的作用。

（一）集体协商的法定主体

工会是集体协商的一方主体，而且这一地位是由法律明确规定的。《劳动法》第三十三条第二款规定：“集体合同由工会代表职工与企业签订；没有建立工会的企业，由职工推举的代表与企业签订。”《工会法》第二十一条规定：“工会代表职工与企业、实行企业化管理的事业单位、社会组织进行平等协商，依法签订集体合同。”《劳动合同法》第五十一条第二款规定：“集体合同由工会代表企业职工一方与用人单位订立；尚未建立工会的用人单位，由上级工会指导劳动者推举的代表与用人单位订立。”

（二）集体协商和集体合同制度建设的参与者

工会是集体协商和集体合同制度建设必不可少的参与者。《工会法》第六条规定："工会通过平等协商和集体合同制度等，推动健全劳动关系协调机制，维护职工劳动权益，构建和谐劳动关系。"《中国工会章程》总则也明确提出："中国工会在企业、事业单位中，按照促进企事业发展、维护职工权益的原则，支持行政依法行使管理权力，组织职工参加民主管理和民主监督，与行政方面建立协商制度，保障职工的合法权益，调动职工的积极性，促进企业、事业的发展。"

（三）集体协商和集体合同制度实施的推动者

工会作为集体协商的法定主体，应当按照履行维护职工合法权益基本职责的要求，把推动集体合同制度实施作为一项重要的工作，这既是工会的法定权利也是法定职责。《劳动合同法》第六条规定："工会应当帮助、指导劳动者与用人单位依法订立和履行劳动合同，并与用人单位建立集体协商机制，维护劳动者的合法权益。"

第二节　集体协商工作的制度规定

我国集体协商和集体合同制度是劳动法律制度体系的重要组成部分，经过多年的实践，已经初步形成规范集体协商和集体合同制度的法律法规和规章政策体系，主要包括相关法律、地方性法规、行政规章以及一些相关职能部门出台的政策性文件。

一、法律

目前，我国《劳动法》、《劳动合同法》、《工会法》等法律均对集体协商和集体合同制度作出了相应规定。

（一）《劳动法》相关规定

我国1994年制定的《劳动法》首次从法律层面规定了集体合同制度，该法对集体合同的主体、基本内容和争议处理等作出了原则性的规定，为工会探索开展集体合同工作提供了法律依据。

第三十三条规定："企业职工一方与企业可以就劳动报酬、工作时间、休息休假、劳动安全卫生、保险福利等事项，签订集体合同。集体合同草案应当提交职工代表大会或者全体职工讨论通过。集体合同由工会代表职工与企业签订；没有建立工会的企业，由职工推举的代表与企业签订。"

第三十四条规定："集体合同签订后应当报送劳动行政部门；劳动行政部门自收到集体合同文本之日起十五日内未提出异议的，集体合同即行生效。"

第三十五条规定："依法签订的集体合同对企业和企业全体职工具有约束力。职工个人与企业订立的劳动合同中劳动条件和劳动报酬等标准不得低于集体合同的规定。"

第八十四条规定："因签订集体合同发生争议，当事人协商解决不成的，当地人民政府劳动行政部门可以组织有关各方协调处理。因履行集体合同发生争议，当事人协商解决不成的，可以向劳动争议仲裁委员会申请仲裁；对仲裁裁决不服的，可以自收到仲裁裁决书之日起十五日内向人民法院提起诉讼。"

（二）《劳动合同法》相关规定

2007年制定的《劳动合同法》将多年来集体合同制度建设实践经验上升到法律层面并加以明确，在协商程序、工会职责、劳动条件和劳动报酬法定标准等诸多方面对集体合同制度进行规定，并首次在法律层面规定了专项集体合同、区域性和行业性集体合同，进一步规范了集体合同制度。《劳动合同法》对集体合同制度的规定主要在第一章总则、第五章特别规定和第六章监督检查中。

第四条规定："用人单位应当依法建立和完善劳动规章制度，保障劳动者享有劳动权利、履行劳动义务。用人单位在制定、修改或者决定有关劳动报酬、工作时间、休息休假、劳动安全卫生、保险福利、职工培训、劳动纪律以及劳动定额管理等直接涉及劳动者切身利益的规章制度或者重大事项时，应当经职工代表大会或者全体职工讨论，提出方案和意见，与工会或者职工代表平等协商确定。在规章制度和重大事项决定实施过程中，工会或者职工认为不适当的，有权向用人单位提出，通过协商予以修改完善。用人单位应当将直接涉及劳动者切身利益的规章制度和重大事项决定公示，或者告知劳动者。"

第六条规定："工会应当帮助、指导劳动者与用人单位依法订立和履行劳动合同，并与用人单位建立集体协商机制，维护劳动者的合法权益。"

第五十一条规定："企业职工一方与用人单位通过平等协商，可以就劳动报酬、工作时间、休息休假、劳动安全卫生、保险福利等事项订立集体合同。集体合同草案应当提交职工代表大会或者全体职工讨论通过。集体合同由工会代表企业职工一方与用人单位订立；尚未建立工会的用人单位，由上级工会指导劳动者推举的代表与用人单位订立。"

第五十二条规定："企业职工一方与用人单位可以订立劳动安全卫生、女职工权益保护、工资调整机制等专项集体合同。"

第五十三条规定："在县级以下区域内，建筑业、采矿业、餐饮服务业等行业可以由工会与企业方面代表订立行业性集体合同，或者订立区域性集体合同。"

第五十四条规定："集体合同订立后，应当报送劳动行政部门；劳动行政部门自收到集体合同文本之日起十五日内未提出异议的，集体合同即行生效。依法订立的集体合同对用人单位和劳动者具有约束力。行业性、区域性集体合同对当地本行业、本区域的用人单位和劳动者具有约束力。”

第五十五条规定：“集体合同中劳动报酬和劳动条件等标准不得低于当地人民政府规定的最低标准；用人单位与劳动者订立的劳动合同中劳动报酬和劳动条件等标准不得低于集体合同规定的标准。”

第五十六条规定：“用人单位违反集体合同，侵犯职工劳动权益的，工会可以依法要求用人单位承担责任；因履行集体合同发生争议，经协商解决不成的，工会可以依法申请仲裁、提起诉讼。”

第七十八条规定：“工会依法维护劳动者的合法权益，对用人单位履行劳动合同、集体合同的情况进行监督。用人单位违反劳动法律、法规和劳动合同、集体合同的，工会有权提出意见或者要求纠正；劳动者申请仲裁、提起诉讼的，工会依法给予支持和帮助。”

（三）《工会法》相关规定

《工会法》规定了工会的基本职责，进一步明确了开展集体协商是工会维护职工合法权益的重要手段，为工会开展集体协商工作提供了重要保障。

第六条规定：“维护职工合法权益、竭诚服务职工群众是工会的基本职责。工会在维护全国人民总体利益的同时，代表和维护职工的合法权益。工会通过平等协商和集体合同制度等，推动健全劳动关系协调机制，维护职工劳动权益，构建和谐劳动关系。”

第二十一条规定：“工会帮助、指导职工与企业、实行企业化管理的事业单位、社会组织签订劳动合同。工会代表职工与企业、实行企业化管理的事业单位、社会组织进行平等协商，依法签订集体合同。集体合同草案应当提交职工代表大会或者全体职工讨论通过。工会签订集体合同，上级工会应当给予支持和帮助。企业、事业单位、社会组织违反集体合同，侵犯职工劳动权益的，工会可以依法要求企业、事业单位、社会组织予以改正并承担责任；因履行集体合同发生争议，经协商解决不成的，工会可以向劳动争议仲裁机构提请仲裁，仲裁机构不予受理或者对仲裁裁决不服的，可以向人民法院提起诉讼。”

第五十四条规定：“违反本法规定，有下列情形之一的，由县级以上人民政府责令改正，依法处理：（一）妨碍工会组织职工通过职工代表大会和其他形式依法行使民主权利的；（二）非法撤销、合并工会组织的；（三）妨碍工会参加职工因工伤亡事故以及其他侵犯职工合法权益问题的调查处理的；（四）无正当理由拒绝进行平等协商的。”

二、地方性法规

随着劳动关系领域发生深刻变化，各地为适应集体协商工作的实践需要，不断推动集体合同地方立法，集体协商地方立法进程越来越快、数量越来越多。2014 年以来，不少地方基于形势变化对本地集体协商条例进行修订，法律规定逐步细化，约束力、可操作性越来越强。截至 2021 年底，全国 30 个省（区、市）人大或政府出台了 41 部集体协商地方性法规或政府规章，15 个省（区、市）颁布了工资集体协商条例或政府规章，鞍山等多个城市对工资集体协商进行了立法。从总体上看，集体协商和集体合同制度地方立法的快速发展，既促进了集体合同制度的进一步完善，又解决了开展集体协商工作中存在的一些突出问题，对于推动国家层面集体协商法的尽快出台奠定了坚实的实践基础，具有十分重要的意义。

三、行政规章

为进一步完善集体协商和集体合同制度，国务院劳动行政部门和一些地方政府还制定了一些规范集体协商和集体合同制度的行政规章。

（一）《集体合同规定》

1994 年 12 月，劳动部颁布了《集体合同规定》，对集体合同作出了定义，对集体合同的签订、审查和争议处理三个方面进行了规定。2004 年 1 月，劳动和社会保障部颁布了修订后的《集体合同规定》，扩展了劳动报酬的范围，将加班、加点工资，试用期工资及病、事假等期间的工资，特殊情况下职工工资（生活费）支付办法纳入协商范围，规定了特殊情况下职工工资的确定问题。

（二）《工资集体协商试行办法》

2000 年 11 月，劳动和社会保障部颁布了《工资集体协商试行办法》，以部门规章的形式进一步明确职工代表与企业代表要进行平等协商，并明确工资专项集体协议的效力、签订程序，具体规定了工资集体协商代表的产生、权利和义务，加大了劳动保障行政部门的审查力度，增强了工资集体协商的可操作性。

此外，一些省级和市级政府也针对当地实际情况出台了一些规范集体协商和集体合同制度的行政规章。

第三节 集体合同的主体

集体合同的主体是集体合同的核心要素之一。《劳动法》、《劳动合同法》、《工会法》以及《集体合同规定》等相关法律法规分别对集体合同主体的构成和协商代表产生方式、协商代表的权利义务及对职工方协商代表的保护等作出了明确规定。

一、集体合同主体的确定

集体合同的主体是指就劳动报酬、工作时间、休息休假、劳动安全卫生、保险福利等事项进行平等协商，并订立、变更或解除集体合同的双方当事人。《劳动合同法》第五十一条规定，集体合同由工会代表企业职工一方与用人单位订立；尚未建立工会的用人单位，由上级工会指导劳动者推举的代表与用人单位订立。

企业工会为本企业职工一方的主体，代表企业职工一方与用人单位开展集体协商和订立集体合同。尚未建立工会的企业，由上级工会指导职工推举的代表为职工一方的主体，与用人单位开展集体协商和订立集体合同。用人单位一方的主体是企业行政方。

行业性集体合同的主体双方主要有以下几种：一是行业工会（或工会联合会，下同）和行业内企业代表组织；二是行业工会和行业内企业方推荐产生的代表；三是行业工会和行业所属各企业行政方；未组建行业工会的，还可由行业所在区域的工会作为主体代行行业工会的职能。其中，企业代表组织不应仅限于企业联合会、企业家协会，还应包括工商联、行业商会等各种企业代表组织。

区域性集体合同的职工一方主体为区域联合工会或基层工会联合会；用人单位一方的主体是与区域性联合工会或基层工会联合会覆盖范围相对应的区域性企业代表组织，包括企业联合会、企业家协会、工商联等各种企业代表组织。

二、集体协商代表的产生

集体协商代表是按照法定程序产生并有权代表本方利益进

行集体协商的人员。集体协商代表与集体合同的主体既有联系又有区别，协商代表是作为主体的代表实施相关行为的人员，集体合同主体的各项权利，必须由具体的协商代表来行使。严格按照法定程序、条件及构成比例，选派或推举集体协商代表，对于开展集体协商、签订好集体合同至关重要。

（一）集体协商代表的确定

根据《集体合同规定》，集体协商代表应依照法定程序产生，双方的代表人数应当对等，每方至少 3 人，并各确定 1 名首席代表，双方协商代表不得相互兼任。职工一方的集体协商代表由本单位工会选派；未建立工会的，由本单位职工民主推荐，并经本单位半数以上职工同意。用人单位一方的集体协商代表，由用人单位法定代表人指派。此外，集体协商双方首席代表可以书面委托本单位以外的专业人员作为本方协商代表，委托人数不得超过本方代表的 1/3。

通常来说，确定集体协商代表应遵循以下原则：

1. 适合原则。根据集体协商内容的难易程度、复杂程度及工作量大小来确定协商代表人数。

2. 结构原则。集体协商代表人员配备要考虑人员结构的合理与配套，一般包括熟悉生产经营管理人员、熟悉劳动工资人员、精通财务人员、熟悉法律人员等。

3. 对等原则。双方参加集体协商人员的数量应当对等，也可根据对方代表的专业情况，选派相应的代表参加。

（二）首席协商代表的确定

首席协商代表是集体协商双方各自推选的本方对集体协商进程起主导作用的协商代表，其主要任务是集体协商期间主持协商会议，负责集体协商的有关组织协调工作，并对协商过程中产生的问题提出处理建议、签署集体协商会议纪要或集体合同文本等。

根据《集体合同规定》，职工一方的首席代表由本单位工会主席担任。工会主席可以书面委托其他协商代表代理首席代表。工会主席空缺的，首席代表由工会主要负责人担任。未建立工会的，职工一方的首席代表从协商代表中民主推举产生。用人单位一方的首席代表由单位法定代表人担任或由其书面委托的其他管理人员担任。双方首席协商代表均不得由非本单位人员代理。

（三）集体协商代表的更换

工会可以更换职工方协商代表；未建立工会的，经本单位半数以上职工同意可以更换职工方协商代表；遇特殊情况造成职工协商代表空缺的，职工方应按规定重新选派或推举新的协商代表，及时补充缺额。用人单位法定代表人可以更换企业方协商代表。协商代表因更换、辞任或由于不可抗力等情形造成空缺的，应在空缺之日起15日内产生新的协商代表。

三、职工方协商代表的职责、权利义务和保护

（一）职工方协商代表的职责和权利义务

根据《集体合同规定》第二十五条的规定，职工方协商代表要履行下列职责：（1）参加集体协商。（2）接受本方人员质询，及时向本方人员公布协商情况并征求意见。（3）提供与集体协商有关的情况和资料。（4）代表本方参加集体协商争议的处理。（5）监督集体合同或专项集体合同的履行。（6）法律、法规和规章规定的其他职责。

根据《集体合同规定》和《工资集体协商试行办法》，职工方协商代表有以下权利：（1）提出集体协商的要求及协商事项。（2）要求对方提供与集体协商有关的情况和资料。（3）对

协商规则等程序性事项提出意见和建议。（4）依法进行集体协商，就协商事项发表意见，包括提出建议、进行陈述、表示赞成或否决。（5）代表本方订立、变更、解除集体合同。（6）接受首席代表委托，代签合同。（7）企业内的协商代表参加集体协商视为提供了正常劳动。

职工方协商代表承担以下义务：（1）维护本单位正常的生产、工作秩序，不得采取威胁、收买、欺骗等行为。（2）如实向对方提供与集体协商有关的情况和资料。（3）保守在集体协商过程中知悉的用人单位的商业秘密。（4）依照有关法律、法规和平等合作的原则，从企业的实际情况出发，进行集体协商。（5）尊重对方协商代表的人格，不得采取歧视性、胁迫性行为。（6）切实代表本方的利益，及时与所代表方沟通集体协商的情况。（7）对协商过程中的个人意见保密。

职工方协商代表一方面必须在法律法规的范围内进行活动，另一方面任何人不得限制和阻挠职工方协商代表行使权利或履行义务。同时，职工方协商代表的权利和义务是对等的。职工方协商代表既不能只履行义务而不行使权利，也不能只行使权利而不承担应尽的义务。所以，职工方协商代表要把行使权利和履行义务统一起来，正确而有效地发挥协商代表的作用，保证集体协商工作的顺利进行。

（二）职工方协商代表的保护

在集体协商中，职工方协商代表往往同时是用人单位的职工。为了防止职工方协商代表因为参与集体协商而遭到用人单位打击报复，对职工方协商代表必须给予特殊的保护。《集体合同规定》和《工资集体协商试行办法》，对职工方协商代表有下列特殊保护规定：（1）用人单位不得以任何借口，对职工方协商代表进行打击报复。（2）职工方协商代表在其履行协商代表职责期间劳动合同期满的，劳动合同期限自动延长至完成履行协商代表职责之时，除个人严重过失外，用人单位不得与其解除劳动合同。（3）职工方协商代表履行协商代表职责期间，用人单位无正当理由不得调整其工作岗位。（4）企业内部的协商代表参加集体协商视为提供了正常劳动。

上级工会在职工方协商代表受到不公正待遇时，要为他们说话办事，维护他们的合法权益。当职工方协商代表在履行代表职责期间与用人单位发生争议的，可以向当地劳动争议仲裁委员会申请仲裁。上级工会必须旗帜鲜明地予以支持，必要时提供法律援助。

四、集体协商指导员的选聘、管理和使用

（一）集体协商指导员的概念

集体协商指导员是由工会组织领导、聘用和管理，负责指导、帮助和参与基层工会代表职工与企业方或企业代表组织进行集体协商、签订集体合同的人员。集体协商指导员有专职和兼职之分。专职集体协商指导员是指由工会组织领导、聘用和管理，专职负责指导、帮助和参与基层工会代表职工与企业方或企业代表组织进行集体协商、签订集体合同以及从事集体协商相关工作的人员。

随着集体协商工作的深入开展，迫切需要大批经验丰富、业务精通、协商能力强的专业人才参与到集体协商工作中。2008 年，全国总工会印发了《关于建立集体协商指导员队伍的意见》，提出从社会各界从事劳动关系领域工作的专家、学者、律师、教师、社会工作者、企业管理工作者中聘用集体协商指导员，帮助指导基层进行集体协商。2012 年 5 月，全国总工会制定出台了《关于加强专职集体协商指导员队伍建设的意见》，要求县级以上地方各级工会聘用专职集体协商指导员，为工资集体协商工作提供人才支持。《中华全国总工会关于提升集体协

商质量增强集体合同实效的意见》和《中华全国总工会深化集体协商工作规划（2014—2018年）》对各地工会建立专职集体协商指导员提出了明确目标任务。2019年6月，全国总工会对《关于加强专职集体协商指导员队伍建设的意见》进行修订，此次修订主要围绕专职集体协商指导员队伍建设的重要意义、基本要求、主要职责、选聘条件、选聘办法、管理制度等方面，进一步拓宽了人员选聘条件，加强经费支持，加强考核管理和工作保障，为加强专职集体协商指导员队伍建设奠定了基础。截至2021年9月底，全国共有集体协商指导员15万人，专职集体协商指导员达到7937人，省、市、县（区）三级集体协商指导员体系已经基本建成。

相比一般工会干部和职工协商代表，集体协商指导员相对熟悉国家和地方的劳动法律法规和规章政策，熟悉工会工作，具有一定的协商知识和实践经验，能够更好地解决“不会谈”、“不善谈”等问题，提高了集体协商质量和水平。同时，集体协商指导员与企业和职工不存在直接利益关系，可以更加理智地分析和考虑企业实际情况，既努力满足职工愿望，又顾及企业发展和职工长远利益，从而保证协商议题、协商过程和协商结果更趋于理性、公正和合理，促进企业和职工双方利益共享。

（二）集体协商指导员的工作职责

根据《中华全国总工会关于建立集体协商指导员队伍的意见》、《中华全国总工会关于加强专职集体协商指导员队伍建设的意见》，专兼职集体协商指导员的职责主要有以下几个方面：

1. 宣传指导。面向企业（行业）宣传开展集体协商的意义和作用，提供政策法律咨询；推动企业建立完善集体协商机制，指导和帮助企业工会、行业性（区域性）工会联合会搜集整理与集体协商相关的资料、收集职工意见，提出协商要约，拟定协商方案，研究协商策略，确定协商内容，起草集体合同草案等。

2. 参与培训。协助本级工会对负责集体协商工作的工会干部、职工方协商代表等进行业务培训，着力提高工会干部和职工方协商代表开展集体协商的能力和水平。

3. 参加协商。接受上级工会指派或接受企业工会、行业性（区域性）工会联合会委托，作为职工方协商代表直接参加集体协商。对集体协商过程中发生的重大问题，及时向本级工会报告并提出意见建议。

4. 调查研究。调查了解地区、行业、企业人工成本、经营状况以及与集体协商相关的各种数据和信息，为基层工会开展集体协商提供数据支持；及时了解本地区开展集体协商工作的最新动态，发现和总结本地区先进经验和做法；对履行职责过程中面临的新情况、新问题进行调查研究，提出解决的对策建议。

5. 监督检查。按照本级工会的统一部署，参加对本地区集体合同履行情况的定期监督检查，协助本级工会对集体协商工作开展情况进行监督指导。

（三）集体协商指导员的管理制度

目前，各地工会都制定了集体协商指导员队伍管理办法。集体协商指导员队伍的管理制度主要有以下方面：

1. 聘任制度。集体协商指导员实行聘任制，选聘工作由各地工会本着公开、公平、择优录用的原则组织聘用，聘任期一般为一至三年，具体聘任期限由双方协商确定，并登记备案。

2. 培训制度。集体协商指导员任职前都应参加集体协商专业培训，担任工资集体协商指导员后，每年至少接受一次专门培训。各级工会定期组织集体协商指导员培训、考察、研讨、交流活动，提高集体协商指导员的业务素质和协商能力。

3. 考核制度。建立考核激励机制，建立工作台账，定期对集体协商指导员进行工作考核和业绩评估，并根据业绩考核情况进行续聘、解聘或调整工作。

4. 档案制度。建立集体协商指导员档案，加强对集体协商指导员的档案管理，建立动态管理和交流平台，保存业绩考核记录和相关的信息资料。

5. 奖励制度。对集体协商指导员实行补贴、奖励制度，对参与企业工资集体协商的指导员要给予一定的报酬，对工作业绩突出的指导员要进行表彰奖励。

第四节　集体合同的内容

集体合同的内容涉及有关职工合法权益和劳动关系的各个方面，它明确和规范了双方当事人在劳动关系方面的具体行为和责任，是职工与企业双方行使权利、履行义务和处理争议的重要依据和标准，也是集体合同制度的本质体现。

集体合同的内容主要包括实体性规定和程序性规定两个方面，实体性规定主要是劳动条件和标准，程序性规定主要是劳动管理和集体合同程序性规定等方面的内容。

一、有关劳动条件和标准方面的内容

劳动条件和标准是集体合同内容的核心部分。根据《劳动法》、《劳动合同法》、《工会法》与《集体合同规定》等法律规章的规定，这部分内容主要包括以下几个方面：

1. 劳动报酬。劳动报酬最主要的是工资分配问题，这是劳动标准的核心内容，一般每年至少协商一次。主要包括：（1）用人单位工资水平、工资分配制度、工资标准、工资分配形式和企业最低工资标准；（2）工资支付办法；（3）加班、加点工资及津贴、补贴标准和奖金分配办法；（4）工资调整办法；

（5）试用期及病、事假等期间的工资待遇；（6）特殊情况下职工工资（生活费）支付办法；（7）其他劳动报酬分配办法。

2. 工作时间。主要包括：（1）工时制度；（2）加班加点办法；（3）特殊工种的工作时间；（4）劳动定额标准。

3. 休息休假。主要包括：（1）日休息时间、周休息日安排、年休假办法；（2）不能实行标准工时职工的休息休假；（3）其他假期。

4. 劳动安全卫生。主要包括：（1）劳动安全卫生责任制；（2）劳动条件和安全技术措施；（3）安全操作规程；（4）劳保用品发放标准；（5）定期健康检查和职业健康体检。

5. 补充保险和福利。主要包括：（1）补充保险的种类、范围；（2）基本福利制度和福利设施；（3）医疗期延长及其待遇；（4）职工亲属福利制度。

6. 女职工和未成年工的特殊保护。主要包括：（1）女职工和未成年工禁忌从事的劳动；（2）女职工的经期、孕期、产期和哺乳期的劳动保护；（3）女职工、未成年工定期健康检查；（4）未成年工的使用和登记制度。

7. 职业技能培训。主要包括：（1）职业技能培训项目及年度计划；（2）职业技能培训费用的提取和使用；（3）保障和改善职业技能培训的措施。

集体合同中劳动条件和标准的内容，应根据企业的实际，由职工与企业双方依法进行平等协商加以确定，并签订集体合同，共同遵守执行。集体合同中确定的劳动条件和标准应当明确具体，不得低于国家和地方政府的有关规定。用人单位与职工个人签订的劳动合同中约定的劳动条件和标准，不得低于集体合同的规定。

二、有关劳动管理的内容

劳动管理是集体合同内容的重要方面。根据《劳动法》、《劳动合同法》、《工会法》、《集体合同规定》等有关法律法规的规定，这部分内容主要包括以下几个方面：

1. 劳动合同管理。主要包括：（1）劳动合同签订时间；（2）确定劳动合同期限的条件；（3）劳动合同变更、解除、续订的一般原则及无固定期限劳动合同的终止条件；（4）试用期的条件和期限。另外，应对劳动合同的必备内容条款、变更或解除劳动合同的补偿标准等作出规定。

2. 用人单位裁员。主要包括：（1）裁员的方案；（2）裁员的程序；（3）裁员的实施办法和补偿标准。另外，应对企业职工分流安置的方案、程序和实施办法等作出规定。

3. 用人单位的规章制度。从企业实际情况出发，制定合理合法、严格有效的企业规章制度，是加强企业管理、促进企业发展的必要条件，同时也直接关系到职工的切身利益。企业规章制度的制定和修改，必须符合国家法律法规，反映本企业职工的合理要求。经双方集体协商，确定制定和修改企业规章制度的程序、内容和办法，既可以使职工的合理意愿得到充分体现，又可以保证企业规章制度为广大职工自觉遵守，使之得以顺利实施。

三、有关集体合同程序性规定的内容

有关集体合同的程序性规定是集体合同的必备内容。根据《劳动法》、《劳动合同法》、《工会法》、《集体合同规定》等有关法律法规的规定，这部分内容主要包括集体合同期限、变更和解除集体合同的条件和程序、履行集体合同发生争议时的协商处理办法、违反集体合同的责任等内容。

四、双方认为应当协商约定的其他内容

根据《劳动法》、《劳动合同法》、《工会法》、《集体合同规定》等有关法律法规的规定，集体合同除以上内容外，双方还可以从实际出发，通过集体协商，共同约定一些其他内容，包括劳动争议预警的措施、办法和制度；劳动争议调解的组织、制度、程序和处理办法；有关本企业工会工作的内容，包括工会的权利义务、工会财产和经费拨缴、工会办公和开展活动所必需的设施和场所、工会活动时间、工会干部的待遇和权益等。

第五节 签订集体合同的程序

签订集体合同的程序就是开展集体协商和签订集体合同的方法步骤。签订集体合同的程序必须符合法律、法规和规章的规定，才具有法律效力。

一、集体协商的程序

《集体合同规定》对集体协商程序的规定，是集体协商双方都应当严格遵循的。工会应在按照法定程序产生协商代表的基础上，着重抓好提出要约、开展协商、妥善处理协商结果等工作。工会在集体协商前，还要会同企业和有关部门做好充分的准备工作。

（一）前期准备

工会在集体协商前应该做好充分的思想准备，收集、熟悉和研究与集体协商工作相关的资料，确定协商议题、协商策略和工作步骤，以取得最佳的协商效果。

1. 思想准备。

工会要通过各种途径，向广大干部和职工群众宣传集体合

同相关的法律法规和政策规定，深入宣讲集体合同制度的内容、形式及作用，激发职工群众积极参与的内在动力，为集体协商奠定思想基础和群众基础。还要主动与企业领导沟通，宣传国家的法规政策，取得企业方的理解、支持和合作，为推进工作营造良好的工作环境和氛围。

2. 收集信息资料。

工会和职工方协商代表在协商前必须收集相关的信息资料，包括居民消费价格指数、最低工资标准、劳动力市场工资指导价位、工资指导线，地区、行业的职工平均工资水平，劳动效率，企业工资信息、利润、经营状况等。《工资集体协商试行办法》规定：在不违反有关法律、法规的前提下，协商双方有义务按照对方要求，在协商开始前 5 日内，提供与工资集体协商有关的真实情况和资料。

3. 确定协商议题。

工会要深入基层通过召开座谈会、问卷调查或直接听取意见等方式，广泛征求职工的意见和要求，掌握职工最关心、最直接、最现实的利益问题，使协商议题在形成时就充分体现多数职工的意愿，使工会在协商中能更好地表达民意，维护好职工的合法权益。

4. 拟订协商方案。

协商议题确定后，就要着手拟订协商方案。协商方案应包括以下内容：协商的时间、地点、参加人员等事项；协商议题及其说明；协商的原则和程序；其他需要明确的事项。拟订协商方案要具体明确，突出重点，量化指标，具有可操作性。为签订综合性集体合同而进行的集体协商，协商的内容应以确定劳动标准为主；为签订专项集体合同或专项协议的，协商的内容应针对该专门问题；为解决与职工具体利益方面相关的其他问题而进行的集体协商，协商的内容应以多数职工最关心、要求最迫切的问题为主。

（二）提出要约

按照全国总工会2008年下发的《关于开展集体协商要约行动的意见》，集体协商要约行动是集体协商主体的任何一方依法就签订集体合同或专项集体合同、协调劳动关系相关事宜，以书面形式向对方提出进行集体协商要求的行为。

按照规定，工会或企业均可以书面形式向对方提出集体协商的要求，另一方自收到协商要求之日起20日内给予回应，无正当理由不得拒绝进行集体协商。提出集体协商要约，是开展集体协商和签订集体合同的法定程序。在实践中，一般情况是由工会方向企业方主动提出要约。企业工会提出协商要约有困难的或在其他特殊情况下，其上级工会可依法代替基层工会向企业提出协商要约。工会提出协商要约后，企业方不按期回应或拒绝进行集体协商的，上级工会应依法下达“整改建议书”，提出整改建议；对逾期不改的企业，工会可提请劳动行政部门责令其改正，直至追究其法律责任。

（三）正式协商

一般来说，集体协商主要采取协商会议的形式，由双方人数对等的正式代表参加，协商会议由双方首席代表轮流主持。工会参加协商会议应按以下程序进行：（1）宣布议程、协商规则和会议纪律。（2）要约方的首席代表介绍集体协商的准备过程、协商的具体内容和要求，提出协商议案的理由和依据。受约方首席代表就对方的要求作出回应。（3）协商双方就商谈事项发表各自的意见，展开充分讨论。（4）双方首席代表归纳意见，就达成一致的意见提出共同确认的表述方式。（5）形成集体合同草案。

协商会议一般按照双方商定的协商议题进行。在协商过程中双方均可提议增加新的协商内容，但应在原定议题协商完毕后，再就新增内容进行商议。每次协商会议的结果都要记录在案，由双方首席代表签字确认。集体协商的结果有以下两种情况：一是工会与企业协商一致，签订集体合同或专项集体合同。二是平等协商未能达成一致意见或出现未预料的问题时，经双方同意，中止协商。中止期限及下次协商的时间、地点、内容由双方商定。

二、签订集体合同的程序

基层工会在签订集体合同工作中，必须严格按照《集体合同规定》的程序进行，尤其要充分体现职工的协商主体地位和合法权益，并通过相应的民主渠道和形式，切实保障职工群众的知情权、参与权、审议权和监督权，上级工会也要加强指导，使集体合同的签订和实施具有坚实的基础。

（一）提交职代会审议

职工代表大会审议通过集体合同草案是法定程序，是《劳动法》、《劳动合同法》等法律赋予职工代表大会的职权。《集体合同规定》第三十六条明确规定："职工代表大会或者全体职工讨论集体合同草案或专项集体合同草案，应当有三分之二以上职工代表或者职工出席，且须经全体职工代表半数以上或者全体职工半数以上同意，集体合同草案或专项集体合同草案方获通过。"

（二）审查备案

集体合同签订后，应当自双方首席协商代表签字之日起十日内，由用人单位一方将文本一式三份报送劳动行政部门审查。劳动保障行政部门应当对报送的集体合同或专项集体合同的下列事项进行合法性审查：（1）集体协商双方的主体资格是否符合法律、法规和规章规定；（2）集体协商程序是否违反法律、法规、规章规定；（3）集体合同或专项集体合同内容是否与国家规定相抵触。

劳动保障行政部门对报送的集体合同应当办理登记手续。劳动保障行政部门对集体合同或专项集体合同有异议的，应当自收到文本之日起 15 日内将《审查意见书》送达双方协商代表。劳动行政部门自收到合同文本起 15 日内未提出异议的，集体合同或专项集体合同即行生效。

（三）生效公布

《集体合同规定》第四十八条规定："生效的集体合同或专项集体合同，应当自其生效之日起由协商代表及时以适当的形式向本方全体人员公布。"工会组织可通过公示栏、网络、会议等适当形式向全体职工公布。双方还应对集体合同的履约情况进行监督检查。

三、集体合同变更、解除和终止的程序

集体合同的变更是指集体合同没有履行或没有完全履行之前，因订立集体合同所依据的主客观情况发生变化，原合同内容已不适应变化的情况时，双方当事人依照法律规定的条件和程序，对原合同中某些条款进行补充和修改的行为。

集体合同的解除是指集体合同没有履行或没有完全履行之前，因订立集体合同所依据的主客观情况发生变化，致使集体合同的履行成为不可能或不必要，双方当事人依照法律规定的条件和程序，终止原集体合同法律关系。

《集体合同规定》明确了集体合同期满或双方约定的终止条件出现，即行终止。同时，有下列情形之一的，经双方协商一致，可以变更、解除集体合同或专项集体合同：（1）用人单位因被兼并、解散、破产等原因，致使集体合同无法履行或无

法完全履行的。(2) 因不可抗力等原因致使集体合同或专项集体合同无法履行或部分无法履行的。(3) 集体合同或专项集体合同约定的变更或解除条件出现的。(4) 法律、法规、规章规定的其他情形。

变更或解除集体合同或专项集体合同适用《集体合同规定》的集体协商程序。

四、集体合同续签或重签的程序

《集体合同规定》第三十八条规定，签订集体合同期限一般为一至三年。当集体合同期满或双方约定的终止条件出现，即行终止。集体合同或专项集体合同期满前三个月内，任何一方均可向对方提出重新签订或续订的要求。工会作为职工方代表，应在集体合同期满前三个月，主动向企业方提出续签或重新签订集体合同的要求，并做好相应的准备工作。在集体合同变更和解除后，应根据变更或解除集体合同的具体情况，适时做好集体合同的续签或重签工作。

第六节　集体合同的监督检查和争议处理

健全的监督检查和争议处理制度是集体合同工作的必要保障。在企业内部建立相应的制度和监督检查组织，在企业外部健全监督约束机制，是依法保障和推进集体合同工作发展的重要措施和有效手段。

一、集体合同监督检查

集体合同监督检查是指各级人大、政府劳动行政部门及工会、企业组织，依照法定权利和程序，对集体合同签订和履行情况进行监察、督促，纠正并处分违反法律、不履行集体合同行为的总称。加强集体合同监督检查工作十分重要，这关系到集体合同制度能否有效实施、职工切身利益能否得到维护，关系到企业劳动关系协调机制能否切实发挥作用。

（一）集体合同监督检查的主体

监督检查可分为企业内部的监督检查和外部的监督检查。企业内部的监督检查主体是企业行政、工会和职工。工会在行使监督检查职权时，要依托职代会，充分发挥职工群众监督的作用，职工群众对履约监督的参与程度越高，监督的效果就越好。企业行政监督主要通过对所属单位和职能部门实施集体合同的情况进行监督检查，对不履行集体合同的单位和责任人追究违约责任，由此来确保集体合同的有效实施。

企业外部的监督检查主体是政府的劳动保障行政部门，以及与之相应的劳动法律执法检查和集体合同监督检查组织。工会要借助劳动保障行政部门的劳动监察，以及人大的执法检查，重视和发挥协调劳动关系三方机制作用，形成集体合同外部监督约束机制。

（二）集体合同监督检查的内容

开展集体协商、签订和履行集体合同是一个有机整体，集体合同的监督检查要贯穿集体合同工作的整个过程。

1. 集体合同签订过程中的监督检查。

主要是监督检查协商代表的产生、构成和资格的有效性；协商程序和集体合同内容是否符合国家与地方的法律法规和有关政策；集体协商、职代会审议、签订集体合同、报送审查、公布生效的情况。

2. 集体合同履行过程中的监督检查。

主要是监督检查集体合同履行情况、存在问题和整改措施的落实情况；集体合同变更、解除、终止、争议处理情况；企业、工会和职工在集体合同履行中行使权利和承担义务的情况、违约责任的追究等。

集体合同监督检查的目的在于总结经验，发现问题，督促整改，推动工作。重点是检查签订集体合同的情况，强化履约监督，追究违约责任。对于无正当理由拒绝集体协商、不履行集体合同的行为，应责令提出改进措施，限期整改，以增强集体合同的权威性和法律严肃性。

二、集体合同争议处理

集体合同争议是指集体协商、签订集体合同的双方当事人因签订和履行集体合同发生的纠纷，可分为两种：一是在协商阶段的争议，即双方当事人就确定集体合同的劳动标准和条件方面产生的分歧；二是在协商前和集体合同履行阶段发生的争议，即一方当事人无正当理由拒绝集体协商或双方当事人对集体合同是否履行或完全履行产生的分歧。这两种争议的内容不同，处理方式也有所不同。

（一）集体合同争议调解程序

根据《集体合同规定》，在集体协商过程中发生的争议和因履行集体合同发生的争议，应按照以下方式进行：首先由双方当事人协商解决；双方当事人不能协商解决的，当事人一方或双方可以书面形式向劳动行政部门提出协调处理申请；未提出申请的，劳动行政部门认为必要时也可以组织同级工会和企业组织方面的人员进行协调处理。

集体协商争议处理实行属地管辖，具体管辖范围由省级劳动行政部门规定。中央管辖的企业以及跨省、自治区、直辖市用人单位因集体协商发生的争议，由国家级劳动行政部门指定的省级劳动行政部门组织同级工会和企业组织等三方面的人员协调处理，必要时，国家级劳动行政部门也可以组织有关方面协调处理。

协调处理集体协商争议应当按照以下程序进行：（1）受理协调处理申请；（2）调查了解争议的情况；（3）研究制订协调处理争议的方案；（4）对争议进行协调处理；（5）制作《协调处理协议书》。根据规定，协调处理集体协商争议，应当自受理协调处理申请之日起 30 日内结束协调处理工作。期满未结束的，可以适当延长协调期限，但延长期限不得超过 15 日。

（二）集体合同争议仲裁程序

按照《集体合同规定》，因履行集体合同发生的争议，当事人协商解决不成的，可以依法向劳动争议仲裁委员会申请仲裁。集体合同争议仲裁按照三方性原则，由政府劳动行政部门、工会组织和企业代表组织三方组成的仲裁委员会裁决，仲裁机构一般设在劳动行政部门。当事人对裁决不服的，可以自收到裁决书之日起 15 日内向法院提起诉讼。

第七节　集体协商工作面临的形势和任务

“十四五”时期，我国进入新发展阶段，发展目标、发展任务、发展环境都发生了许多新的变化，相应地，经济关系、劳动关系、职工队伍也发生深刻变化，职工群众的美好生活需要日益广泛，这些都对工会集体协商工作提出新的更高要求。

一、当前集体协商工作面临的有利形势

当前，推进集体协商工作，中央有要求、法律有规定、社会有需要、职工有期盼，正面临前所未有的良好机遇。

1. 各级党政高度重视民生问题。

党和国家历来高度重视保护劳动者权益，强调不断提高劳动者劳动报酬。党的十八大报告就提出“努力实现居民收入增

长和经济发展同步、劳动报酬增长和劳动生产率提高同步，提高居民收入在国民收入分配中的比重，提高劳动报酬在初次分配中的比重”。党的十九大报告提出“完善政府、工会、企业共同参与的协商协调机制，构建和谐劳动关系”。党的二十大报告提出“发展全过程人民民主”，“努力提高居民收入在国民收入分配中的比重，提高劳动报酬在初次分配中的比重。坚持多劳多得，鼓励勤劳致富，促进机会公平，增加低收入者收入，扩大中等收入群体”，“健全劳动法律法规，完善劳动关系协商协调机制，完善劳动者权益保障制度，加强灵活就业和新就业形态劳动者权益保障”等一系列要求，为我们做好工会集体协商工作提供了遵循，指明了方向。

2. 经济社会发展成果奠定了坚实基础。

经济社会的快速发展不断做大了社会财富这块“蛋糕”，为提高劳动者特别是一线劳动者劳动报酬把社会财富这块“蛋糕”分好，积累了厚实的物质基础。处理好做大“蛋糕”与分好“蛋糕”的关系问题，已经成为完善社会主义市场经济体制、深化收入分配制度改革，进而实现社会公平正义的必然选择。企业建立集体协商制度是分好“蛋糕”的重要手段。

3. 广大职工群众寄予了新的期待。

随着我国社会主要矛盾发生变化，职工群众的美好生活需要日益广泛、迭代提升，职工利益诉求日益多元，自主意识、法治意识、维权意识不断增强。当前收入分配领域仍然存在一线职工收入偏低、收入差距拉大等突出问题。建立有效的集体协商机制，使职工共享企业发展成果，是广大职工的普遍要求和共同愿望。广大职工群众对工会通过开展集体协商切实维护自身权益、提升工资福利充满期待，为开展集体协商奠定了更为广泛的群众基础。

4. 法律法规提供了有力支撑。

《劳动法》明确了工会代表职工与企业就劳动报酬等事项进行集体协商的权利，《工会法》强调了工会要通过集体协商制度维护劳动者权益的代表和维护作用，《劳动合同法》进一步加强了对职工参与工资分配和获取劳动报酬权益的保障。与此同时，各地也以这些法律规定为依据，结合当地实际，制定出更具针对性的地方法规，这些法律法规的不断健全完善，逐步构建起规范开展集体协商的法律体系。

二、集体协商工作的指导思想和思路举措

建立和完善集体协商和集体合同制度是一个逐步发展、持续深入的过程，可以相信，通过深入探索实践，不断创新提高，集体协商和集体合同制度一定会取得更加明显的成效。

（一）集体协商工作的指导思想

当前和今后一个时期工会推动集体协商工作的指导思想是：坚持以邓小平理论、“三个代表”重要思想、科学发展观、习近平新时代中国特色社会主义思想为指导，全面落实党的二十大和国家“十四五”规划纲要关于集体协商工作要求，以更好地维护职工合法权益为出发点和落脚点，以构建和谐劳动关系为目标，不断健全完善集体协商和集体合同制度、切实提高集体合同的针对性和实效性，努力推动实现企业与职工协商共谋、机制共建、效益共创、利益共享，集体合同制度在协调劳动关系、维护职工权益、促进经济社会发展中的作用更加突出。

（二）进一步推进集体协商工作的思路举措

深入推进集体协商和集体合同制度实施是一项系统的社会工程，必须突出重点，抓住难点，形成合力，多措并举，才能切实推动集体协商工作不断创新发展。

1. 推动形成社会化工作格局。

各级工会应积极争取党委重视和政府支持，推动将集体协商工作纳入地方党委和政府的工作规划，建立政府定期与同级工会的联席（联系）会议制度、大力开展联合执法检查活动，完善劳动关系协商协调机制，完善劳动者权益保障制度，构建和谐劳动关系。

2. 强化法律制度保障。

在国家层面上，继续推动国家集体协商立法。在地方层面上，通过地方立法的方式作出细化规定，形成上下衔接、相互配合的制度体系，为开展集体协商、签订集体合同提供强有力的法律制度保证。

3. 形成三方共推的工作合力。

各级工会应当积极推动建立健全三方协作的工作体系，确保三方各司其责、通力合作；善于借助和充分发挥三方专业委员会的专业优势，切实加强对当地职工平均工资、企业人工成本、消费价格指数等指标的研究分析制定，做到定期、及时发布，为开展集体协商工作提供数据、资料和政策服务。

4. 发挥工会组织的优势和作用。

健全工会组织推进集体协商工作的各种制度机制，确保集体协商工作规范有序开展。突出重点、突破难点，创新方式方法，探索实践工会干部职业化、社会化的新路，加强集体协商指导员特别是专职集体协商指导员队伍建设，解决基层工会人员少、中小企业开展集体协商工作难、协商能力弱等问题。

5. 进一步加大舆论宣传力度。

通过丰富宣传载体、创新宣传方式等不断加大对集体协商工作的宣传力度，倡导用集体协商的办法来消除分歧、化解矛盾、实现双赢、达成共识，不断提高全社会对集体协商工作的认知度、认可度，进一步赢得各级党委和政府的重视与支持，消除企业经营者的思想顾虑，吸引广大职工的关注和广泛参与，切实动员社会各界齐心协力推动集体协商工作，为开展集体协商工作营造良好的舆论氛围。

思考题：

1. 开展集体协商和签订集体合同应当遵循哪些原则？
2. 职工方协商代表有哪些权利和义务？
3. 开展集体协商和签订集体合同的基本程序是什么？
4. 工会如何做好集体合同签订和履约中的争议处理工作？

第六章　协调劳动关系三方机制

第一节　协调劳动关系三方机制概述

自20世纪初以来，协调劳动关系三方机制（以下简称三方机制）作为市场经济条件下调整劳动关系的重要机制，在世界工业化市场经济国家协调利益矛盾中一直发挥着重要作用。全面建立和完善三方机制，对推动构建和谐劳动关系、维护职工合法权益、保持职工队伍和社会政治稳定具有很强的现实针对性和长远意义。

一、三方机制的概念和起源

三方机制，也称作“三方会议”、“三方交往”、“三方协商”、“三方合作”等，是市场经济发达国家处理劳资关系事务的一种重要机制和通行做法，其实质是三方协商。由国际劳工组织首创，国际劳工组织1976年《三方协商促进履行国际劳工标准公约》（第144号）及有关国际劳工公约和建议书对三方机制表述为：政府、雇主及雇主组织、工人及工会组织三方之间，通过相关组织机构和程序规则，就有关立法、经济与社会政策的制定、劳动关系调整及与之相关重大问题的解决，相互沟通，平等交涉，共商对策，合作共事的交往活动。其基本含义包括以下几点：三方协商是政府、雇主组织和工会三方有组织、有目的的共同行为；三方各自代表不同的利益主体，通过地位平等的协商、谈判及各种表达方式和合作手段来维护各自利益，实现各自目的；三方协商的基本目的是促进三方的相互了解和良好合作，维护劳动秩序，稳定劳动关系，促进经济发展，改善劳动条件和提高生活水平。三方在通过充分沟通和交流达成共识的基础上，按照所代表的主体利益，各自从履行职责上开展工作，发挥作用。从本质上看，三方机制的运作，体现为劳动关系双方及各自代表组织与政府之间的社会对话。

三方机制起源于19世纪末20世纪初的西方市场经济国家，其产生和发展经历了一个较长的过程，既是社会生产力发展的标志，也是经济民主化和市场经济发展的产物（表6-1）。三方机制与工人运动的日益发展密切相关，它是在劳资双方力量对比和较量的过程中，通过政府作为第三方积极干预，为协调和缓解劳资矛盾和冲突而产生的，并逐渐形成一种正式的基本制度。

表6-1　三方机制简要发展过程

三方机制起源和发展的三个主要时期	劳资双方力量对比的变化以及政府相应的态度和政策措施
19世纪下半叶至20世纪初	工会组织空前发展，工人运动力量增强，劳资双方谈判方式开始出现；政府逐渐改变最初放任或纵容资方的政策，转而采取建设性的干预政策；劳动法律法规相继出台，相应的劳动行政管理机构开始出现。
两次世界大战期间过渡期	劳资关系开始全面进入制度化、法制化阶段；政府更加全面地干预劳资关系，加强劳动行政管理，完善劳动立法，健全有关机构；三方格局的萌芽开始出现，劳资协议会等由三方参加的机构已经成立。

续表

三方机制起源和发展的三个主要时期	劳资双方力量对比的变化以及政府相应的态度和政策措施
第二次世界大战后重大转折期	大规模的激烈对抗冲突相对减少，代之以规范的、有组织的行为如集体谈判等；政府针对劳资关系形成了一整套规范化、制度化的法律体系和调整机制；劳资关系总的趋势是缓和、合作；三方性原则成为市场经济国家劳资关系的基本格局和主要运行机制。

（资料来源：根据王大庆、焦建国《劳资关系理论与西方发达国家的实践》一文整理所得，载于《劳动经济与劳动关系》2003 年第 6 期。）

由上表得知，在三方机制的起源和发展过程中，政府所起的作用是始终不可缺少的，因为三方机制作为一种正式的新制度安排，它的创造和建立不可能完全由劳方和资方自发倡导、组织和实行，没有政府的支持，它是不会存在的。在这里，政府主要是通过不断完善法律体系和社会保障等制度，并采取其他必要的强制性措施，以规范劳资双方的行为，相对平衡双方的实力。

二、三方机制的特点、原则及作用

（一）三方机制的特点

1. 三方机制的主体具有独立性和对等性。政府、企业组织、工会组织是三方机制的主体，它们在身份和地位上都是独立的，这为协调、协商提供了前提条件。同时，三方互为权利义务主体，不存在隶属关系，任何一方不得凌驾于他方之上，无权单方发号施令，指使、命令他方。

2. 三方机制具有民主性和合作性。三方机制有别于国家权力机关和政府行政机关的职能，本质上是一种社会对话，虽然三方都有自己的立场和观点，但协商时各方要充分考虑对方的意见和利益，通过对话和商讨，互相理解，互相支持，充分合作，最终达成协调劳动关系的目的。

3. 三方机制具有多层性。国家内部三方机制的运作既可以在国家一级，也可以在地方一级和产业一级。而国际劳动组织三方机制，则体现在国际社会一级。

4. 三方机制涉及议题具有广泛性。三方议题与协调和发展劳动关系密切相关，如经济与社会政策、产业政策、劳动立法、就业政策、劳动合同制度、集体合同制度、劳动标准、劳动安全卫生、社会保险、重大劳动争议与突发事件的处理、劳动法律监督等。

（二）三方机制的原则

1. 合法的原则。三方要始终坚持以国家法律法规和政策为依据，在法律规定的范围内开展工作。同时，三方协调议定的事项和程序也必须合法。

2. 地位平等和相互尊重的原则。政府、工会和企业代表在三方机制中的地位是平等的。三方在研究处理劳动关系重大问题时要相互尊重，尊重对方的地位、对方的发言权和各自所代表群体的利益，任何一方都不应把自己的主观意愿强加给其他各方。

3. 相互支持与合作的原则。三方建立制度，共同参与协调劳动关系，前提是相互理解、支持和信任。三方协调劳动关系必须兼顾各方利益，任何为了一方利益而损害其他各方利益的行为，都会破坏三方机制的正常运作。

4. 国家与公众利益优先的原则。要求三方发生利益矛盾冲突时，应通过加强三方之间的沟通协商，化解矛盾，寻求共识，避免因冲突危及国家和社会公众利益。

（三）三方机制的作用

从三方机制产生、发展和长期运行实践看，政府、企业、工会的相互合作，在一定程度上缓和了劳资矛盾，减少了劳资纠纷，保护了工人的一些权益，稳定了劳动关系，对于促进经济发展和社会进步起到了重要作用。

首先，它确立了工会地位，保护了工人权益。工会的地位和工人的利益密切联系，工会组织是维护工人利益的强大力量。在三方机制中，由于工会作为一方独立的主体，代表工人提出意见，使劳动者的影响明显增强，工人的许多权益在工会组织的争取下得到了有力保护。同样它也加强了雇主组织建设，维护了雇主的利益。

其次，它缓解了劳资矛盾，稳定了劳动关系。三方机制的形成，使劳资双方可以通过有组织的交涉和谈判来解决双方的问题，将劳资矛盾对抗和冲突纳入依法规范有序的轨道上，改善和缓解劳资矛盾，有利于劳动关系双方的力量对比趋于均衡发展，促使劳资关系稳定，进而维护社会稳定。

最后，它促进了法治化建设，完善了社会法治环境。通过社会对话与协商，参与和推动国家立法、经济社会政策制定与实施，确保了经济社会政策和劳动政策的贯彻实施。促进了建立统一、规范、有序的劳动力市场，推动逐步建立和完善市场经济体制，最终推动了经济发展和社会文明进步。

第二节　我国协调劳动关系三方机制的实践

一、我国协调劳动关系三方机制的实践发展

20世纪90年代初，我国开始由计划经济体制向市场经济体

制转变，劳动关系也呈现出多元化、企业化、契约化、市场化的特点，大量涉及职工劳动就业、劳动报酬、社会保障和劳动安全卫生等方面的矛盾和问题溢出企业，凸显在社会层面，迫切需要政府、工会、企业代表组织三方通过协调进行调整和解决。市场经济运行规则也要求政府转变职能，不再直接干预企业劳动关系的建立和调整，通过劳动立法、制定经济和社会政策进行宏观调控，通过三方协商妥善处理社会各方的利益关系。

1990 年 9 月 7 日，全国人大常委会批准了国际劳工组织第 144 号公约——《三方协商促进履行国际劳工标准公约》，表明我国已经承诺在国内建立和实施三方机制，遵循国际通行的三方性原则来协商处理劳动关系方面的问题。1993 年颁布的《企业劳动争议处理条例》规定，劳动争议仲裁委员会由政府劳动行政部门、工会组织和企业主管部门的代表组成，实行三方性原则。同年，劳动部颁布的《企业最低工资规定》第四条规定："最低工资率的确定实行政府、工会、企业三方代表民主协商原则。" 1996 年 5 月，由劳动部、全国总工会、国家经贸委和中国企业家协会联合下发的《关于逐步实行集体协商和集体合同制度的通知》要求，"应当逐步建立由劳动行政部门、工会组织、经贸部门和企业家协会共同组成的三方性协调机制，定期就劳动关系存在的重大问题进行协商"。

自 1997 年起，海南、山西、广西等省（区）率先探索建立了协调劳动关系三方机制。2001 年 8 月，劳动和社会保障部、全国总工会和中国企业联合会/中国企业家协会组织召开了国家协调劳动关系三方会议第一次会议，标志着国家一级协调劳动关系三方机制正式建立。2002 年 8 月，我国建设系统建立了全国产业三方会议制度，随后，全国海上劳动关系三方协调机制、全国港口劳动关系三方协调机制建立。全国三方机制得到迅速发展，各级三方机制普遍建立。2011 年，全国工商联加入国家协调劳动关系三方会议。2001年10月修订的《工会法》规定“各级人民政府劳动行政部门应当会同同级工会和企业方面代表，建立劳动关系三方协商机制，共同研究解决劳动关系方面的重大问题”，首次以法律形式规定三方机制。2007年6月，《劳动合同法》第五条规定：“县级以上人民政府劳动行政部门会同工会和企业方面代表，建立健全协调劳动关系三方机制，共同研究解决有关劳动关系的重大问题。”2015年3月，《中共中央 国务院关于构建和谐劳动关系的意见》明确提出，“健全协调劳动关系三方机制”，对健全协调劳动关系三方机制、充分发挥协调劳动关系三方机制在构建和谐劳动关系中的作用作出全面部署。2017年10月，党的十九大报告进一步明确“完善政府、工会、企业共同参与的协商协调机制，构建和谐劳动关系”。2022年10月，党的二十大报告强调要“完善劳动关系协商协调机制，完善劳动者权益保障制度”，这为新时代新征程做好协调劳动关系三方工作提出遵循。

二、我国协调劳动关系三方机制的组织结构和体系

我国三方机制的结构总体上按照国际劳工组织倡导的三方性原则建立，主要分为国家、省（自治区、直辖市）、市（区、县）、县（区）、街道（乡镇）等五级。截至2017年9月底，全国共有各级三方机制22185个，其中省级32个，地市级264个，县级2564个，街道、乡镇、村、社区、工业园区级15282个；共有建设、海上、港口等国家级产业三方机制3个，省级产业三方机制225个，地市级产业三方机制375个，县级产业三方机制2881个，已基本形成了从国家到地方的三方机制组织体系。

国家一级三方机制的基本形式是“国家协调劳动关系三方会议制度”。国家三方会议由政府部门、工会、企业代表组织组

成，成员单位为人力资源和社会保障部、中华全国总工会、中国企业联合会/中国企业家协会、中华全国工商业联合会。三方会议实行执行主席制，由政府部门的执行主席牵头（主持会议）。人力资源和社会保障部、中华全国总工会、中国企业联合会/中国企业家协会、中华全国工商业联合会的负责同志担任执行主席。

国家协调劳动关系三方各自确定相对固定的机构负责人作为三方会议成员。其中，人力资源和社会保障部的成员为劳动关系司、办公厅、法规司、调解仲裁管理司、劳动监察局、国际合作司等相关司局负责人。中华全国总工会的成员为权益保障部、基层工作部、社会联络部、法律工作部、国际联络部等相关部门负责人。中国企业联合会/中国企业家协会的成员为雇主工作部、研究部、国际联络部等相关部门负责人。中华全国工商业联合会的成员为法律部、研究室、经济部等相关部门负责人。

省市三方机制主要有三种形式：协调劳动关系三方委员会、劳动关系三方联席（协商）会议制度、协调劳动关系三方会议制度。各地协调劳动关系三方委员会一般由同级政府负责同志担任委员会主任。每次会议由主办方主持，协商议题由主办方提出，以体现三方的平等性。省市三方机制虽然形式不同，其组织结构、职责任务、运行方式则基本相同。截至 2022 年底，23 个省（区、市）成立了协调劳动关系三方委员会，对进一步深化发展三方机制体系和职能，健全工作制度，充分发挥政府、工会和企业代表组织共同研究解决有关劳动关系重大问题的重要作用进行探索。

产业三方机制是我国协调劳动关系三方机制框架体系中的重要组成部分。通过三方协商来解决产业系统劳动关系方面的特殊性问题。比如，行业劳动标准、行业收入分配与工资制度、职业安全卫生、职业教育与培训，以及产业结构调整中职工生活保障与经济补偿等行业性问题。建立产业系统的三方机制，有利于维护产业职工的合法权益、稳定产业职工队伍、推动产业结构的调整和产业经济发展。

三方机构专门委员会是我国三方机制框架体系中的有机组成部分，对涉及专门领域中的劳动立法、政策制定和实施以及劳动关系中的突出问题进行磋商研究，提出政策性建议和意见。三方机构专门委员会可以是国家和省市一级三方机制的分支机构或专门工作机构，也可以是按照三方性原则建立的具有相对独立性的工作协调机构，提供决策咨询等。2022 年，国家协调劳动关系三方会议设立专家委员会，作为国家三方会议的政策研究和咨询机构，为劳动关系政策研究和理论研究、劳动关系领域改革创新、推进重点工作等方面提供智力支持。

我国以地域性为主导的三方机制体系，适应了我国经济结构和社会组织结构发展变化的客观要求。例如，乡镇、街道、社区是最基层的社会管理组织，也是中小企业和非公企业比较集中、各类新增就业和再就业以及外来务工人员集聚的地方，劳动关系复杂，利益矛盾和冲突比较多。建立这一层次的三方机制，有利于协调区域性劳动关系，维护劳动者的合法权益，也为企业发展创造稳定的社会环境。从目前情况来看，产业、行业内各企业的生产、经营状况相差悬殊，劳动标准、劳动者的劳动待遇也不尽相同，要随着产业集群经济的发展，结合产业劳动关系的特点，逐步探索建立产业或行业层面的三方协调机制，把产业或行业劳动关系的建立与运行纳入依法、规范、有序的轨道。

三、国家协调劳动关系三方会议职能

一是研究分析我国经济社会发展形势和政策、制度对劳动关系的影响，协调三方的政策主张和立场，对劳动关系法律、法规、规章与政策的制定和监督实施提出意见和建议。

二是通报交流协调劳动关系工作中的情况和问题，研究分析全国劳动关系状况及发展趋势，对劳动关系领域带有全局性、倾向性的重大问题进行协商，形成共识。

三是建立和完善劳动关系工作体系，推动协调劳动关系三方机制、劳动合同制度、集体合同制度、企业民主管理制度、劳动争议调处机制的建设及和谐劳动关系创建活动开展，总结推广先进经验。

四是对地方协调劳动关系工作进行宏观指导和服务，建立劳动关系重大问题的信息沟通和协调处置机制。对社会影响重大的劳动关系问题、跨地区或在全国具有重大影响的集体劳动争议、集体停工或群体性事件，三方统一研究应对措施，提出意见和建议，协调采取一致行动，及时妥善化解矛盾。

五是与国际劳工组织、各国三方机构开展交流与合作，组织、参加有关活动，发挥中国三方机制在国际劳工活动中的作用，扩大影响。

四、中国工会在三方机制中的作用

作为代表职工的一方，积极参与和推动三方机制工作，是工会的一项重要任务和义不容辞的责任。工会应将这项工作提上重要日程，加强同人力资源和社会保障等有关政府部门、企业代表组织的配合与协作，积极主动地加强协调与沟通，求同存异，协商共事，密切合作，共同努力，不断开创三方机制工作的新局面。

（一）推动健全完善三方机制

在巩固完善国家级、省级、市（地）级、县（区）级三方机制的同时，推进建立乡镇、街道和社区一级的三方机制。工会应积极配合有关部门，探索建立产业行业三方机制，协商解决本产业、行业系统劳动关系方面的特殊性问题，维护产业职工和经营者的合法权益，稳定产业职工队伍，推动产业结构的调整和产业经济的发展。

（二）推动拓展参与三方机制工作的范围

在三方基本构架不变的基础上，根据协调劳动关系的实际需要，工会应积极与其他相关部门加强联系与合作，吸收政府其他相关部门和其他相关企业组织，参与有关内容的协商与协调，进一步挖掘社会资源，整合社会力量，拓宽社会对话范围，扩展协商内容，使三方机制进一步适应我国协调劳动关系的客观要求，增强其社会影响，逐步形成协调劳动关系工作社会化格局，充分发挥应有的作用。

（三）推动制定和完善劳动法律法规和政策

要密切配合政府部门、企业代表组织，共同推动《集体协商法》、《劳动基准法》等劳动法律的制定和出台，加快建立健全劳动保障法律体系。在有立法权的地方，工会要协同政府有关部门和企业代表组织，积极推动制定集体合同、工资集体协商条例、劳动争议调处等地方性法规，形成良好的法治环境。

（四）推动加强劳动关系协调机制建设

善于运用和依托三方机制，督促劳动关系双方签订劳动合同，规范企业劳动用工行为，共同推进集体协商制度建设，建立健全劳动争议调解和仲裁制度，大力推进建立行业性、区域性劳动争议调解组织，做好职工法律援助和服务工作，建立健全劳动关系预防预警预测制度，及时发现和研究解决劳动关系中的突出问题，共同处理当地有重大影响的集体劳动争议和群体性突发事件。

（五）参与协调解决劳动关系领域重点难点问题

应突出劳动就业、工资分配、社会保障、劳动安全卫生等难点问题，与政府人社、应急管理、卫生健康等部门和企业代表组织进行协商，充分反映和代表广大职工的意愿和要求，使三方机制在协调劳动关系、维护职工合法权益、促进经济发展和社会进步中发挥实实在在的作用。

第三节　和谐劳动关系创建活动

劳动关系是生产关系的重要组成部分，是最基本、最重要的社会关系。劳动关系是否和谐，事关广大职工和企业的切身利益，事关经济发展与社会和谐。党和国家历来高度重视构建和谐劳动关系，制定了一系列法律法规和政策措施并作出工作部署。各级党委和政府认真贯彻落实党中央和国务院的决策部署，取得了积极成效，总体保持了全国劳动关系和谐稳定。但我国正处于经济社会转型时期，劳动关系的主体及其利益诉求越来越多元化，劳动关系矛盾已进入凸显期和多发期，构建和谐劳动关系的任务艰巨。各级三方从 21 世纪初逐步开始和谐劳动关系创建活动，为三方机制服务党和国家工作大局搭建了一个有效的载体和平台。

一、和谐劳动关系创建活动的起源和发展

2003—2005 年，辽宁、河北、山东、福建、吉林、江苏、内蒙古、山西、北京、河南、宁夏等省（区、市）地方积极探索开展创建活动，有的是由地方党委直接抓，有的是在党委领导下由工会发起，有的是由协调劳动关系三方联合开展。在实践中，创建劳动关系和谐企业活动逐步显示出对促进劳动关系和谐发展、推动构建和谐社会的重要作用。

2006 年 3 月，为全面贯彻落实科学发展观，促进构建社会主义和谐社会，推动企业建立规范有序、公正合理、互利共赢、和谐稳定的社会主义新型劳动关系，全国总工会在总结地方工会和谐企业创建活动实践经验的基础上，下发《关于开展创建劳动关系和谐企业活动的意见》，决定在全国范围内开展创建活动，并作出“加强协调劳动关系机制建设，以创建劳动关系和谐企业活动为载体，把工会的各项工作统筹落实到企业中去，使创建活动成为工会工作响亮品牌”的重要部署。全国总工会的这一决策部署，迅速得到了国家三方的认可和响应。2006 年 7 月，国家三方为了促进发展和谐劳动关系，服务构建和谐社会的大局，联合下发《关于开展创建劳动关系和谐企业与工业园区活动的通知》，进一步明确了在全国范围开展创建劳动关系和谐企业与工业园区活动的指导思想、目标任务、创建标准和组织实施等具体要求。

2006 年 10 月，《中共中央关于构建社会主义和谐社会若干重大问题的决定》出台，对构建社会主义和谐社会进行全面部署，明确提出“以解决人民群众最关心、最直接、最现实的利益问题为重点，着力发展社会事业、促进社会公平正义、建设和谐文化、完善社会管理、增强社会创造活力”。2006 年 12 月，全国总工会第十四届执委会第四次全体会议将发展和谐劳动关系和开展创建活动确定为 2007 年乃至其后一个时期的工作主线和重要工作载体。到 2007 年 8 月，国家三方召开了全国创建劳动关系和谐企业与工业园区活动表彰暨经验交流会议。2008 年，全国总工会成立了创建劳动关系和谐企业活动指导协调小组，进一步强化了创建活动的组织领导。2009 年，全国总工会作出了广泛深入开展共同约定行动和“同舟共济保增长、建功立业促发展”竞赛活动的决定，为在国际金融危机影响下深化创建活动注入新的动力。

2011年8月，中央组织召开全国构建和谐劳动关系先进表彰暨经验交流会，表彰模范创建劳动关系和谐企业400家和工业园区50家，习近平同志出席大会并发表重要讲话。这是改革开放40余年来第一次全国性研究部署构建和谐劳动关系的工作会议，对于进一步做好劳动关系工作具有里程碑意义。2015年3月，《中共中央 国务院关于构建和谐劳动关系的意见》明确要求："深入推进和谐劳动关系创建活动。把和谐劳动关系创建活动作为构建和谐劳动关系的重要载体，总结创建活动经验，建立健全创建工作目标责任制，扩大创建活动在广大企业特别是非公有制企业和中小企业的覆盖面，推动区域性创建活动由工业园区向企业比较集中的乡镇（街道）、村（社区）拓展，努力形成全方位、多层次的创建局面。丰富创建内容，规范创建标准，改进创建评价，完善激励措施，按照国家有关规定定期表彰创建活动先进单位，把对企业和企业经营者评先评优与和谐劳动关系创建结合起来，不断推进创建活动深入开展。积极开展构建和谐劳动关系综合试验区（市）建设，为构建中国特色和谐劳动关系创造经验。"

2019年7月，国家三方召开全国构建和谐劳动关系先进表彰会，对400个全国模范劳动关系和谐企业与工业园区进行表彰。2021年4月，国家协调劳动关系三方会议第26次会议通过《全国和谐劳动关系创建示范活动工作方案》，提出每三年开展一次"全国和谐劳动关系创建示范活动"，对符合示范标准的创建主体挂牌全国和谐劳动关系创建示范企业、工业园区；通过《全国和谐劳动关系创建活动表彰工作方案》，提出每五年开展一次评比表彰活动，对全国和谐劳动关系创建先进集体和个人进行表彰。2022年9月，国家协调劳动关系三方召开全国和谐劳动关系创建示范经验交流会，对350家全国和谐劳动关系创建示范企业、50个工业园区进行了命名。

2023年1月3日，国家三方联合下发《关于推进新时代和谐劳动关系创建活动的意见》，要求在全国各类企业持续推进新时代和谐劳动关系创建活动，推动企业贯彻落实劳动保障法律法规、完善劳动关系协商协调机制、健全劳动者权益保障制度、促进和谐文化建设。力争到2027年底各类企业及企业聚集区域普遍开展创建活动，实现创建内容更加丰富、创建标准更加规范、创建评价更加科学、创建激励措施更加完善，创建企业基本达到创建标准，和谐劳动关系理念得到广泛认同，规范有序、公正合理、互利共赢、和谐稳定的劳动关系进一步形成。

二、和谐劳动关系创建活动的指导思想、基本原则、创建内容和创建标准

（一）指导思想

以习近平新时代中国特色社会主义思想为指导，深入贯彻党的二十大精神，完整、准确、全面贯彻新发展理念，加快构建新发展格局，着力推动高质量发展，全面落实党中央、国务院关于构建和谐劳动关系的重要决策部署，以促进企业发展、维护职工权益为目标，坚持稳中求进工作总基调，在更大范围、更广层次、更多内容上不断丰富和发展和谐劳动关系创建实践，实现企业和职工协商共事、机制共建、效益共创、利益共享，打造企业与职工的利益共同体、事业共同体、命运共同体，使广大职工建功立业新时代的团结力量充分涌流，使各类企业尊重劳动、造福职工的崇德向善行为蔚然成风，让推动企业高质量发展的和谐动力竞相迸发，为构建中国特色和谐劳动关系奠定坚实基础。

（二）基本原则

1. 坚持党的全面领导。

发挥党总揽全局、协调各方的领导核心作用，健全党委领导的政府、工会、企业三方共同参与的协商协调机制，强化共同奋斗的政治引领，把党的领导落实到创建活动的全过程、各方面、各环节，始终保持正确方向，形成共同构建中国特色和谐劳动关系的强大力量。

2. 坚持增进民生福祉。

以满足人民日益增长的美好生活需要为根本目的，在企业发展的基础上，着力解决好职工急难愁盼问题，不断提高职工权益保障水平，切实增强广大职工的获得感、幸福感、安全感，促进人的全面发展，扎实推进共同富裕。

3. 坚持法治规范保障。

增强企业和职工法治观念，推动企业依法规范用工，职工依法维护权益，提高劳动关系治理法治化水平，更好发挥法治固根本、稳预期、利长远的保障作用，在法治轨道上深入推进创建活动。

4. 坚持文化凝心聚力。

以社会主义核心价值观为引领，培育企业关心关爱职工、职工爱岗爱企的和谐文化理念，讲仁爱，尚和合，厚植人文关怀，弘扬劳动精神，倡导团结奋进，不断巩固劳动关系双方协商共事、合作共赢、发展共享的共同思想基础。

5. 坚持创新稳健并重。

坚持因地制宜、因势利导，科学把握创建工作的时度效，突出重点，分类施策，典型引路，循序渐进。增强问题意识，紧盯创建任务，不断推动实践创新、理论创新、制度创新。

（三）创建内容

1. 企业创建的重点内容。

建立健全企业党组织，充分发挥党组织在和谐劳动关系创建活动中把关定向、团结凝聚各方力量的作用。全面落实劳动合同、集体合同制度，加强企业民主管理，依法保障职工劳动报酬、休息休假、劳动安全卫生、社会保险、职业技能培训等基本权益。建立职工工资集体协商和正常增长机制，加强劳动保护，改善劳动条件。建立企业劳动争议调解委员会，强化劳动争议预防，促进劳动争议协商和解。加强人文关怀，培育企业关心关爱职工、职工爱岗爱企的企业文化。

2. 工业园区、街道（乡镇）创建的重点内容。

健全工业园区、街道（乡镇）党委领导的构建和谐劳动关系工作机制，加强对创建活动的组织领导，推动辖区内企业普遍开展和谐劳动关系创建活动。建立健全劳动关系协调机制、矛盾调处机制、权益保障机制，加强劳动保障法律宣传、用工指导服务，搭建劳动关系双方沟通协调平台，及时预防化解劳动关系矛盾。布局劳动关系基层公共服务站点，为企业和劳动者提供一站式、智慧化、标准化劳动关系公共服务。

（四）创建标准

根据本地企业的类型、分布、职工人数和劳动关系状况以及工业园区、乡镇（街道）工作基础等，分类培育，分步推进。

1. 企业创建标准。

企业党组织健全，在创建活动中，组织职工、宣传职工、凝聚职工、服务职工的职能作用发挥充分，党员先锋模范作用有效发挥。

企业工会组织健全、运行顺畅，针对工资等职工关心的问题定期开展集体协商并签订集体合同，协商程序规范、效果良好，职工工资增长与企业效益、劳动生产率增长相适应。

以职工（代表）大会制度为基本形式的企业民主管理制度健全，定期召开职工（代表）大会，按规定将涉及职工切身利益的规章制度和重大事项经过职工（代表）大会审议通过，完善厂务公开制度，公司制企业依法设立职工董事、职工监事。

企业劳动争议调解委员会机构健全、制度完善，建立劳动争议预防预警机制，及时调处劳动争议和影响劳动关系和谐稳定的苗头性、倾向性问题，促进劳动争议协商和解。

职工培训制度健全，制定培训计划，采取岗前培训、学徒培训、脱产培训、技术比武、技能竞赛等方式，大幅提升职工技能水平。职工教育经费足额到位，经费60%以上用于企业一线职工的教育和培训。

重视企业文化建设，努力培育与中华优秀传统文化相契合富有企业特色的企业精神和健康向上的企业文化，践行社会主义核心价值观，切实承担报效家园、服务社会、造福职工的责任。

加强对职工的人文关怀，不断改善职工的生产和生活条件，支持和帮助职工平衡工作和家庭责任，保障生育女职工享有平等的就业机会、职业发展机会和待遇。注重职工的精神需求和心理健康，建立职工健康服务体系，塑造职工幸福生活环境，提高职工生活品质。

职工爱岗敬业、遵守纪律、诚实守信，对企业的责任感、认同感和归属感较强，能够正确对待社会利益关系调整，以理性合法形式表达利益诉求，维护自身权益。

职工满意度较高。职工对劳动报酬、社保缴纳、休息休假、工作环境、技能培训、劳动条件、协商民主、人文关怀等指标综合评价满意度高。

2. 工业园区、乡镇（街道）创建标准。

工业园区、乡镇（街道）党委领导的构建和谐劳动关系工作机制健全，将创建活动纳入当地党委、政府重要议事日程，制定出台推进创建活动的实施方案，完善政府、工会、企业代表组织共同参与的劳动关系协商协调机制。

辖区内企业用工管理普遍合法合规，基本达到创建标准。

辖区内企业普遍建立以工资集体协商为重点的集体合同制度，对不具备单独开展条件的小微企业，通过签订区域性、行业性集体合同实现覆盖。

依法建立工会组织、企业代表组织以及劳动争议调解组织，健全劳动关系矛盾纠纷排查预防和联动化解机制，对辖区内带有普遍性、倾向性的劳动关系问题开展协商，预防和调处劳动争议。建立健全突发性、集体性劳动争议应急调解协调机制和重大劳动争议信息报告制度，及时化解矛盾和纠纷。

成立厂务公开协调领导机构，辖区内企业普遍建立以职工代表大会为基本形式的企业民主管理制度，对不具备单独建立条件的小微企业，通过区域性（行业）职代会实现覆盖。

辖区内防范和处置重大安全生产、重大职业危害事故以及重大劳动关系群体性、突发性事件的机制健全有效。

根据辖区内企业规模，合理布局劳动关系基层公共服务站点，达到服务标识统一、服务场所固定、服务设施齐全、服务内容完备，配备一定数量的劳动关系协调员，经常性地对辖区内企业创建活动进行督促指导服务，定期组织培训、交流、观摩等活动，通过线上线下多种方式提升服务效能，形成地域、行业特色鲜明的公共服务品牌。

三、创建评价机制

1. 开展评审评估。

科学设置创建标准指标体系，引导企业、工业园区、乡镇（街道）对照创建标准开展自我评价，由当地协调劳动关系三方对其是否达标进行评估。健全创建示范单位评审评估制度，在坚持协调劳动关系三方定期集中评审的基础上，探索引入社会第三方机构开展日常综合评估，形成协调劳动关系三方评审为主、社会评估为补充的和谐劳动关系评审评估机制和规范统一的综合评价体系，提高评审评估的客观权威性、科学合理性和社会公信力。

2. 定期命名授牌。

国家协调劳动关系三方会议每三年开展一届全国和谐劳动关系创建活动，采取先创建后认定的方式，对创建活动中表现突出的企业、工业园区命名“全国和谐劳动关系创建示范企业、工业园区”，颁发铭牌，并向社会公布名单，系统总结好的经验和做法，发挥先进典型示范引领作用，并采取措施予以推广。

3. 实施动态管理。

建立创建单位定点联系培育机制，加强日常跟踪服务和监督管理，督促创建达标单位在持续巩固已有成效的基础上，不断提升创建水平。健全创建示范单位的动态退出机制，由省级协调劳动关系三方采取抽查、普查等方式，充分利用劳动保障监察和劳动争议调解仲裁案件以及群体访、群体性事件、集体停工事件等信息，加大动态精准核查力度，定期对已命名的示范单位进行核查。对存在不签劳动合同、未依法缴纳社会保险费、超时加班、拖欠工资等构成重大劳动保障违法行为的，以及引发较大影响的劳动关系群体性事件、极端恶性事件、重大安全生产事故和职业危害事故、负面网络舆情的全国和谐劳动关系创建示范单位，由省级协调劳动关系三方报国家协调劳动关系三方审议同意后，取消命名，收回铭牌，并在本省（区、市）内向社会公布。国家协调劳动关系三方定期组织对全国和谐劳动关系创建示范单位交叉互检，对各省级协调劳动关系三方未及时核查处置的，予以通报。

四、创建激励措施

1. 定期表彰奖励。

国家协调劳动关系三方会议每五年开展一届“全国和谐劳动关系创建工作先进集体、先进个人”表彰，对组织实施全国和谐劳动关系创建示范活动表现突出的工作机构、社会组织、企业、工业园区和乡镇（街道）及其相关工作人员授予“全国和谐劳动关系创建工作先进集体、先进个人”称号，颁发荣誉证书、奖章和奖牌，并向社会公布名单，激励社会各方积极参与。

2. 提供精准服务。

对符合条件的企业，优化人社公共服务方式和手段，开展一对一用工“诊断”，提供定制化企业薪酬数据服务，开通人社公共服务经办快速通道，优化各项补贴申领和办理流程，及时落实职业培训补贴、失业保险稳岗返还、社会保险补贴等政策。

3. 适当减少检查频次。

对达到创建标准且符合守法诚信等级要求的企业，适当减少劳动保障监察和社会保险稽核日常巡视检查频次；劳动争议调解仲裁机构主动上门开展政策调研指导，对办理劳动争议案件开辟绿色通道。

4. 作为评选表彰重要参考因素。

将达到创建标准的企业作为推荐和评选全国五一劳动奖状、

全国厂务公开民主管理先进单位和示范单位、信用企业、全国企业优秀文化成果、全国就业与社会保障先进民营企业、全国关爱员工优秀民营企业家等荣誉的重要参考因素。

五、创建工作要求

1. 强化组织领导。

和谐劳动关系创建活动是构建和谐劳动关系的重要载体。各级协调劳动关系三方要充分认识深入推进新时代和谐劳动关系创建活动的重大意义，切实增强责任感和使命感，把创建活动作为新时代构建中国特色和谐劳动关系的一项重要任务，摆在突出位置，采取有力措施，增强创建实效。要在党委、政府的统一领导下，健全组织领导机制，推动形成党委领导、政府负责、社会协同、企业和职工参与、法治保障的工作格局。要积极争取党委、政府重视支持，将创建活动纳入当地经济社会发展总体规划和政府目标责任考核体系，确保专项经费投入，定期公布创建单位。

2. 强化责任传导。

各级协调劳动关系三方要建立创建活动工作目标责任制，将创建活动任务分解到各部门、各环节，明确责任主体、重点任务、时间进度、保障措施，确保创建活动落地落实落细。要结合本地实际，针对不同规模、不同行业企业特点，进一步规范创建标准、丰富创建内容、改进创建评价、完善激励措施。探索开展创建和谐劳动关系行业，拓宽创建范围。全国行业系统可根据本行业实际，深入开展行业和谐劳动关系创建活动。

3. 强化服务指导。

各级协调劳动关系三方要结合各自职能，发挥三方机制优势，形成工作合力，加强对创建活动的部署、组织、调度，推动创建活动深入开展。人力资源和社会保障部门要牵头做好创建活动的组织、协调、调研、督导和服务工作，完善创建活动的申报、备案、资料建档、评价评审、动态调整等日常管理台账，定期通报创建活动信息。工会组织要加强工会组织建设，加大对职工群众的思想政治引领，健全联系广泛、服务职工的工作体系，为职工提供法律援助、政策咨询、协商培训、职业道德教育等服务，监督企业落实劳动保障法律法规，引导职工以理性合法形式表达利益诉求、解决利益矛盾、维护自身权益，团结和凝聚广大职工建功立业新时代。企业代表组织要加强基层企业代表组织建设，充分发挥企业代表组织对企业经营者的团结、服务、引导、教育作用，根据企业特点提供“诊断式”、全流程、多样化、多层次的服务指导，教育引导广大企业经营者主动承担社会责任。

4. 强化检查督导。

各级协调劳动关系三方要采取系统检查与联合检查相结合、自我检查与上级抽查相结合、综合检查和专项检查相结合的方法，重点对创建活动部署、创建活动进度、创建活动举措、创建活动成效等进行检查督导，及时研究解决创建活动中遇到的新情况新问题，推动创建活动走稳走深走实。国家协调劳动关系三方每年对各地创建活动情况进行联合督导。

5. 强化宣传引导。

各级协调劳动关系三方要加强与主流媒体、新媒体的协同配合，将创建活动与宣传工作一体谋划、一体推进，通过设立宣传月、开设宣传专栏、组织业务技能竞赛、举办巡回演讲、开展主题征文和摄影作品征集、拍摄专题片、培育教育实践基地等方式，全景式、立体化、多角度、持续性展现创建活动的生动实践和昂扬气派，用心用情用力打造创建活动特色品牌，提高全社会对创建活动的认知度、参与度和美誉度。要大力宣传创建活动涌现出来的先进典型和先进事迹，发挥榜样示范作用，扩大创建活动的传播力、引导力和影响力，营造共商共建共享和谐劳动关系的良好社会氛围。

思考题：

1. 如何进一步“完善政府、工会、企业共同参与协商协调机制，构建和谐劳动关系”？

2. 如何认识工会组织在和谐劳动关系创建活动中的作用？

3. 如何扩大和谐劳动关系创建活动的社会影响力？

第七章　工会帮扶工作

长期以来，中国工会从帮扶工作角度出发，在维护职工合法权益、保障困难职工生活、服务广大职工等方面做出了自己的特色，在推动完善社会保障制度、参与构建社会公共服务体系、促进社会和谐等方面发挥了重要作用，受到广大职工群众，尤其是困难职工群体的赞誉和社会各界的广泛关注。大量的工作实践和创新形成了有中国特色的工会帮扶工作。这是中国工会组织在党的领导下，发挥社会管理和公共服务桥梁纽带作用，服务职工、维护职工合法权益的重要切入点和着力点，是工会充分运用党委和政府赋予的工作资源和条件，参与创新社会管理、促进社会和谐的重要内容。本章主要介绍我国社会救助和社会福利工作概况、工会帮扶工作及重要载体的有关情况。

第一节　我国社会救助和社会福利

一、我国社会救助和社会福利工作概述

（一）社会救助的概念

社会救助（Social Assistance）是国家通过国民收入再分配，对因个人、家庭、自然、社会或者其他原因而无法维持最低生活水平的社会成员给予必要的物质帮助或精神救助，以维持其基本生活需求的一种社会保障制度。社会救助的目标是帮助社会弱势群体摆脱生存危机，维护社会秩序的稳定。社会救助是

社会安全体系中最基本的“兜底线”，是保障公民基本生存的“最后一道防线”。社会救助体系是社会保障制度的重要组成部分，在保障贫困群体基本生活、维护困难群众基本生活权益、促进社会稳定方面发挥着重要作用。它主要包括城市居民最低生活保障制度、农村居民最低生活保障制度（农村五保供养和农村特困救助）、城乡医疗救助制度、临时救济制度、社会互助制度等内容。

（二）我国社会救助体系建设的主要内容

在积极推进社会保障制度建立和完善的过程中，我国政府提出了建立综合性社会救助体系的工作目标。国务院明确由民政部牵头负责，会同劳动和社会保障部、财政部、司法部、教育部等有关部委，实施建立综合性社会救助体系。2004 年，民政部门积极协调有关部门，共同出台了一系列关于贫困居民住房救助、教育救助、法律援助等方面的文件，如《城镇最低收入家庭廉租住房管理办法》、《关于进一步做好城乡特殊困难未成年人教育救助工作的通知》、《关于贯彻落实〈法律援助条例〉，切实解决困难群众打官司难问题的意见》等，初步奠定了社会救助体系建设的政策基础。同年 8 月，民政部召开了全国推进城乡社会救助体系建设工作会议，专门部署推进社会救助体系建设工作。2013 年 8 月，国务院同意建立由民政部牵头的全国社会救助部际联席会议制度，负责研究拟定完善社会救助体系的重大制度、政策、体制和机制，统筹做好最低生活保障与医疗、教育、住房等其他社会救助政策以及促进就业、扶贫开发政策的协调发展和有效衔接，研究解决救助申请家庭经济状况核对跨部门信息共享问题，督导推进全国社会救助体系建设等工作。2014 年 3 月，全国总工会增补为全国社会救助部际联席会议成员单位。2014 年 5 月 1 日起《社会救助暂行办法》正式施行，该办法分总则、最低生活保障、特困人员供养、受灾人员救助、医疗救助、教育救助、住房救助、就业救助、临时救助、社会力量参与、监督管理、法律责任、附则共13章70条。《社会救助暂行办法》的出台，为社会救助事业发展提供了法律依据，有利于统筹社会救助体系建设，不断完善托底线、救急难、可持续的社会救助制度，形成保障困难群众基本生活的安全网。《社会救助暂行办法》实施后，民政部、财政部等部门相继下发《关于全面建立临时救助制度的通知》、《关于进一步完善医疗救助制度全面开展重特大疾病医疗救助工作意见的通知》、《进一步健全特困人员救助供养制度的意见》、《关于做好住房救助有关工作的通知》、《关于贯彻落实〈社会救助暂行办法〉的通知》、《关于完善国家助学贷款政策的若干意见》、《关于印发〈中央财政困难群众救助补助资金管理办法〉的通知》、《关于进一步加强和改进临时救助工作的意见》、《关于做好当前困难群众基本生活保障工作的通知》等文件，进一步完善我国社会救助体系。2019年3月2日发布《社会救助暂行办法》，对2014年《社会救助暂行办法》部分条目进行修改完善。

（三）社会福利的概念

社会福利有广义和狭义之分。广义的社会福利是指政府为全体社会成员创建有助于提高生活质量的物质和文化环境，提供各种社会性津贴、公共基础设施和社会服务，以不断增进国民整体福利水平，主要包括各种文化教育、公共卫生、公共娱乐、市政建设、家庭补充津贴、教育津贴、住宅津贴等。狭义的社会福利是指政府和社会向老年人、儿童、残疾人等社会中特别需要关怀的人群提供必要的社会援助，以提高他们的生活水准和自立能力，主要包括老年人福利、妇女福利、儿童福利、青少年福利、残疾人福利等。社会福利是一种服务政策和服务措施，其目的在于提高广大社会成员的物质和精神生活水平，使之得到更多的享受。同时，社会福利也是一种职责，是在社会保障的基础上保护和延续有机体生命力的一种社会功能。

（四）我国社会福利事业的主要内容

我国政府积极推进社会福利事业的发展，通过多种渠道筹集资金，为老年人、孤儿和残疾人等群体提供社会福利。

1. 老年人社会福利。

《老年人权益保障法》规定，国家和社会采取措施，改善老年人生活、健康以及参与社会发展的条件。各级政府将老年事业纳入国民经济和社会发展计划，逐步增加对老年事业的投入，并鼓励社会各方面投入，使老年事业与经济、社会协调发展。近年来，通过推进社会福利社会化，逐步形成以国家、集体举办的老年社会福利机构为骨干，以社会力量举办的老年社会福利机构为新的增长点，以社区老年人福利服务为依托，以居家养老为基础的老年人社会服务体系。

2. 儿童社会福利。

依据《未成年人保护法》、《教育法》等法律法规，对学龄儿童要教养结合，使儿童在德智体三方面全面发展，至少要接受中等教育，有培养前途的应该让其深造；对婴幼儿以保育为主，使其健康成长。对智力健全但肢体残疾的，是养治教相结合，尽可能给予矫治和康复，并进行文化和职业技术教育，为将来就业创造条件；对智力发育不全的，要尽可能训练他们的生活自理能力和参加简单劳动的能力等。我国儿童福利法规已经有了较为完备的体系和充实的内容，保证了儿童福利的实施。

3. 残疾人社会福利。

国家颁布实施了《残疾人保障法》，维护残疾人的合法权益，发展残疾人事业，保障残疾人平等地充分参与社会生活，共享社会物质文化成果，为残疾人康复、教育、劳动就业、文化生活、社会福利等提供法律保障。政府通过兴办福利企业、实施按比例就业和扶持残疾人个体从业等形式，帮助残疾人实现就业；采取临时救济和集中供养以及兴办残疾人福利安养机构等福利措施，对残疾人提供特别照顾。

二、最低生活保障制度

居民最低生活保障是改革开放以来我国政府在社会救助事业上重大的制度创新，它突破了传统社会救济资源分散、效率低、缺乏公平、水平较低等弱点。基于家庭收入调查的现金转移支付救助模式不仅符合国际通行的社会救助理念，而且体现了政府在保障困难群众基本生活问题上所承担的责任，满足了我国建立健全社会主义市场经济体制的现实需要，因此为我国新型社会救助体系建设奠定了基础。

（一）最低生活保障制度建立的经济社会背景

改革传统社会救济政策，建立居民低保制度有着深刻的经济社会背景。一是市场经济体制的确立，导致大量失业下岗人员生活困难，城市贫困人口迅速增加。1986 年我国登记失业人数有 264 万人，1990 年达到 383 万人，1996 年上升到 553 万人，2001 年升到 680 万人。另据 1998 年 3 月劳动和社会保障部等部门对国有企业下岗职工情况进行的专项调查统计，1998 年第一季度国有企业下岗职工数量达到 655.7 万人。下岗失业人员剧增，从根本上改变了城市贫困群体的构成。二是收入差距拉大，相对贫困问题日益突出。据 1996 年社会蓝皮书提供的数据，东部地区城镇居民收入比中、西部地区高 40%以上；非国有制企业职工收入比国有制企业高 1/3。1997 年中国城镇 10%最高收入户与 5%最低收入户家庭人均收入之比为 4.71∶1。基尼系数也由 1978 年的 0.180 上升到 2000 年的 0.467。中国社会科学院社会形势课题组 1998 年对 50 个城市的抽样调查显示，贫富之间收入差距为 9.6 倍，比 8 年前扩大了 5 倍。相对贫困问题因收入差距的拉大日益突出，严重影响低收入家庭的生活质量。三是传统社会救济方式不能满足困难群众日益增长的救助需求。据专家估算，20 世纪 90 年代中期全国城市贫困人口的规模在 1500 万—3100 万人，占城镇人口总数的比重为 4%—8%。而 1992 年，全国城镇社会救济费用（包括临时救济）总共才 1.2 亿元，仅占当年国内生产总值的 0.005%，不到国家财政收入的 0.03%；得到国家定期定量救济的城镇困难户人数只有 19 万人，占城镇人口的 0.06%；救济对象人均月救济金额为 38 元，仅为当年城市居民人均生活费收入的 25%。因此，传统社会救济制度已不能适应经济体制改革和社会发展的需要，也无法维持困难居民最起码的生活权益。最低生活保障制度正是在这样的社会背景下，首先在城市产生，而后扩大到农村地区。

（二）最低生活保障制度的建立过程

居民最低生活保障制度最先在上海启动。经上海市政府同意，1993 年，上海市民政局、财政局等部门联合下发《关于本市城镇居民最低生活保障线的通知》，并于同年 6 月 1 日开始施行。该通知的下发标志着我国社会救济制度改革拉开了序幕。当时，上海市的低保标准为月人均 120 元，保障人口仅有 7680 人。对于家庭收入调查、资格认定、标准测算、资金发放等程序都还处于摸索中。民政部高度肯定上海市改革社会救助制度的经验，并将其积极推广。1994 年 5 月，第十次全国民政工作会议明确把“对城市社会救济对象逐步实行按当地最低生活保障线标准进行救济”列入“民政工作今后五年乃至 20 世纪末的发展目标”，并部署在东南沿海地区进行试点。几个月后，厦门市在全国率先发布《厦门市最低生活保障暂行办法》。武汉、重庆、兰州、沈阳等城市也开始着手调研并制定政策。随后几年，在民政部的努力推动下，建立城市低保制度的地区越来越多。到 1997 年 8 月底，全国建立低保制度的城市总数已达 206

个，占全国建制市的1/3。

1997年9月2日，国务院下发了《关于在全国建立城市居民最低生活保障制度的通知》。该通知是从1997年初开始，在总结各地经验的基础上起草的。八届人大五次会议指出，“现在全国有100多个城市建立了最低生活保障制度，这是保障居民基本生活需要的重要措施，也是符合中国国情的一种社会保障方法，要逐步加以完善”。同时，建立城市低保制度也写进了《中华人民共和国国民经济和社会发展“九五”计划和2010年远景目标纲要》，成为“九五”期间国家重点推进的一项工作。国务院的这个通知不仅规定了城市低保制度的救助范围、救助标准、救助资金来源等政策界限，而且明确提出在全国建立这一制度的时限要求，即在1999年底之前，全国所有城市和县政府所在地的城镇，都要建立这一制度。在此后的两年里，各级党政领导和民政部门对这项工作高度重视，积极推进，有效地保证了城市低保制度的不断推广。至1999年9月底，全国667个城市、1638个县政府所在地的镇，全部建立了城市低保制度。

1999年9月28日，国务院正式颁布《城市居民最低生活保障条例》。该条例的颁布和实施，标志着我国城市低保制度正式走上法制化轨道，也标志着这项工作取得突破性重大进展。城市低保工作在经历了各地的探索创新和完善推广后，进入全面实施和规范管理的新阶段。从1999年起，中央财政开始对中西部地区和老工业基地实施城市低保资金专项转移支付，当年安排4亿元，这一举措缓解了经济欠发达地区低保资金紧张的局面，有力促进“应保尽保”目标的实现。2001年11月，国务院办公厅下发《关于进一步加强城市居民最低生活保障的通知》，明确要求“尽快把所有符合条件的城镇贫苦人口纳入最低生活保障范围”。2001年底，保障对象达到1171万人；2002年底，人数增至2064.7万人；2003年底，已有2246.8万人领取低保金。城市低保人数的迅速增长和财政投入力度加大，初步解决了应保未保问题，也反映出这一阶段低保工作实现了跨越式发展。2003 年以后，在中央政府的重视和主导下，中国城镇低保制度进入规范管理和提高完善的新阶段。2003—2006 年，国家开始全面建设低保制度，承担更多的财政责任，完善相关配套实施，各地也探索制定低保制度的具体实施办法和细则。这一时期，城镇低保制度平稳运行，财政支出每年平均达 150 亿元，保障对象也保持在 2200 万人以上。在中央政府、民政部门以及地方政府的共同努力下，进一步推动了城市低保制度的落实与完善。

在启动城市低保的同时，农村低保制度也开始在一些地区探索建立。1996 年 12 月，民政部办公厅印发的《关于加快农村社会保障体系建设的意见》，明确提出，“凡开展农村社会保障体系建设的地方，都应该把建立最低生活保障制度作为重点，即使标准低一点，也要把这项制度建立起来”。1996—1997 年，吉林、广西、甘肃、河南、青海等省（区）先后以省（区）政府名义出台相关文件，规定资金主要从村提留和乡统筹中列支，以推进农村低保工作。2001 年，农村低保建制县市达到 2037 个。到 2002 年，全国绝大多数省份不同程度地实施了农村低保，全国救助对象达到 404 万人，年支出资金达到 13. 6 亿元，其中地方政府投入 9. 53 亿元，农村集体投入 4. 07 亿元。对于尚无法建立农村低保制度的地区，2003 年 4 月，民政部下发的《关于进一步做好农村特困户救济工作的通知》，要求按“政府救济、社会互助、子女赡养、稳定土地政策”的原则，继续实行农村特困户救助制度，即对达不到“五保”条件但生活极为困难的鳏寡孤独人员、丧失劳动能力的重残家庭及患有大病而又缺乏自救能力的困难家庭，按照一定数额的资金或实物标准，定期发放救济物资。2006 年 10 月，中共中央十六届六中全会第一次提出在全国“逐步建立农村最低生活保障制度”的要求。2007 年 5 月 23 日，国务院常务会议专题研究农村最低生活保障问题；6 月 26 日，国务院召开“在全国建立农村最低生活保障制度工作会议”，研究完善有关政策措施，对在全国建立农村最低生活保障制度进行部署；7 月 11 日，国务院印发《关于在全国建立农村最低生活保障制度的通知》，对农村低保标准、救助对象、规范管理、资金落实等内容作出了明确规定，要求在本年内全面建立农村低保制度并保证低保金按时足额发放到户。中央财政同年安排 30 亿元农村低保专项补助资金。

随着社会经济的发展，政府对社会救助工作日益重视。2007 年以后，中国的最低生活保障制度进入全民保障的新阶段，制度建设取得突出成果，极大地提高了城乡最低生活保障水平。到 2007 年 9 月底，全国 31 个省（区、市），2777 个涉农县（市、区）已全部建立农村低保制度。2007 年上半年，我国的食品价格大幅上涨，造成居民的消费水平整体上升。同年 6 月，民政部下发《关于妥善安排好近期城镇最低生活保障家庭生活的紧急通知》，对城镇低保家庭的基本生活消费品进行动态补贴。7 月，国务院印发《关于在全国建立农村最低生活保障制度的通知》，要求全面开展农村最低生活保障，明确农村低保制度的目标和总体要求，在保障标准、保障对象、资金来源以及管理体制上也作出原则性规定。这一政策的出台，标志着我国的最低生活保障制度进入城乡一体建设、全民“应保尽保”的新时期。8 月，民政部和财政部联合发布《关于妥善安排城市居民最低生活保障家庭生活有关问题的通知》，指出通过提高低保标准、发放临时补贴等保障低保家庭的生活水平。据统计，到 2022 年 3 月，城镇低保制度的保障人数已达 716. 8 万人，平均保障标准为每人每月 721. 9 元，比上年增长 5. 5%。

2008 年 2 月，民政部和财政部联合下发《关于进一步提高城乡低保补助水平妥善安排困难群众基本生活的通知》，要求各地进一步提高城市和农村低保制度的补助水平，消除生活消费品上涨对贫困群体的影响。此外，国家也很重视低保群体的就业问题。2008 年 2 月，国务院下发《关于做好促进就业工作的通知》，要求积极推动城市低保人员再就业。与此同时，国家也开始从法律制度建设层面推进社会救助体系的完善。8 月 15 日，国务院公布《社会救助法（征求意见稿）》，标志着我国社会救助工作进入法制化轨道。这一时期的工作重点逐步由建制转到具体执行上，开始对制度的细节进行完善。10 月，由民政部牵头，会同有关部委联合发布《城市低收入家庭认定办法》，明确城镇低收入家庭的认定标准、程序和方法等方面内容。2010 年 8 月，民政部发布《关于进一步加强城市最低生活保障对象认定工作的通知》，在城镇低保对象的认定条件和认定方法上作出规定，有利于低保对象的识别，在一定程度上保证低保资金用到实处。2011 年 5 月，民政部社会救助司印发《关于进一步规范城乡居民最低生活保障标准制定和调整工作的指导意见》，要求各地科学确定和调整城镇低保标准，落实和改进低保工作。2012 年 9 月，国务院下发《关于进一步加强和改进最低生活保障工作的意见》，提出六项改进措施。2012 年 12 月，民政部印发《最低生活保障审核审批办法（试行）》，将城镇低保对象的认定进一步细化，包括家庭财产调查、申请条件等。2013 年 8 月，由民政部牵头的全国社会救助部际联席会议制度正式建立，全国社会救助体系建设迈出重要一步。2014 年 5 月，《社会救助暂行办法》正式施行，为社会救助事业发展提供了法律依据，有利于形成保障困难群众基本生活的安全网。

2021 年 6 月 4 日，民政部制定了《最低生活保障审核确认办法》，加快推进低保制度城乡统筹，删除了有关城市低保、农村低保的概念，所有规定不再区分城乡，统一规范为“最低生活保障”。《办法》聚焦特殊群体，聚焦群众关切，把握社会发展趋势，围绕切实兜住兜牢基本民生保障底线的目标要求，适度扩大低保的保障范围，并对最低生活保障审核确认流程进行了优化和完善。

目前，城乡最低生活保障工作已经形成较稳定的制度安排，并且作为社会救助制度的主体，在社会保障体系中发挥越来越重要作用。

（三）最低生活保障制度的主要内容及实施情况

最低生活保障是一种直接的现金救助制度。凡共同生活的家庭成员人均收入低于当地低保标准的，均有从当地人民政府获得现金救助及其他物质帮助的权利。

从救助对象看，城市低保主要针对持有非农业户口的城市居民，农村低保对象主要是因病残、年老体弱、丧失劳动能力以及生存条件恶劣等原因造成生活常年困难的农村居民。从救助标准看，城市低保标准主要“按照当地维持城市居民基本生活所必需的衣、食、住费用，并适当考虑水电燃煤（燃气）费用以及未成年人的义务教育费用确定”。农村低保标准主要“按照能够维持当地农村居民全年基本生活所必需的吃饭、穿衣、用水、用电等费用确定”。

从救助程序看，城乡低保大体一致，主要包括困难居民提出申请、社区居委会（村委会）初审、乡镇（街道办事处）复核、县级民政部门审批等程序。从救助金发放看，城市低保一般由县级民政部门委托银行、信用社或邮政储蓄按月发放，农村低保一般按季度或半年由金融机构或民政部门直接发放。在具体实施中，各地还建立了社区评议、三榜公示、动态管理、分类施保、就业连动等制度，进一步强化低保救助的制度绩效。

城乡居民最低生活保障制度的建立，从根本上修正了传统社会救济制度的缺陷，为城乡社会救助的统一奠定了基础。同时，随着救助人数不断扩大，救助标准逐步提高，救助资金逐年增加，救助程序日益规范，困难群众的基本生活得到了保障。从救助对象看，城市低保救助对象从2000年的403万人增加到2022年3月的721.9万人，农村低保对象从2002年的407.8万人增加到2022年3月的3411.1万人，基本实现了“应保尽保”的工作目标。

从资金来源看，实施最低生活保障制度所需资金，由地方各级人民政府列入财政预算，纳入社会救济专项资金支出科目，专账管理。每年年底前由各级民政部门提出下一年的用款计划，经同级财政部门审核后列入预算，定期拨付；年终要编制决算，送同级财政部门审批。国家鼓励社会组织和个人为最低生活保障提供捐赠、资助，所提供的捐赠、资助，全部纳入当地最低生活保障资金。

从低保标准看，呈现出明显的上升态势。其中，城市低保平均标准从2003年的149元/人·月增加到2022年3月的721.9元/人·月，农村低保年平均标准达6506.8元/人·年。

三、其他救助制度

城乡低保制度的实施初步解决了困难家庭吃饭、穿衣等日常生活问题，但仍无法满足他们在就医、就学以及住房方面的专门需求。为此，民政部适时提出以低保为核心建设新型社会救助体系，在城乡低保之外，努力推动五保供养、医疗救助、住房救助、教育救助、临时救助等救助制度的发展，着力为困难群众打造一张能够保障其基本生活的社会安全网。

（一）城乡特困人员供养制度

2013年，国务院决定建立城乡特困人员供养制度，覆盖农村五保户和城市中类似人员，对无劳动能力、无生活来源且无近亲属的鳏寡孤独及重度残疾等特困人员，提供基本生活条件和必要的照料。为解决城乡发展不平衡、相关政策不衔接、工作机制不健全、资金渠道不通畅、管理服务不规范等问题，切实保障特困人员基本生活。2016 年 2 月，《国务院关于进一步健全特困人员救助供养制度的意见》，以进一步完善社会救助体系、编密织牢民生安全网。2017 年 6 月，财政部、民政部下发《中央财政困难群众救助补助资金管理办法》，采取因素法补助各地特困人员救助供养。截至 2022 年 3 月，全国共有特困人员 467. 3 万人，其中城市特困人员救助供养人数 33. 1 万人，农村特困人员救助供养人数 434. 2 万人。2022 年 1—3 月，累计支出特困供养资金 122. 4 亿元。

（二）城乡医疗救助制度

2003 年 11 月，民政部、卫生部、财政部联合下发《关于实施农村医疗救助的意见》，拉开了医疗救助制度建设的序幕。2005 年 3 月，国务院办公厅转发民政部、财政部等联合下发的《关于建立城市医疗救助制度试点工作的意见》，计划用两年时间进行试点，之后再用两至三年的时间在全国建立起管理制度化、操作规范化的城市医疗救助制度。2009 年，民政部下发了《关于进一步完善城乡医疗救助制度的意见》，要求地方各级财政特别是省级财政要切实增加投入，进一步扩大医疗救助基金规模。除中央财政安排专项资金，对困难地区开展城乡医疗救助给予补助外，各地要动员和发动社会力量，通过慈善和社会捐助等，多渠道筹集资金。2015 年 4 月，国务院办公厅转发民政部等部门《关于进一步完善医疗救助制度 全面开展重特大疾病医疗救助工作意见的通知》，整合城乡医疗救助，完善医疗救助制度，明确最低生活保障家庭成员和特困供养人员是医疗救助的重点对象，同时明确了救助标准与医用药范围，加强了与相关医疗保障制度的衔接。截至 2021 年底，全国医疗救助支出 619. 90 亿元，资助参加基本医疗保险 8816 万人，实施门诊和住院救助 10126 万人次，全国次均住院救助、门诊救助分别为 1074 元、88 元。2021 年，中央财政安排医疗救助补助资金 302 亿元，比上年增长 16.2%。

（三）住房救助制度

2014 年 11 月，住房和城乡建设部、民政部、财政部三部委联合印发了《关于做好住房救助有关工作的通知》，对解决最低生活保障家庭、分散供养的特困人员的住房困难作了相应制度安排，旨在进一步贯彻落实《社会救助暂行办法》的要求，切实保障特殊困难群众获得能够满足其家庭生活需要的基本住房。住房救助采取优先配租公共租赁住房、发放低收入住房困难家庭租赁补贴等方式实施，其中对配租公共租赁住房的，给予租金减免。对农村住房救助对象，优先纳入当地农村危房改造计划，优先实施改造。2012 年以来，改造棚户区住房 4200 多万套，改造农村危房 2400 多万户；截至 2022 年上半年，3800 多万困难群众住进公租房，累计 2700 万困难群众领取租赁补贴，城镇低保、低收入住房困难家庭基本实现应保尽保，其他住房、收入困难家庭居住条件得到有效改善。通过公租房优先保障，645 万名 60 岁以上老年人、82 万名残疾人、30 万名优抚对象、30 万名环卫工人和公交司机等特殊困难群体改善了居住条件。

（四）教育救助制度

教育救助制度是指国家针对最低生活保障家庭成员及特困供养人员，通过减免费用、发放助学金、给予生活补助、安排勤工助学等手段，保障其各个教育阶段基本学习与生活的专项社会救助制度。2015 年 11 月，中共中央、国务院印发《关于打赢脱贫攻坚战的决定》，要求加大教育救助力度，以阻断贫困的代际传递，实现精准扶贫，正式赋予了教育救助制度“调整社会结构，防止阶层固化”的政策目标。2015 年 7 月，教育部、财政部、中国人民银行、银监会联合下发《关于完善国家助学贷款政策的若干意见》，经过探索与完善，助学贷款逐步形成了符合中国国情和高校特点的发展模式，进一步提升国家助学贷款政策实施效果，确保高校家庭经济困难学生顺利完成学业。据统计，2021 年中央财政下达城乡义务教育补助经费 1739.3 亿元，同比增长 2.5%，重点支持地方落实城乡义务教育经费保障机制。“十三五”时期中央财政累计安排补助经费达 7495 亿元，年均增长 5.97%，其中，用于农村地区的资金占比一直保持在 90%左右，用于中西部地区的资金占比保持在 80%以上。全国每年约 1.57 亿名学生免除学杂费并获得免费教科书，2500 多万名家庭经济困难学生获得生活补助，约 1400 万名进城务工农民工随迁子女实现生均公用经费基准定额和“两免一补”经费可携带，营养改善计划惠及约 3200 万名贫困地区学生。

（五）临时救助制度

临时救助制度指国家对遭遇突发事件、意外伤害、重大疾病或其他特殊原因导致基本生活陷入困境，其他社会救助制度暂时无法覆盖或救助之后基本生活暂时仍有严重困难的家庭或个人给予的应急性、过渡性的救助。2007 年 6 月，民政部下发《关于进一步建立健全临时救助制度的通知》，对临时救助的对象、标准、程序等进行了规范。2014 年 10 月，国务院印发《关于全面建立临时救助制度的通知》，部署进一步发挥社会救助托底线、救急难作用，解决城乡困难群众突发性、紧迫性、临时性生活困难。2018 年 1 月，财政部、民政部下发《关于进一步加强和改进临时救助工作的意见》，细化明确临时救助对象范围和类别，对审核审批流程进行优化，科学制定救助标准，拓展完善救助方式并加强了与慈善救助的衔接，切实保障好困难群众基本生活。2022 年上半年，全国共实施临时救助 480.2 万人次，累计支出资金 45.2 亿元；对因疫遇困群众实施临时救助 147.9 万人次，累计支出资金 4.8 亿元；对未参保失业人员实施临时救助 1.9 万人次，累计支出资金 1925 万元。

第二节　工会帮扶工作概述

一、工会帮扶工作的概念

（一）工会帮扶工作的概念

工会帮扶工作，是各级工会组织认真贯彻党和国家的方针政策，切实履行工会维护基本职责，通过各种途径和形式，对在生活方面遇到困难和问题的职工提供生活救助、医疗救助、助学救助等帮扶，使他们尽快摆脱困境的一项重要工作。它是工会直接联系和服务职工的有效载体和重要途径，是中国特色社会主义工会发展道路的重要内容，是国家帮扶制度和我国社会救助体系的重要组成部分。各级工会通过开展送温暖活动，不断完善困难职工帮扶中心建设，为困难职工群体做了大量的好事、实事，解决了许多难事，对调动职工积极性，稳定职工队伍，促进国民经济持续、快速、健康地发展，以及构建社会主义和谐社会发挥了重要的作用。

（二）工会帮扶工作的具体内容

1. 生活救助：主要用于困难职工家庭基本生活支出、住房、取暖降温等方面生活保障。

2. 医疗救助：主要用于困难职工本人或家庭成员因患重特大疾病、罕见病、重病残疾护理、患慢性病长期服药、感染重特大传染病等，经基本医疗保险、大病保险、商业保险、互助保障等报销和其他部门救助后，仍然难以承担的医疗医药费用补助，补助不超过个人承担部分。

3. 助学救助：主要用于困难职工家庭子女上学期间所需生活费、路费和其他必要支出，及工会勤工俭学项目岗位补贴。

4. 职业培训和职业介绍：主要用于帮助有劳动能力的困难职工家庭成员提升就业和职业发展能力，及鼓励困难职工家庭成员充分就业的补贴。

5. 法律援助：主要是对劳动经济权益受到侵害的困难职工开展法律援助服务。

6. 其他帮扶项目。

二、工会帮扶工作的意义

工会帮扶工作是党的群众路线的具体体现，是工会发挥党联系职工群众的桥梁纽带作用的有效形式，是工会维护职工劳动经济权益、构建和发展和谐劳动关系的客观需要，是社会救助体系的重要组成部分，是实行国家帮扶制度的重要举措。

（一）工会帮扶工作是党的群众路线的具体体现，是工会作为党联系职工群众的桥梁纽带作用的有效形式

我们党和政府的性质决定了必须把为人民谋利益作为自己全部活动的出发点和归宿。坚持党的群众路线，始终保持同人民群众的血肉联系。群众路线是实现党的思想路线、政治路线、组织路线的根本工作路线，群众观点是历史唯物主义的基本观点，群众立场是决定我们党的性质的根本问题。习近平总书记指出："今天，衡量一名共产党员、一名领导干部是否具有共产主义远大理想，是有客观标准的，那就要看他能否坚持全心全意为人民服务的根本宗旨。"在深化改革过程中，在遇到矛盾和困难的情况下，我们更要相信群众和依靠群众，时刻把群众的冷暖挂在心上，想群众之所想，急群众之所急，办群众之所盼。

关心群众生活，体察群众疾苦，妥善安排好困难群众的生活问题，有利于调动广大人民群众的积极性，有利于转变干部的作风，有利于社会的稳定。这样，党和政府与群众的关系才会更加密切，才能更好地体现社会主义制度的优越性。工会帮扶工作有利于帮助干部增强马克思主义的群众观点，进一步转变作风，深入基层，到困难企业中去，到困难群众中去，到最艰苦的地方去，开展调查研究，体察民情，及时妥善地解决群众的实际问题，积极引导广大职工群众听党话、跟党走。

（二）工会帮扶是维护职工劳动经济权益、构建和发展和谐劳动关系的客观需要

劳动经济权益是职工最关心、最直接、最现实的利益问题，是党和政府高度重视和关注的民生问题，也是工会履行维护职工合法权益基本职责、在构建和谐社会中发挥作用的重要着力点。习近平总书记指出："越是困难的时候，越要发挥职工群众主人翁作用，越要关心职工群众生产生活和职业发展，把全心全意依靠工人阶级的方针落实好。"近年来，各级工会始终把大力保障困难职工基本生活、切实维护职工合法权益、努力满足广大职工需求作为崇高使命和神圣职责，协助政府扩大就业，推动社会保障健全完善，推进扶贫解困，努力解决职工群众生活、上学、就医、住房等方面的困难，大力发展职工福利、互助互济等各项事业，充分体现党中央对困难群众生产生活问题的高度重视和深切关怀。当前，我国已经进入中国特色社会主义新时代。新的历史使命背后有职工群众对未来美好生活的新向往和新追求，对进一步做好工会帮扶工作提出了更高要求。基于此，各级工会帮扶系统一定要坚持以习近平新时代中国特色社会主义思想为引领，不断加大工会帮扶工作力度，特别是困难职工解困脱困的帮扶和保障力度，从维护改革发展稳定大局的高度出发，把做好困难职工解困脱困工作作为促进职工队

伍和社会稳定的重要工作抓紧抓好，确保广大职工在共建共享发展中有更多获得感，为供给侧结构性改革的顺利推进营造良好社会环境。

（三）工会帮扶工作是我国工人阶级互助友爱传统的继承和发扬，是工会落实党的全心全意依靠工人阶级方针的重要举措

落实党的全心全意依靠工人阶级的方针，必须通过政治、经济、法律、舆论、行政等各种手段，保证工人阶级主人翁地位的落实，使职工的合法权益不受侵犯。同时，也必须重视和解决职工群众中存在的实际问题。工会实施送温暖工程、开展困难职工解困脱困工作的目的，就在于通过为困难企业和职工排忧解难，切实维护职工的切身利益，调动职工的积极性，把职工群众更好地团结在党的周围。一直以来，在经济调整和转型时期以及一些地方遭受自然灾害的情况下，工人阶级发扬了阶级友爱的精神，开展多种多样的互助互济活动，解决了企业和职工大量的问题，各级工会以集体的力量来帮助困难职工克服困难，引导困难职工和困难企业依靠自身的努力，挖掘各方面的潜力，开展生产自救，逐步增强自身的造血功能，摆脱困境，体现了社会主义制度的优越性。2018 年 10 月 29 日，习近平总书记在同全国总工会新一届领导班子成员集体谈话时强调："要做好城市困难职工解困脱困工作，及时做好因各种原因返贫致困职工的帮扶救助，为广大职工提供具有工会特点的普惠性、常态性、精准性服务。"

（四）工会帮扶工作是工会工作的重要内容，是工会参与加强和创新社会管理的重要载体

工会作为党联系职工群众的桥梁和纽带、国家政权的重要社会支柱、职工利益的代表者和维护者，在加强和创新社会管理中责任重大、任务艰巨。长期以来，工会通过源头参与、社

会监督、帮扶救助等方式，积极推动和协助政府落实改善民生的制度安排和重大举措，维护职工劳动就业、收入分配、社会保障、劳动安全卫生等权益，充分发挥工会在社会管理中的作用，积极推动和协助政府把改善民生的制度安排、重大举措落实到教育、就业、医疗、养老、住房等人民群众普遍关心的热点、难点问题上，特别是通过帮扶中心等平台，进一步完善工会帮扶工作社会化机制，构建救助、维权、服务三位一体帮扶模式，完善职工权益保障状况的调查和监控体系，及时掌握第一手情况，做好评估、分析、研判工作，把改善民生的重点放在困难职工群众上，以民生和谐促进社会管理。实践证明，工会帮扶工作是工会维护职工劳动经济权益的客观需要，是参与社会管理的重要载体。

三、工会帮扶工作的发展历程

长期以来，工会发扬扶贫帮困、互助互济的光荣传统，自觉围绕党和政府的中心工作以及职工群众的需求，与时俱进，不断创新，积极开展各种形式的帮扶工作，办好事、做实事、解难事，把党和政府的温暖送到职工群众的心坎上，进一步密切了党和政府与人民群众之间的联系，调动了职工群众的积极性，维护了改革、发展、稳定大局。回顾工会帮扶工作的发展历程，全国工会及时以党中央、国务院作出的重大决定为主要标志和动力，从深度和广度上不断推进工会帮扶工作。

（一）工会送温暖活动的发展

1992 年之前，各地工会积极开展各种形式的互助活动，部分地方工会探索送温暖活动形式解决困难职工生活困难问题。20 世纪 80 年代，牡丹江等地工会组织开展了“学雷锋，树新风，送温暖，做群众贴心人”等活动，协调和动员党政工干部和社会各界力量，走访慰问困难职工家庭，为困难企业和困难职工排忧解难。1985 年，全国总工会召开全国工会群众生活工作会议，认真总结中国工会九大以来职工生活（帮扶）工作的成绩和经验，提出职工生活（帮扶）工作要实现转型，更好地为职工服务、为经济改革服务。随后，哈尔滨、南京、徐州等地通过给特困职工发补贴的形式开展送温暖活动。1988 年开始，类似的活动相继在全国各地工会组织中兴起。许多地方工会和企事业单位工会从开展各种修理和服务活动，到关心和解决生活困难，通过“民建公助”、“公建民助”、“互助互建”和“自筹自建”等多种形式广泛开展各种生活互助活动，到 1990 年底，共发展医疗、养老、喜庆和保险等互助组织近 4 万个，参加职工人数达 528 万人。

20 世纪 90 年代初期，部分国有企业和城镇集体企业受结构调整、市场变化等多种因素的影响，生产经营陷入困境，下岗职工逐年增多，停、减发职工工资和离退休金问题越来越突出，部分职工生活困难。1991 年末，全国总工会决定在 1992 年元旦、春节期间，开展“进万家门、知万家情、解万家难、暖万家心”的送温暖活动，以受灾地区和“双停”、亏损企业的困难职工、离退休职工为主要对象进行走访慰问，送去党和政府的温暖。当年全国总工会组成 8 路慰问团分赴 18 个省、自治区、直辖市共慰问了 168 个企事业单位和 540 户各类职工家庭。随后每年“两节”开展的送温暖活动，取得明显的社会效果，1992—2022 年，各级工会筹集送温暖资金 821 亿元。仅 2022 年“两节”送温暖活动，全国工会就筹集款物 36.26 亿元，走访慰问各类职工 874.1 万人次。工会组织在党和政府的支持下，充分发挥桥梁纽带作用，把党和政府的关怀送到职工群众的心坎上，对提高职工战胜困难的信心和勇气，促进困难企业扭亏为盈，密切联系职工群众，维护职工队伍和社会的稳定，起到良好的作用。

为适应建立社会主义市场经济体制和加快推进深化国有企业改革的要求，1994 年初，全国总工会根据形势的发展，将一年一度的送温暖活动拓展为“送温暖工程”，实现送温暖活动的经常化、制度化、社会化。其内容主要包括：大力开展职工扶贫解困工作；积极推进职工互助互济活动；协助政府广开门路，为失业职工再就业创造条件；配合政府帮助困难企业扭亏为盈；逐步兴办群众性公益性互助性基金组织。各级工会在实施送温暖工程过程中，与有关方面紧密配合，帮助困难企业扭亏为盈，协助党委、政府推动经济体制改革。县市以上工会每年选择若干家符合国家产业结构调整方向、具有发展前途的困难企业进行重点扶持，使企业扭转困难局面。切实抓好由全国总工会和国务院扶贫开发领导小组共同组织实施的“万人工培”计划，从 1994 年到 2000 年，每年组织来自国家重点扶持贫困县的 1 万名职工，到发达地区的先进企业学习生产技术和管理经验，促进贫困地区企业的技术进步和提高经济效益。

同时，各级工会积极推动城市低保制度建立和完善，协助民政部门做好城市低保工作。1996 年 8 月，全国总工会向国务院报送了《关于建立城市最低生活保障制度的建议》，在此推动下，1997 年 9 月 2 日，国务院下发《关于在全国建立城市居民最低生活保障制度的通知》，至 1999 年 9 月底，全国 667 个城市、1638 个县政府所在地的镇，全部建立了城市低保制度。1999 年 9 月 28 日，国务院正式颁布《城市居民最低生活保障条例》。各级工会通过建立困难职工档案，帮助困难职工纳入低保范围，1996 年 12 月，全国总工会办公厅下发《关于印发〈建立生活困难职工档案制度暂行办法〉的通知》。各市县级工会和基层工会以困难职工家庭为对象，以城镇居民最低生活保障线作为画线标准，建立特困职工档案并实行动态管理。2006 年《建立困难职工档案制度暂行办法》发布，2016 年 6 月全国总工会下发《关于做好困难职工解困脱困建档立卡工作的通知》，同年 12 月印发《困难职工档案管理办法》。2007 年开发了全国工会帮扶工作管理系统软件，并下发通知，要求全国各级工会启用工会帮扶工作管理系统软件，2017 年完成新版工会帮扶管理系统升级上线，提升困难职工档案管理、专项资金管理使用智能化功能，实现对困难职工档案和帮扶工作信息化管理。截至 2022 年 5 月，全国共建立 9.6 万户困难职工家庭电子档案。

送温暖工程得到了各级党委、政府的关怀和大力支持。江泽民等中央主要领导同志就实施送温暖工程问题发表重要讲话或作批示，并带头参与元旦、春节期间的送温暖活动。一些省市的党政主要领导亲自担任送温暖工程领导机构的领导成员。1995 年 2 月 9 日，江泽民同志对全国总工会党组《关于送温暖情况的简要报告》作了重要批示：送温暖是我们党的好传统，要发扬。1996 年，江泽民、胡锦涛同志分别在广西、甘肃考察慰问，并就送温暖活动作了重要讲话。

党的十五大和十五届一中全会提出的“用三年左右的时间，使大多数国有大中型亏损企业摆脱困境，力争到 20 世纪末大多数国有大中型骨干企业初步建立现代企业制度”的要求。1996 年底，各地工会开始把实施“再就业工程”与解困工作紧密结合起来，加快劳动力市场建设，积极促进生活困难的下岗职工重新就业，采取开办职工消费合作社等形式，为下岗职工提供再就业岗位和解决生活困难问题。1998 年底，正值国有企业改革进入攻坚阶段和实施三年解困目标的关键时期，全国总工会十三届二次执委会议明确提出，各级工会要在大力实施“送温暖工程”、积极协助政府妥善安排好下岗职工的基本生活、帮助下岗职工实现再就业的同时，对特困职工承担起“第一责任人”（第一知情人、第一报告人、第一帮助人）的职责。送温暖工程的重点已从帮扶特困职工向维护困难职工群体合法权益的方向延伸，并努力推动其与完善社会保障制度相结合。当时，各地工会创办职业介绍机构 800 余所，成功介绍下岗失业人员再就业 50 余万人次，建立培训机构 1300 余个，累计举办各类培训班 3.4 万余期，培训职工 218 万人，经培训重新上岗 100 万余人。同时，还努力建立职工补充保障体系，到 1998 年 5 月，全国已有 27 个省级工会、517 个市级工会、2580 多个区县工会、1.7 万多个基层工会建立了帮困基金，基金总额达 22 亿元。

在送温暖工程实施十周年之际，江泽民同志亲笔题词“送温暖工程”。2002 年 1 月，全国总工会在北京隆重召开了纪念送温暖工程十周年座谈会，回顾总结了十年来送温暖工程取得的成绩和经验。

（二）困难职工帮扶中心的建立与发展

2001 年底，中央经济工作会议提出，必须从改革发展稳定大局的政治高度，把扩大就业、改善人民生活的工作抓紧抓好。2002 年，工会开始建立困难职工帮扶中心，构造工会帮扶工作长效机制。全国总工会十三届四次执委会议指出：“广大工会干部务必增强紧迫感和责任感，把帮扶特困职工的工作精神、工作经验和工作机制，发扬光大到维护困难职工群体合法权益上来。”同年召开的全国再就业工作会议，对进一步巩固两个“确保”（确保企业离退休人员基本养老金按时足额发放；确保国有企业下岗职工基本生活费按时足额发放）和完善社会保障体系的基础上，全面推进就业和再就业工作、保持改革发展稳定的大好局面进行了部署。9 月 27 日，全国总工会召开了十三届九次主席团（扩大）会议，就如何贯彻落实全国再就业工作会议精神，充分发挥工会自身优势，努力为职工办好四件事，在帮助下岗失业人员进行职业培训、职业介绍、就业安置和救助困难职工等方面发挥积极作用，决定在总结天津市总工会创建全国第一家困难职工帮扶中心的经验基础上，提出在三年内在全国 200 个大中城市建立困难职工帮扶中心的工作目标。随后各地工会纷纷建立困难职工帮扶中心，通过信访接待、政策咨询、生活救助、就业帮扶、法律援助等有效形式，对困难职工进行“一条龙、一站式”服务和帮扶，工会帮扶工作在实现经常化、制度化、社会化方面迈出了坚实的一步。截至 2022 年初，全国各级工会共建立县以上困难职工帮扶中心 3361 个和基层工会帮扶站点 96067 个，所有的地市级城市和应建县级城镇都建立了帮扶中心。帮扶中心建立以来，已累计筹集帮扶资金 488. 2 亿元，帮扶困难职工和农民工 1 亿余人次。中央财政年度拨款也从 2006 年的 1 亿元增加到 2022 年的 9. 6 亿元，并持续撬动各地配套帮扶资金和各类社会帮扶资源，社会效益持续放大，为做好帮扶工作提供了重要的资金保障。各地工会以自建或与社会联办的方式，拓展帮扶中心平台，建立了上千家扶贫超市，爱心医院、药店、学校，职工培训基地、职业介绍机构、法律援助中心、农民工维权中心，形成与政府部门和社会各方面有机衔接，寓困难帮扶、劳动争议调解、法律援助以及农民工维权于一体的长效帮扶机制。工会帮扶中心作用的发挥，引起了中央领导同志的高度重视。胡锦涛同志在 2006 年 5 月 14 日视察了昆明市困难职工帮扶中心，2006 年底视察了辽宁省葫芦岛市扶贫超市，2007 年 12 月 31 日视察了天津市困难职工帮扶中心，2011 年 6 月 2 日视察了武汉市青山区帮扶中心。胡锦涛同志五年四次视察帮扶中心，并作了重要指示，充分肯定了工会帮扶中心是一个创举，工会帮扶工作是保障和改善民生的一项重要工作。

（三）工会帮扶工作的扩展

从 2005 年开始，各级工会开始把帮扶范围拓展到困难职工子女，帮助他们解决上学难、就业难问题。早在 20 世纪 90 年代末，河南、安徽、陕西等一些地方工会为了解决困难职工子女上学难的问题，每年开展助学活动，帮助困难职工家庭缓解压力。2005 年，全国总工会决定在各地工会开展助学活动的基础上，统一名称，统一时间，全国范围内集中开展金秋助学活动，对困难职工家庭的上学子女给予学费资助和生活补贴。同时加强对困难家庭学生的素质培养、价值观引导和情感关怀，积极推动政府将农民工子女纳入当地义务教育范围，帮助解决农民工子女上学难题。2009 年，针对金融危机影响导致一些困难职工家庭高校毕业生就业困难，全国总工会决定开展“困难职工家庭高校毕业生阳光就业行动”，充分利用国有大中型企业、劳模企业、社会爱心企业等资源，为困难职工家庭高校毕业生提供勤工俭学岗位和培训、实习机会，优先推荐他们就业。

一直以来，党中央、国务院高度重视农民工问题，制定了一系列保障农民工权益和改善农民工就业环境的政策措施，各地区、各部门做了大量工作，取得了明显成效。但农民工面临的问题仍然十分突出，引发了不少社会矛盾和纠纷。能否解决好这些问题，直接关系到维护社会公平正义，关系到社会和谐稳定。自 2003 年开始，工会就十分关注保障农民工合法权益，2004 年“两节”期间，各级工会将送温暖活动与清理工资拖欠紧密结合起来，推动欠薪问题的解决，各级工会连续多年与有关部门联合开展农民工工资支付专项检查，共清理拖欠工资 100 多亿元。

2006 年伊始，中央领导同志作出了关于进一步做好维护农民工合法权益有关问题的重要批示。1 月 3 日，全国总工会发出《认真学习贯彻中央领导同志重要批示精神，切实维护农民工合法权益的紧急通知》；1 月 5 日，全国总工会召开全国工会学习贯彻中央领导同志重要批示精神、进一步做好维护农民工合法权益工作电视电话会议，号召各级工会积极开展向农民工送温暖活动，努力为农民工办实事、做好事、解难事，在全社会叫响“农民工有困难找工会”。各级工会帮扶中心把农民工纳入帮扶范围，拨送温暖专项资金、设立农民工接待服务窗口、为农民工办理互助保险、与农民工同过春节。2007 年，针对农民工春运返乡难问题，全国总工会又联合铁道部和交通部开始实施“农民工平安返乡行动”，截至 2022 年，通过包专机、专列、专车、购买团体票等形式，共帮助 13038 万名农民工平安返乡。2009 年，为应对国际金融危机冲击造成大量农民工失业返乡，全国总工会组织各地工会实施“共同约定行动”、“千万农民工援助行动”和“家政服务工程”，通过开展就业培训、岗位援助、创业指导、维权服务、生活帮扶等措施，有 1394 万名农民工受到帮扶；“家政服务工程”共培训家政服务人员 36. 74 万人，并帮助其中 26. 3 万人落实了就业岗位。

从 2011 年开始，各级工会根据形势发展需求，扩展工会帮扶工作领域、对象、职责，转变方式方法，开始推进工会帮扶工作常态化、长效化，不断创新发展。2011 年“两节”送温暖活动，全国总工会明确提出“三个面向”，即面向广大职工、面向先进模范人物、面向困难职工群体。各级工会在走访慰问困难职工的同时，通过开展各种活动，为职工提供学习、生活、娱乐等方面的服务。2011 年 6 月 2 日，正在湖北省考察工作的胡锦涛同志特地来到武汉市青山区困难职工帮扶中心视察，强调指出：“帮扶困难职工是保障和改善民生的一项重要工作。希望你们坚持以服务为宗旨，加大帮扶力度，竭诚为困难职工多办实事、多做好事、多解难事，真正成为党和政府联系职工群众的桥梁和纽带。”同年 3 月 1 日，习近平同志在中共中华全国总工会党组关于 2011 年元旦、春节期间全国工会开展送温暖活动情况的报告上作出重要批示，充分肯定了工会开展的送温暖活动取得的成效和发挥的作用，对工会组织进一步做好送温暖、困难职工帮扶、法律援助等工作提出了明确要求。3 月 7 日，全国总工会下发了《中华全国总工会关于认真学习贯彻习近平同志重要批示精神进一步做好工会帮扶工作的通知》，对各级工会认真学习贯彻中央领导同志重要批示精神，进一步开展好送温暖活动和工会帮扶工作，切实发挥工会组织在促进社会和谐、维护改革发展稳定大局中的重要作用进行了统一部署。同年 9 月，全国总工会下发了《中华全国总工会关于进一步推进工会帮扶工作常态化、长效化的指导意见》，进一步明确了推进工会帮扶工作常态化、长效化的总体要求和任务目标，提出各级帮扶中心要构造救助、维权、服务三位一体帮扶工作格局，形成以地市级帮扶中心为骨干，县级帮扶中心为支撑，乡镇街道、规模企业帮扶站点为基础的“全面覆盖、分级负责、上下联动、区域协作”的帮扶工作体系。积极参与政府保障和改善民生各项政策的制定并推动贯彻落实，在继续做好保障困难职工家庭基本生活，帮助他们解决生活、就业、医疗、住房、子女上学等实际困难的同时，进一步加强工会法律援助、心理疏导和人文关怀等服务，维护职工合法权益，满足职工会员的多元化需求。

2012 年 1 月 5 日，全国总工会在人民大会堂隆重召开了“全国工会送温暖活动开展 20 周年、困难职工帮扶中心建设 10 周年座谈会”，回顾总结了 20 年来工会帮扶工作取得的成绩和经验，评选表彰了 285 名全国工会帮扶工作先进个人和 138 家全国工会先进帮扶中心，选树 12 个“全国工会帮扶工作标兵”和 14 家“全国工会帮扶工作标兵单位”，并对今后继续深化送温暖工程进行了研究和部署。王兆国同志出席座谈会并讲话，他强调，送温暖和帮扶工作是一项利国利民的民心工程，各级工会组织和广大工会干部要把群众观点、群众路线贯彻始终，把实现好、维护好、发展好职工群众的根本利益贯彻始终，把全心全意为职工服务的奉献精神贯彻始终。要推动形成功能完备、体系完整、制度健全、覆盖全面的中国特色社会主义工会帮扶体系，使工会送温暖和帮扶工作进一步融入中国特色社会管理格局，在促进经济平稳较快发展与社会和谐稳定中发挥更大作用。

2012 年 7 月，全国总工会下发了《工会帮扶工作发展规划（2012—2015 年）》，明确了到 2015 年工会保障和帮扶工作的发展思路和目标任务，在促进帮扶工作平台和信息化建设、提高困难职工生活保障水平、加大促进就业创业工作力度、扎实开展职工法律服务和心理疏导等人文关怀方面实现新突破。同年 12 月，全国总工会下发了《关于进一步加强企业工会帮扶工作的指导意见》，提出通过着力推进企业工会帮扶工作平台建设、着力推进地方工会与企业工会帮扶工作统筹衔接、着力推进与政府部门及社会各方的沟通协调、着力推进帮扶工作信息化建设等方式，不断增强帮扶实力，提高帮扶水平，切实为困难职工排忧解难，努力为全体职工提供多元服务，逐步推动形成工会服务职工的长效机制。

（四）新时代以来的工会帮扶工作

党的十八大以来，以习近平同志为核心的党中央十分关心工人阶级和广大劳动群众，高度重视工会工作和广大职工群众生活，中央财政专项帮扶资金的投入力度持续加大。为进一步规范中央财政专项帮扶资金的分配、使用和管理，2015 年 5 月，全国总工会出台了《中央财政专项帮扶资金使用管理办法》，进一步强调要坚持“依档帮扶”、“先建档、后帮扶、实名制”的原则，对已纳入工会档案的困难职工家庭和符合条件的困难农民工家庭，开展生活救助、医疗救助、子女助学、法律援助、职业培训、职业介绍等帮扶项目，并按照独立核算、专账管理、专款专用的要求，切实加强对帮扶资金的管理监督。

2015年11月，中央召开扶贫开发工作会议，吹响了向贫困宣战的冲锋号。在做好农村扶贫工作的同时，如何实现城市困难职工的解困脱困，成为摆在工会组织面前的重要课题。中央扶贫开发工作会议后不久，李建国同志作出指示，提出了要加大城市困难职工解困脱困的帮扶和保障力度，既要帮他们解困，解决眼前困难，做到无基本生活之忧，又要助他们脱困，走上致富之路，同步进入全面小康。2016年1月，全国总工会党组就紧紧围绕国家脱贫攻坚大局，加大城市困难职工解困脱困的帮扶和保障力度向中央书记处汇报，得到充分肯定。“加大城市困难职工解困脱困的帮扶和保障力度”被列入了中央政治局常委会2016年工作要点。全国总工会十六届四次执委会议将困难职工解困脱困工作列为工会重要工作，并纳入全国总工会机关改革试点工作重要内容。同年4月，工会系统进一步做好困难职工解困脱困和农民工入会服务工作电视电话会议在京召开，会议对做好困难职工解困脱困工作再动员、再部署，要求把“精准”贯穿全过程。

2016年5月，全国总工会下发了《中华全国总工会关于进一步做好困难职工解困脱困工作的实施意见》，要求把困难职工解困脱困工作自觉融入党和国家脱贫攻坚大局，坚持把“精准”贯穿于困难职工解困脱困工作全过程，重点针对五类困难职工群体，通过采取“四个一批”解困脱困措施，大力实施“技能培训促就业”、“创业援助”、“阳光就业”、“职工医疗互助”、“金秋助学”、“一帮一”、“为困难职工送温暖”七个行动计划，深入推进困难职工解困脱困工作。同年6月，全国总工会下发《关于做好困难职工解困脱困建档立卡工作的通知》，要求在2016年10月31日前全面完成建档立卡工作，摸清帮扶需求，明确帮扶主体，落实帮扶措施，实施动态管理，进行考核问效。同时印发《关于开展2016年困难职工家庭高校毕业生阳光就业行动和金秋助学活动的通知》，明确在全国范围内开展困难职工家庭高校毕业生阳光就业行动和金秋助学活动要求。2016 年 12 月 5 日，全国总工会印发《困难职工档案管理办法》，进一步规范困难职工档案管理，全面、真实、及时掌握困难职工的生活状况，切实发挥档案在困难职工精准帮扶、解困脱困中的基础性作用。

2017 年 7 月，全国总工会印发《困难职工帮扶工作有关问题的说明》，从十个方面明确困难职工建档立卡、困难标准衡量、解困脱困标准、家庭状况核查、资金使用、信息化管理等标准和流程。同年 9 月 21 日至 23 日，全国总工会在云南大理召开全国工会开展困难职工解困脱困研讨会，推广"祥云样本"，进一步推进全国工会困难职工解困脱困工作。大理州祥云县作了现场经验报告；八家社会专业机构介绍运用社会资源开展社会公益活动做法。"祥云样本"的推广，有效地示范带动了城市困难职工解困脱困工作。2017 年 11 月，全国总工会和民政部共同下发《关于加强工会组织与民政部门困难职工家庭数据比对和信息共享工作的通知》，建立困难职工帮扶和社会救助政策衔接机制，实施困难职工数据比对、信息共享，全国 31 个省（区、市）和新疆生产建设兵团全部建立与民政数据比对、信息共享机制。2017 年 12 月，全国总工会权益保障部下发《关于精准、规范做好困难职工帮扶的通知》，要求切实做好困难职工的信息比对和精准识别，规范建档立卡工作。

2018 年 1 月，全国总工会向全国社会救助部际联席会议办公室报告总结全国工会困难职工解困脱困工作开展情况，并提出着力解决社会救助"碎片化"、"断崖式"和"福利捆绑"等问题、积极推动社会救助改革、加大对困难职工社会救助覆盖面等建议。同年 3 月，全国政协总工会界 63 名委员联名向大会提交《加大城市困难职工帮扶解困力度，推动困难职工同步迈入小康社会》的提案，建议将城市困难职工解困脱困工作纳入国家扶贫攻坚战略通盘考虑。该提案被全国政协评为 70 年来 100 个有影响力的重要提案。4 月制定《关于进一步落实困难职工解困脱困责任制的方案》，进一步健全完善分层负责、联系协同、任务分解、结对帮扶的解困脱困工作责任制，一级抓一级、层层抓落实，实现帮扶责任人与困难职工家庭结对全覆盖。2018 年 7 月，全国总工会下发《关于 2018 年中央财政专项帮扶资金管理使用有关事项的通知》，启动中央财政专项帮扶资金使用模式改革，全面实施预算绩效管理，精准施策到户、项目到人。12 月，全国总工会印发《工会送温暖资金使用管理办法（试行）》，进一步明确送温暖资金使用、管理、监督事项，拓展送温暖对象范围，加强送温暖工作与解困脱困工作有效衔接。

2019 年《政府工作报告》指出要“加大城镇困难职工脱困力度”。同年 10 月，全国总工会印发《城市困难职工解困脱困工作成效第三方评估实施方案》，启动城市困难职工解困脱困第三方评估工作。

2020 年伊始，针对全国新冠肺炎疫情，全国总工会连续下发《关于做好关心坚守防疫抗病岗位一线医务人员工作的通知》、《关于充分发挥工会组织作用团结动员广大职工坚决打赢新型冠状病毒感染肺炎疫情防控阻击战的通知》、《关于拨付 2020 年中央财政专项帮扶资金保障疫情期间困难职工基本生活有关事项的通知》、《关于下拨 2020 年工会常态化送温暖资金有关事项的通知》等文件，对坚守疫情防控一线职工关心关爱，及时开展形式多样的慰问和服务，为全国深度困难职工发放疫情期间临时生活补贴。同时部署困难职工解困脱困工作，要求各级工会配合政府防范职工返困返贫发生，将因疫情影响和因病的低收入职工纳入政府救助范围。同年 6 月，全国总工会印发《中央财政专项帮扶资金管理办法》，拓展和完善中央财政专项帮扶资金使用管理方式，对深度困难、相对困难、意外致困等不同困难类型的建档立卡困难职工家庭实施分层建档、分类施策、精准帮扶，健全层次清晰、各有侧重、有机衔接的常态化梯度帮扶长效机制。2020 年 12 月，全国总工会完成第三方机构对城市困难职工解困脱困工作成效评估工作。

2021 年 5 月 31 日，全国总工会城市困难职工解困脱困工作总结表彰会召开，会议指出，经过五年来的奋斗，城市困难职工解困脱困工作目标如期实现，困难职工生活水平明显提高、发展能力不断增强、精神风貌得到改变，党同职工群众的血肉联系更加紧密，为全面建成小康社会、推动共同富裕作出了积极贡献。会议要求，要认真学习贯彻习近平总书记重要讲话精神，大力弘扬脱贫攻坚精神，在如期实现城市困难职工解困脱困工作目标的基础上，继续保持主要帮扶政策总体稳定，健全防止返困动态监测机制，构建多层次常态化帮扶新格局，持续提升职工生活品质，不断巩固拓展城市困难职工解困脱困成果，实现巩固解困脱困成果与提升职工生活品质有效衔接，让职工群众有更多获得感、幸福感、安全感。

2022 年 10 月，财政部印发《职工困难帮扶资金管理办法》，全国总工会随后印发《中央财政职工困难帮扶资金项目管理实施细则》，支持工会巩固城市困难职工解困脱困成果，持续提升职工生活品质，在职工遇到临时性、突发性、特殊性困难时开展前置性、补充性、开发性帮扶和送温暖服务。

实践表明，开展帮扶工作是工会组织推动科学发展、构建和谐社会、履行脱贫攻坚职责的具体举措，是贯彻落实中国特色社会主义工会维权观的生动实践，是保障职工权益、维护职工队伍和社会政治稳定的重要途径。

第三节　工会帮扶工作的内容与成效

一、工会帮扶工作的定位

工会帮扶工作以帮扶中心为主要载体，以困难职工和农民工为主要对象，以“救助、维权、服务”为主要职能，认真研究经济社会形势，参与制定和落实各项民生政策，掌握和了解职工需求，通过多种途径，使困难职工群体逐步从生活困难中摆脱出来，使广大职工保持生活的尊严和平等的社会发展机会。

（一）救助职能

救助职能是指在努力推动困难职工进入政府救助范围的同时，对政府救助暂时没有覆盖到以及经救助后仍存在各类特殊困难的职工家庭，开展前置性、补充性帮扶，保障其基本生活，帮助他们脱贫。

（二）维权职能

维权职能是指紧紧围绕工资报酬、社会保险、劳动条件等涉及职工切身利益的问题，加强协调劳动关系，为职工提供政策咨询、法律援助等维权服务，切实维护职工的合法权益，促进职工队伍稳定和社会和谐。

（三）服务职能

服务职能是指通过各种活动形式，积极开发适应职工需求的生活消费、保险互助、技能培训、托幼托育、健康娱乐、休闲交友等方面特色服务项目，为全体职工会员提供多元化的服务。

这三项职能有机联系、相互促进、相互补充，在不同的地域和不同的发展阶段可以有所侧重。

二、工会帮扶工作的主要做法

（一）参与政策研究制定

各级工会坚持围绕涉及职工生产生活的问题深入调查研究，对职工面临的突出困难和问题，及时向党委、政府反映，提出对策建议，推动问题的解决。积极参与《劳动法》、《劳动合同法》、《就业促进法》、《社会保险法》、《最低工资条例》等法律法规的制定，反映职工的意愿和要求。加强与社会救助制度衔接，推动《关于改革完善社会救助制度的意见》等政策制定，推动健全完善低收入人口动态监测和常态化救助帮扶机制，维护了职工队伍和社会稳定，把符合条件的困难职工及时纳入社会救助范围。

（二）保障基本生活

各级工会在帮助符合条件的困难职工纳入政府救助渠道的同时，以家庭人均纯收入低于当地最低生活保障标准的深度困难职工为主要对象，同时将相对困难、意外致困职工家庭纳入帮扶救助范围，通过“四个一批”措施户策对接、精准施策，对暂时无法脱困的深度困难职工实施常态化帮扶，帮扶缓解困难，对相对困难和意外致困职工，帮扶解决暂时困难并防止陷入深度困难，切实保障困难职工基本生活。

（三）开展助学活动

2005年开始，全国总工会开展“金秋助学”活动，把帮扶范围拓展到困难职工子女，帮助困难职工子女顺利入学并完成大学学业，把生活救助、素质培养、情感关怀、开展勤工俭学、推介安置就业等紧密结合起来，帮助他们解决上学难、就业难问题。

（四）大力促进就业

各级工会大力推进再就业工程，积极协助政府做好下岗职工再就业工作。充分发挥工会职业介绍和职业培训结构的作用，对困难职工和农民工免费开展职业技能培训，帮助他们联系就业岗位。为有自谋职业和自主创业愿望及能力的下岗失业人员提供创业指导、小额贷借款和技术、信息等方面的扶持，帮助他们脱困致富。

（五）维护合法权益

在促进就业以使困难职工群体实现自我脱贫的同时，工会通过开展法律援助、工资清欠等措施，切实维护了困难职工和农民工的合法权益。

（六）开展城市困难职工解困脱困工作

1997 年 1 月，全国总工会下发通知，要求普遍推行领导干部联系困难企业和特困职工家庭制度。各级地方和企业党政干部根据工会困难职工档案，确定帮扶对象，深入困难职工家庭，帮助解决实际困难。2016 年起，全国总工会印发《关于进一步做好困难职工解困脱困工作的实施意见》等系列文件，进一步规范了困难职工解困脱困工作的困难职工档案管理、帮扶资金使用管理、帮扶项目、帮扶政策等各项工作。2020 年 6 月，全国总工会印发《中央财政专项帮扶资金使用管理办法》，进一步明确帮扶对象、拓展帮扶项目、开展常态化帮扶，切实巩固拓展城市困难职工解困脱困工作成果。

三、工会帮扶工作的成效

（一）城市困难职工解困脱困目标任务全面完成

截至 2020 年底，全国 32 个省级总工会全面完成解困脱困目标任务。工会建档立卡的 549.87 万户困难职工家庭全部如期实现解困脱困，其中，480.58 万户实现根本脱困，涉及家庭人口 1301 万人；63.95 万户因去世、精准识别和农民工返乡等因素退出档案；5.34 万户重病、残疾困难职工家庭纳入政府兜底保障和工会常态化帮扶。

（二）城市困难职工生活水平明显提高，城市困难职工发展能力不断增强

2015 年以来至 2020 年底，各级各方面共投入帮扶资金 185 亿元，其中中央财政累计投入帮扶资金 72.2 亿元，地方财政投入 55.1 亿元，工会经费投入 45.8 亿元，募集社会捐助资金 7.8 亿元，使帮扶标准从 2015 年每户每年 808 元逐步提高到 2020 年底的 9800 元，共开展专项帮扶 2449 万人次。根据第三方机构入户调查显示，困难职工家庭可支配收入平均增长了 19.6%，认为工会帮扶工作提升了自家生活水平的职工高达 96.4%，99%的困难职工对工会帮扶工作表示满意。各级工会针对有劳动能力的困难职工，通过技能培训、就业服务、教育帮扶等方式，使困难职工自我发展能力得到了提升，实现了帮扶由“输血”向“造血”的转变。

（三）党同职工群众的血肉联系更加紧密

各级工会通过送温暖、帮扶救助活动，及时把党组织的关心和温暖送到职工群众的心坎上，为广大职工提供多种服务，搭建了一条党政联系职工、关心职工的重要桥梁，积极协助党和政府解决职工群众最关心、最直接、最现实的利益问题，切实使职工群众感受到党和政府的关怀、工会组织的温暖和社会公平的氛围，城市困难职工获得感、幸福感、安全感大幅提升，进一步增强了对党和国家的热爱、对政府的信任、对工会的认可、对生活的信心、对社会公平的感知，更加坚定了广大职工群众听党话、跟党走的信心决心。

（四）城市困难职工精神风貌得到改变

各级工会在帮扶过程中，坚持扶贫与扶志相结合、精神扶贫与物质扶贫相结合，使一大批困难职工增添了自立自强的信心勇气，增强了对自身价值的认同，激发了奋发向上的精气神。

第四节　巩固拓展解困脱困工作成果提升职工生活品质

一、当前工会帮扶服务职工工作面临的形势和任务

在党的坚强领导下，我国脱贫攻坚战取得了全面胜利，迈入了全面小康社会。城市困难职工解困脱困工作目标任务亦如期完成。习近平总书记在全国脱贫攻坚总结表彰大会上深刻指出："脱贫攻坚战的全面胜利，标志着我们党在团结带领人民创造美好生活、实现共同富裕的道路上迈出了坚实的一大步。同时，脱贫摘帽不是终点，而是新生活、新奋斗的起点。解决发展不平衡不充分问题、缩小城乡区域发展差距、实现人的全面发展和全体人民共同富裕仍然任重道远。"对于工会来说，完成城市困难职工解困脱困目标任务也不是终点，而是更好服务广大职工的新起点。在迈向全面建设社会主义现代化国家新征程中，我们还面临许多新情况新任务新挑战，要把巩固拓展城市困难职工解困脱困成果、提升职工生活品质、促进实现共同富裕摆在工会工作更加重要的位置，让广大职工群众获得感、幸福感、安全感更加充实、更有保障、更可持续。

党的二十大报告中明确提出"增进民生福祉，提高人民生活品质"，要聚焦人民群众急难愁盼的实际问题，紧紧抓住人民最关心最直接最现实的利益问题，实现好、维护好、发展好最广大人民根本利益，不断实现人民对美好生活的向往。我国社会主义现代化建设之所以得到广大人民支持、取得辉煌成就，一个重要原因是我们坚定不移走共同富裕道路。实现共同富裕是一个历史过程，打赢脱贫攻坚战包括实现城市困难职工解困脱困，是我们党在团结带领人民创造美好生活、实现共同富裕

的道路上迈出的重要一步。但我国发展不平衡不充分问题仍然突出，职工对美好生活的向往日益增强，必须把深化帮扶服务作为坚持以人民为中心的发展思想和全心全意依靠工人阶级方针的具体实践，以帮扶服务职工的务实举措，推进解困脱困职工生活持续改善、生活品质不断提高，广大职工群众对美好生活充满向往、对改善自身生活状况期盼强烈，已经从追求“有没有”向追求“好不好”转变。这就要求工会组织适应职工群众需求变化，抓住职工群众最关心最直接最现实的利益问题，切实履行维权服务基本职责，不断加大工作力度，为他们提供更多个性化、多样化的服务，推动改善和提升生活品质，提高生活幸福指数，让社会主义制度的优越性得到更充分体现，为实现共同富裕打牢坚实基础。

二、巩固拓展城市困难职工解困脱困成果工作要求

（一）保持主要帮扶政策总体稳定

要坚持“脱困不脱政策”，从2021年起设立解困脱困五年过渡期，在过渡期内各项帮扶政策力度不减、措施不变，严格落实“四个不脱”要求，即脱困不脱责任，防止松劲懈怠；脱困不脱政策，防止急刹车；脱困不脱帮扶，防止一撤了之；脱困不脱监管，防止贫困反弹，做到过渡期内城市困难职工解困脱困原有的领导体制、工作体系、政策举措、考核机制总体不变。要在主要帮扶政策保持总体稳定的基础上，对现有帮扶政策进行系统梳理，重点完善医疗、教育、就业等帮扶措施，兜底救助类帮扶政策要继续保持稳定，让解困脱困的基础更加稳固，确保在共同富裕道路上一个也不掉队。

（二）健全防止返困动态监测机制

要加强对困难职工家庭生活状况监测预警，重点对脱困不稳定户、边缘易致困户，以及因病因灾因意外事故等导致基本

生活出现严重困难的职工家庭，实施常态化监测，定期检查、动态管理，跟踪困难职工家庭收支情况和生活变化，做到快速发现、及时响应、尽早干预。对脱困不稳定户要继续落实现有解困脱困帮扶措施和政策，巩固好脱困成果；对边缘易致困户采取推动稳岗就业、统筹利用公益岗位等多渠道给予帮扶；对因病因灾因意外事故等导致基本生活出现严重困难的职工家庭，及时采取应急救助、临时生活困难救助等帮扶措施，帮助监测对象有效化解生产生活风险，变事后帮扶为事前预防与事后帮扶相结合，实行动态清零，确保不出现规模性返困。要健全防止返困大数据监测平台，加强相关部门、单位数据共享和对接，充分利用信息化手段，开展大数据分析，常态化筛查因各种原因可能导致的返困风险，对有返困风险的，按照缺什么补什么的原则，及时制定精准帮扶措施。

（三）构建多层次常态化帮扶新格局

要建立困难帮扶、送温暖走访、互助保障相互衔接、层次清晰的帮扶工作格局，对深度困难的困难职工家庭继续实行兜底帮扶，把相对困难、意外致困等困难职工家庭纳入帮扶范围；探索创新送温暖的有效途径和方法，广泛开展走访慰问活动，解决职工遇到的各类困难；充分发挥职工互助互济优势，创新互助保障方式和优化功能；进一步健全全国总工会、省、市、县到基层工会“全面覆盖、分级负责、上下联动、区域协作”帮扶工作体系。要坚持分类施策、精准帮扶服务。对于就业岗位不稳定，收入偏低导致生活困难的职工，通过深化工会就业创业服务，加强技能培训等给予帮扶；对于因病致困的职工，推动落实基本医疗、大病保险、医疗救助等，特别是要注重发挥职工医疗互助的作用，最大限度地降低因病对职工家庭带来的困难；对于因子女入学致困的职工，深化工会金秋助学，采取对上学期间所需生活费给予资助、安排勤工助学岗位等措施帮扶，分门别类、有针对性地开展帮扶服务。

三、提升职工生活品质工作要求

党的十九届五中全会提出要改善人民生活品质。“十四五”规划和2035年远景目标纲要提出，顺应居民消费升级趋势，把扩大消费同改善人民生活品质结合起来。城市困难职工解困脱困后，提升生活品质就成为广大职工的刚性需求。各级工会要切实履职尽责，扎实做好职工普惠性服务工作，助力职工享有更稳定的工作、更满意的收入、更可靠的社会保障、更充足的生活福利、更丰富的精神文化生活，不断提升职工生活品质。

（一）要在促进职工享有更稳定的工作上下功夫

立足工会职责定位，积极推动就业优先政策落实，千方百计帮助职工稳定和扩大就业岗位，提高就业质量。深化工会就业创业服务，广泛开展工会就业创业系列服务活动月、“阳光就业暖心行动”，加强“工E就业”、“工会就业服务号”等全国工会就业服务网上平台建设，推动工会网上就业服务体系化建设。积极开展就业技能培训，深入推进以训稳岗；大力培养技术技能人才，加快提升职工技能素质，实现技能改变命运、素质成就人生。

（二）要在促进职工享有更满意的收入上下功夫

从工会职责出发，积极推动落实完善收入分配的各项政策，参与推动劳动标准体系的建立，参与企业劳动定额的研究制定，指导企业依法开展工资集体协商，促进企业健全反映劳动力市场供求关系和企业经济效益的工资决定和合理增长机制。努力推动提高技术工人待遇政策的落实，助推实现多劳者多得、技高者多得，使更多普通劳动者通过自身努力获得更多收入。

（三）要在促进职工享有更可靠的社会保障上下功夫

从工会职责出发，积极参与推动完善职工社会保险制度，提升社保待遇水平。参与推动社会救助立法，健全分层分类的社会救助体系，推动落实覆盖城市低收入和支出型贫困家庭的社会救助配套制度，将困难职工帮扶纳入社会救助体系。

（四）要在促进职工享有更充足的生活福利上下功夫

积极构建以精准帮扶、生活性服务为重点的工会服务职工体系，切实做好职工福利和生活保障，广泛开展职工生活性服务项目。做好帮扶中心赋能增效试点工作，提升职工服务中心（困难职工帮扶中心）综合服务职工功能，加强基层帮扶服务站点建设，推行工会服务职工工作项目清单制度，积极整合一批服务职工的社会资源和力量，培育一批以满足职工需求为导向的服务项目，建成示范性好、辐射功能强的服务型、枢纽型、高质量服务职工综合体。要以服务职工类项目为纽带，广泛联系引导社会组织、公益机构等社会资源开发服务项目，培育服务项目品牌，为职工提供更多专业化服务。总结推广职工生活保障服务经验，引导和推动企业改善职工生活条件，落实职工福利制度，塑造职工生活幸福环境。要加强工会帮扶工作智能化平台建设。运用大数据、云计算等技术，推进“互联网+”与服务项目深度融合，推动职工服务工作制度流程化、流程清单化、清单信息化，为广大职工提供更加方便快捷、更高标准和更具个性化的服务。

（五）要在促进职工享有更丰富的精神文化生活上下功夫

加强职工思想政治引领，深化理想信念教育，坚持把社会主义核心价值观融入职工生产生活，内化为职工的情感认同和行为习惯，引导广大职工听党话、跟党走。不断加强职工文化阵地建设，积极开展职工喜闻乐见、有益身心的群众性职工文体活动，加强职工心理咨询和心理疏导服务，推动形成健康文明、昂扬向上、全员参与的职工文化，使广大职工实现体面劳动、舒心工作、全面发展。

（六）要在激发职工提升生活品质的内生动力上下功夫

幸福都是奋斗出来的。提高职工生活品质、实现广大职工对美好生活的向往，根本上要靠奋斗。要在广大职工中深入开展“中国梦·劳动美”、“劳动创造幸福”主题宣传教育，坚持物质帮扶与扶志、扶智相结合，不断激发广大职工的内生动力，通过拼搏奋斗创造美好生活。

四、提升职工生活品质工作思路

提升职工生活品质工作以习近平新时代中国特色社会主义思想为指导，把握新发展阶段、贯彻新发展理念、构建新发展格局，以提升职工生活品质为目标，以满足职工需求为导向，鼓励地方因地制宜开展试点，积极探索创新精准性、生活性服务职工体系的业态、模式、机制，着力打造一批服务职工基地，培育一批社会资源和力量，形成一批服务职工创新模式，建成示范性好、辐射功能强的服务型、枢纽型、高质量服务职工综合体和职工生活幸福、环境良好的企业样板。

（一）推进工会帮扶中心赋能增效，打造服务职工综合体

1. 探索服务职工一体化功能。依托工会帮扶中心，把工会服务职工、服务基层相关业务统一到平台，实现一站式服务；聚焦职工多样性需求，以服务职工类项目为纽带，通过联合运作、孵化培育、委托服务、入驻运营、公益创投等方式，整合政府、智库、基金会、企业、金融机构、媒体等多方资源，实现服务职工功能一体化。

2. 探索建设服务职工项目标准化体系。构建线上线下深度

融合的服务载体，建立统一的职工服务平台，夯实一网通办、一站式服务。健全服务对象、服务程序、服务标准、监督管理、考核评价等制度规定，全面梳理编制服务事项目录，实施业务服务清单制度，推动服务职工项目标准化、流程化、信息化。

3. 探索建立社会资源与职工需求精准对接枢纽型平台。以工会帮扶中心为载体，建成职工需求的服务平台、供需对接的枢纽平台、社会资源的孵化平台、服务项目的培育平台。积极探索种子基金、公益创投等方式，建立社会专业机构孵化平台。鼓励各类专业机构进驻工会帮扶中心培育服务品牌，提供服务职工产品和公益支持，形成“职工自选服务超市”，打造资源丰富、需求精准、服务多样、效应凸显的资源集成区。

4. 探索培育多类型服务职工基地。整合一批有职工口碑的社会资源形成“服务职工基地”，实现零距离、多渠道、精准化供给资源与需求对接共享，满足不同职工家庭多样化需求。建立服务职工基地的进入、管理与退出机制，完善以职工满意度为导向的服务品质评估评价机制，不断提升服务质量。

5. 探索创新多层次多领域工会服务职工项目融合平台。聚焦“帮扶中心+服务职工基地+基层工会”协作模式，建立上下、左右、内外分层分级分类协作机制，明确帮扶工作职能部门、帮扶中心、基层工会、服务职工基地工作协同机制。基层工会精准掌握职工需求，帮扶中心根据需求对接社会资源、服务职工基地提供服务产品。

6. 探索建设网上网下深度融合的服务职工智能化平台。运用大数据、云计算等技术掌握职工生活状况和需求，提升对服务诉求的感知与预判能力，为职工提供更具个性化的主动精准化服务。推进工会数据与民政、人社、卫健、住房等部门数据有效衔接、有机融合，建立“一站式综合受理、全流程规范服务”的综合服务平台。基于各类数据资源，构建职工生活状况分析模型，建立职工幸福生活指数监测体系。

7. 探索精准服务职工创新孵化区。鼓励开展公益创投，建立以奖代补激励机制，引导社会资源开发服务项目，培育服务项目品牌，吸引公益组织、社会机构及专业人才参与项目实施。以项目运作的方式，打造服务职工品牌项目，从“定菜单”向职工“点菜”、社会资源“做菜”转变。

8. 探索建设高质量服务职工示范区。联合社会资源，建设一批服务职工功能中心，开展服务职工项目展示活动，搭建社会资源宣传、展示、合作、交流、推介平台。围绕服务规模、服务效率、服务质量和社会效应，建立服务职工示范区绩效评估、分级评定机制。

（二）引导企业提升职工生活品质，塑造幸福生活环境

1. 改善职工生产生活条件。以解决职工食堂、宿舍、交通等问题为重点，改善职工工作条件和后勤生活待遇。鼓励设立暑期、课后子女托管班。

2. 健全完善职工困难帮扶机制。健全完善困难帮扶、送温暖慰问、互助保障、生活服务相互衔接、层次清晰、各有侧重的梯度帮扶体系，对困难职工精准施策。完善常态化送温暖机制，设立专项公益基金，在职工遇到困难、发生重大疾病和重要节点时，及时开展送温暖。

3. 依法保障职工享受福利待遇。按照有关制度规定，计提职工福利费用于改善职工生活条件。按照工会经费开支有关规定，建立重要节日慰问、生日关怀、生病探望、婚丧嫁娶慰问等制度。落实带薪年休假待遇，建立和完善职工疗休养制度。

4. 丰富服务职工供给资源。与社会机构、公益慈善多方合作，打造职工生活关爱智能化平台，建立合作共享产消融合机制，开设家政服务、养老托育、商品优惠等项目，精准对接职工生活产品和服务需求。

5. 建立职工健康服务体系。鼓励设立职工健康服务中心，定期组织职工免费健康体检、体质检测、心理咨询。组织开展适合不同工作场所或工作方式特点的健身活动，开展劳逸结合健康运动。

6. 加强职工人文关怀。制定异地工作、两地分居职工关爱机制，打造最美职工、感动故事、荣誉时刻、文化沙龙等特色品牌活动。策划职工可参与、公众可感知、品牌可累积的公益项目，动员职工参加社会公益事业，发扬互助互济精神，彰显社会影响力。

7. 劳动关系和谐稳定。推动劳动用工更加规范，职工工资合理增长、劳动条件不断改善、职工安全健康得到切实保障、社会保险全面覆盖、人文关怀日益加强，有效预防和化解劳动关系矛盾，建立规范有序、公正合理、互利共赢、和谐稳定的劳动关系。

思考题：

1. 如何认识工会在我国社会救助体系建设中的作用和定位？

2. 工会送温暖工程的主要内容是什么？

3. 如何实现新形势下工会送温暖工程的创新和发展？

4. 试论述历年来工会开展城市困难职工解困脱困工作的重要意义和主要措施。

5. 简述工会帮扶工作的发展历程。

6. 工会帮扶服务职工工作面临的新形势和新要求是什么？

第八章　农民工工作

第一节　农民工工作基本知识

一、农民工的概念

（一）概述

农民工在我国城市化进程中出现，是其他国家的城市化过程中未出现和存在过的。对农民工的概念学术界尚没有一个明确的界定，但多数学者有基本相似或相近的认同：首先，他们来自农村，属于农业户口；其次，他们的社会身份虽然是农民，但他们的主要时间是在从事非农生产活动；最后，他们的非农活动不限于第二产业领域，还包括商业、服务业等第三产业活动。

国家统计局对于“农民工”统计数字由两部分构成：一是农村转移劳动力总数，“指当年在乡以外就业半年以上（包括到乡外仍然从事第一产业的劳动力）或在本乡以内从事非农就业活动半年以上的农村劳动力”的总数；二是农村外出就业劳动力总数，“指本年度内在本乡以外的地域就业 1 个月以上的农村劳动力”的总数。

国务院研究室课题组《中国农民工调研报告》中则指出，农民工是指在我国经济转型时期“户籍身份还是农民，有承包土地，但主要从事非农产业、以工资为主要收入来源的人员”。

（二）农民工称谓的历史演变

1.“盲流”。

“农民工”虽然是20世纪80年代后对离开农村到城市打工农民的主要称谓，但该群体早在新中国成立初期就已出现。新中国成立后，我国开始高度集中的计划经济建设，人员流动也纳入了计划安排。《中国人民政治协商会议共同纲领》规定人民有迁徙权，加之国民经济的恢复，使大量农民涌入城市，并影响到了当时的计划经济和社会发展。1952年，中央劳动就业委员会提出要“克服农民盲目地流向城市”，“盲流”这个具有歧视性的概念由此产生。虽然1954年《宪法》明确规定，“中华人民共和国公民有居住和迁徙自由”，但是1958年1月9日全国人大常委会第91次会议通过的《户籍管理登记条例》明文规定，“公民由农村迁往城市，必须持有城市劳动部门的录用证明，学校的录取证明或者城市户口登记机关的准予迁入的证明”。这一规定将中共中央、国务院“关于制止农村人口盲目流入城市”的指示内容法律化，是我国严格限制农村人口向城市迁移流动的开始，标志着我国城乡分离的“二元结构”体制的形成。1961年11月11日，中共中央批转了公安部《关于制止人口自由流动的报告》，决定在大中城市设立“收容遣送站”，负责将饥荒中的流民收容起来，遣送至原籍。1975年《宪法》作为国家的根本大法，取消了“公民有居住和迁徙自由”的规定。1961—1978年是我国人口流动呈转移倒流和逆城市化时期。1978年改革开放后，大量农民开始涌入城市，在就业、管理等方面与城市居民产生冲突，限制农民工自由流动的“盲流”一词正式流行。1991年2月，国务院办公厅发布《关于劝阻民工盲目去广东的通知》。同年，国务院颁布《关于收容遣送工作改革问题的意见》，将收容遣送的对象扩大到三证（身份证、暂住证、务工证）不全的流动人员。随后，1995年8

月 10 日公安部发布的《公安部关于加强盲流人员管理工作的通知》中，将“三无”、“盲流”人员解释为“是流动人口中无合法证件、无固定住所及无正当工作或经济收入的人员，多为盲目外出找工作或流浪乞讨人员”。直到 2003 年 6 月，国务院颁布《城市生活无着的流浪乞讨人员救助管理办法》，废止了沿用多年的收容遣送制度，宣告带有限制、排斥的“盲流”一词退出历史舞台。

2. “打工仔”、“外来妹”。

自改革开放和经济特区设立开始，市场经济的建立及现代化发展步伐加快，需要大量劳动力，于是大批农村剩余劳动力由于社会和自我需要而涌入城镇就成了历史的必然。他们从农村来到城市，没文化、没技术，主要从事建筑行业和制造业等以体力消耗为主的工作，往往只能靠强壮体力挣取少量的报酬，生活在城市社会的最底层。由于城乡二元体制的限制，使得没有城镇户口的农民来到城市后与拥有城镇户籍的市民格格不入，“打工仔”、“外来妹”的称呼应运而生。起初市民口语化的称呼并没有引起政府及相关部门重视，导致这一具有歧视性的称谓在深圳等各经济特区持续了很长时间，并向全国各大城市广泛传播，成为地位低下的“农民工”的专称。该称谓主要是市民对农民工的口语化指称，不是学术或主流意识形态的书面正式称谓。

3. “农民工”。

改革开放和市场经济的发展需要使限制人口流动的政策和管理有所松动，陆续出现大量向城市流动的农民工，即“拥有农业户口、被他人雇用去从事非农活动的农村人口”。“农民工”一词最早由中国社科院教授张雨林在 1984 年的《社会学研究通讯》上发表的一篇文章中首次被提出，随后被大量引用。文中提道：“第一次民工潮的出现是在 80 年代末，但农民流动的转机却是在70年代末就开始的。”据有关材料显示，现在每年新增进城务工的农民工有600万—800万人，农民工群体的规模仍在快速扩大。农民工不仅数量众多，而且推动着中国经济社会的发展，折射出当前中国诸多社会问题，成为党和国家及众多学者、关注和研究的重要对象、焦点和热点，也是当前使用得最为频繁的概念之一。

2006年1月18日，《国务院关于解决农民工问题的若干意见》经过反复研讨斟酌、听取多方面意见后确定采用“农民工”称谓，并第一次把“农民工”概念写入具有行政法规作用的中央文件。随后党的十六届六中全会通过的《中共中央关于构建社会主义和谐社会若干重大问题的决定》强调指出要“严格执行国家劳动标准，加强劳动保护，健全劳动保障监察体制和劳动争议调处仲裁机制，维护劳动者特别是农民工合法权益”。农民工的称谓及其合法权益得到中央的高度重视和认可。

从学界来看，关于“农民工”的著作也随着农民工及其问题的大量涌现而不断出版。例如，我国社会学学者李强的《农民工与中国社会分层》、卢海元的《走进城市：农民工的社会保障》、陈安民等的《中国农民工——历史与现实的思考》、蒋月等的《中国农民工劳动权利保护研究》、国务院研究室课题组的《中国农民工调研报告》等。2017年，对CNKI的查阅以“农民工”为主干词标题的文献检索就有72582条。新闻媒介也大量使用“农民工”这个概念，宣传和报道有关农民工的诸多事件。可见，农民工的称谓已经成为学界和新闻媒介使用得最多的一个概念。政府及学界对农民工的称谓突破了原有国家强制性的计划政策安排，由限制、排斥、歧视转为认可、尊重，体现了国家、社会对农民工认识和态度的转变及社会的发展与进步。

4. “进城务工人员”。

进入 21 世纪，越来越多的农民工对推动经济社会的健康发展贡献巨大，但在现实生活中却屡遭制度和社会的诸多歧视、排斥和不公正对待，从而涌现出诸多的社会问题。罗尔斯在《正义论》中说：“一个社会，当它不仅被设计得旨在推进它的成员的利益，而且也有效地受着一种公开的正义观管理时，它就是组织良好的社会。”为此，罗尔斯在《作为公平的正义——正义新论》中提出了两个分配原则：（1）每一个人对于一种平等的基本自由之完全适当体制都拥有相同的不可剥夺的权利，而这种体制与适于所有人的同样自由体制是相容的；（2）社会和经济的不平等应该满足两个条件：第一，他们所从属的公职和职位应该在公平的机会平等条件下对所有人开放；第二，它们应该有利于社会之最不利成员的最大利益（差别原则）。由于历史上遭受政治制度的限制和排斥，农民工作为最不利的成员，虽然作出了独特贡献，不仅没有获得有利的权益分配和照顾，反而屡遭各种歧视的对待。社会正义原则的主要问题是社会的基本结构，是一种合作体系中主要的社会制度安排。有鉴于此，消除不利于农民工的各种歧视性称谓和制度安排，成了社会发展和进步的必然要求。随着党和政府及其社会各界对农民工问题的重视，包含偏见歧视和有失公正且不利于统一科学管理的称谓正被逐步修正，一些政策法规文件和讲话中开始出现“进城务工人员”的称谓。例如，《中共中央关于制定国民经济和社会发展第十一个五年规划的建议》和《“十一五”规划纲要》中就多次明确提出“进城务工人员”这一称谓。

5. “农民工”称谓演变的启示。

除了以上称谓，众多学者还从不同的角度研究并使用不同的称谓，如城市边缘人、产业工人、雇佣工人、城市社会中的农民、弱势群体、流动群体、城市外来人口、城市流动人口、城市农业外来人口、城市非农业外来人口、城市移民、城市农民工、外来务工者、外来建设者、暂住人口、新移民等。各地市民对农民工的口语化称谓还有“外来工”、“民工”、“捞仔（妹）”等。但就目前来看，“农民工”这个称谓是最能体现其身份、特点和诉求及工作重点的名词，虽然随着经济社会的发展变化，已经出现了一些不能覆盖整个群体的现象，但仍被官方沿用至今。

农民工称谓的演变，体现了中国社会的发展与进步，反映了中国由计划经济向市场经济的巨大转变及其所带来的社会发展与进步，体现了和谐社会的发展要求。

农民工称谓的转变过程，蕴含着整个社会对农民工群体的认可、尊重与关怀。一是从排斥、限制到合理引导与为之服务的转变。随着国家社会户籍制度改革、各种社会保障制度和维护农民工权益等政策的改变，限制和排斥农民工流动转变为对其的认可、允许、尊重和接纳，合理引导并为之服务。二是由冷漠、歧视到尊重、深切同情和关怀的转变。2004 年，农民工是产业工人重要组成部分论断的提出，体现出的是由过去对农民工的歧视到现有的平等对待与尊重的转变，反映出一个有良知的社会所表达的对农民工的深切关注、理解和同情。三是体现了从二元分割走向合一的转变。二元体制消解、农民工市民化步伐加快是历史的必然。随着社会的发展，这种分割和区别对待的称谓必将被消除，部分农民工不断市民化而享有同等国民待遇和共享经济社会发展成果将成为历史的必然。

二、农民工产生的原因

（一）制度与工业化的冲突

农民工是中国传统户籍制度下的一种特殊身份标识，是中国工业化进程加快和传统户籍制度严重冲突所产生的客观结果。

进城务工的农村劳动者之所以被称为农民工，是因为他们在现行制度框架下不能取得与拥有城镇户口身份的劳动者平等地位并享受相应权益的标记，反映了传统户籍制度及附加在这种制度之上的其他相关政策所具有的非公平性乃至歧视性，这种非公平性是计划经济时代典型的二元社会经济结构的一种延续。农民工有别于中国传统农业劳动者，在于其离开土地甚至居住地而在城镇从事着非农产业。其直接后果是在获得高于传统农业收入的同时，与传统农民群体的隔阂日益加深。农民工事实上处于游离或边缘状态，既非传统意义上的城镇居民，也非传统意义上的农村居民。

（二）劳动力转移“推拉理论”

由于我国人口不断增长，农村土地的边际生产效益递减，从而对剩余劳动力产生一种“推力”；同时，城镇在我国的工业化和城市化进程中，经济发展相对有利，从而产生一种“拉力”。在这两种力量的作用下，农村剩余劳动力大量涌向城市。改革开放以来，我国大力发展农村经济，发展小城镇，促进农村现代化，驱使农民剩余劳动力进城，被城市同化和吸纳，在这种特殊社会历史环境下的城市化进程中，农民工群体的出现从另一个角度印证着中国农村的现代化历程。

（三）农村经济落后和劳动力相对过剩

很难断定哪些农民工是剩余的农村劳动力，而哪些不是。实际上凡是人口外出多的农村都不同程度出现农业劳动力短缺或者老龄化问题，并且影响到农业生产。当前，在一些地区，农村经济的凋敝与难以自我为继（在不少地方，种田不仅得不到收入，有时还亏损），农村中大量剩余劳动力的存在，城乡经济差距和地区经济结构差距扩大，导致务农没有多少收入，农村比较贫困，大量农村人口外出务工经商，也在一定程度上推动农民工群体逐渐形成。

三、乡村振兴战略背景下的农民工工作

党中央、国务院高度重视农民工工作，近年来先后下发多个专题文件提出明确要求。县域农民工是农民工群体的重要组成部分。中共中央、国务院印发的《关于做好2022年全面推进乡村振兴重点工作的意见》明确要求“实施县域农民工市民化质量提升行动”。国务院农民工工作领导小组2022年度全体会议强调，要着眼县域基本公共服务均等化、城乡融合发展，在乡村振兴的大框架下，对县域农民工工作进行统筹部署、一体实施。2022年底召开的中央农村工作会议，对相关工作作出重要部署。2023年初，人力资源和社会保障部、国家发展改革委、教育部、公安部、财政部、住房和城乡建设部、农业农村部、国家医保局、全国总工会等部门适应乡村振兴、新型城镇化、城乡融合发展等战略要求，顺应县域农民工流动变化趋势，在全国范围内组织开展县域农民工市民化质量提升行动。

行动的主要目标是，以提升县域农民工市民化质量为重点，进一步落实落细农民工市民化相关政策，着力提高县域农民工就业质量和技能水平，维护劳动保障权益，扩大县域基本公共服务供给，强化基层服务能力，推进县城稳定就业农民工及其随迁家属平等享有基本公共服务和在城镇无障碍落户，增强县域农民工享有基本公共服务的可及性和便利性。

行动聚焦问题、突出重点，明确了五方面的工作任务：一是多措并举稳定和扩大县域就业岗位，积极开展东西部劳务协作，推动公共就业服务向乡村延伸，落实农民工返乡创业支持政策。二是大规模开展农民工职业技能培训，持续提升技能素质和就业能力，推动县域培训资源共建共享，持续提升培训的针对性和实效性。三是强化农民工劳动权益保障，进一步扩大农民工参加企

业职工社会保险规模，及时有效查处拖欠农民工工资案件。四是加强县域公共服务供给，推动县域基本公共服务项目达标，对吸纳外来农民工较多的县域给予财政倾斜支持。加大保障性住房建设力度，保障农民工子女义务教育学位供给。五是提升基层服务农民工能力，加强部门信息共享，加强对农民工就业创业、职业技能培训、权益保障、社会融合等情况的动态监测。

行动提出四方面工作要求。一是发挥各级农民工工作议事协调机构作用，建立工作机制，明确责任分工，加强协同配合。二是加强基础情况分析，梳理对标国家相关政策要求，制定有针对性的政策举措，加大现有政策执行力度。三是强化工作指导调度和重点政策协调支持，及时掌握工作情况，加强形势研判和成效评估。四是做好农民工相关政策的宣传解读，提高政策知悉度。

四、我国农民工现状及农民工工作成效

（一）农民工基本情况（基于2021年相关统计数据）

1. 农民工规模、分布及流向。

农民工总量增加，本地农民工增速高于外出农民工。2021年全国农民工总量29251万人，比上年增加691万人，增长2.4%。其中，外出农民工17172万人，比上年增加213万人，增长1.3%；本地农民工12079万人，比上年增加478万人，增长4.1%。年末在城镇居住的进城农民工13309万人，比上年增加208万人，增长1.6%。

在外出农民工中，跨省流动7130万人，比上年增加78万人，增长1.1%；省内流动10042万人，比上年增加135万人，增长1.4%。从输出地看，中部地区跨省流动农民工占外出农民工的56.6%，西部地区占47.8%，东部和东北地区外出农民工以省内流动为主，跨省流动农民工占比分别为15.1%和28.9%。

各区域输出农民工人数均有增长。从输出地看，东部地区

农民工 10282 万人，比上年增加 158 万人，增长 1.6%；中部地区农民工 9726 万人，比上年增加 279 万人，增长 3.0%；西部地区农民工 8248 万人，比上年增加 214 万人，增长 2.7%；东北地区农民工 995 万人，比上年增加 40 万人，增长 4.2%。

在中部地区就业的农民工人数增加最多。从输入地看，在东部地区就业的农民工 15438 万人，比上年增加 306 万人，增长 2.0%。其中，在京津冀地区就业的农民工 2125 万人，比上年增加 49 万人，增长 2.4%；在江浙沪地区就业的农民工 5339 万人，比上年增加 160 万人，增长 3.1%；在珠三角地区就业的农民工 4219 万人，比上年减少 4 万人，下降 0.1%。在中部地区就业的农民工 6571 万人，比上年增加 344 万人，增长 5.5%。在西部地区就业的农民工 6280 万人，与上年基本持平。在东北地区就业的农民工 894 万人，比上年增加 41 万人，增长 4.8%。在中部地区就业的农民工增量占全国农民工增量的 49.8%。

2. 农民工基本特征。

女性和有配偶的农民工占比均有所上升。在全部农民工中，男性占 64.1%，女性占 35.9%。女性占比比上年提高 1.1 个百分点。其中，外出农民工中女性占 30.2%，本地农民工中女性占 41.0%。在全部农民工中，未婚的占 16.8%，有配偶的占 80.2%，丧偶或离婚的占 3.0%。有配偶的占比比上年提高 0.3 个百分点。其中，外出农民工有配偶的占 67.7%，本地农民工有配偶的占 91.6%。

农民工平均年龄继续提高。农民工平均年龄 41.7 岁，比上年提高 0.3 岁。从年龄结构看，40 岁及以下农民工所占比重为 48.2%，比上年下降 1.2 个百分点；50 岁以上农民工所占比重为 27.3%，比上年提高 0.9 个百分点。从农民工的就业地看，本地农民工平均年龄 46.0 岁，其中 40 岁及以下所占比重为 32.6%，50 岁以上所占比重为 38.2%；外出农民工平均年龄为

36.8岁，其中40岁及以下所占比重为65.8%，50岁以上所占比重为15.2%。

大专及以上学历农民工占比提高。在全部农民工中，未上过学的占0.8%，小学文化程度占13.7%，初中文化程度占56.0%，高中文化程度占17.0%，大专及以上占12.6%。大专及以上文化程度农民工所占比重比上年提高0.4个百分点。在外出农民工中，大专及以上文化程度的占17.1%，比上年提高0.6个百分点；在本地农民工中，大专及以上文化程度的占8.5%，比上年提高0.4个百分点。

3. 农民工就业状况。

在第三产业就业的农民工比重有所下降。从事第三产业的农民工比重为50.9%，比上年下降0.6个百分点。其中，从事居民服务修理和其他服务业的农民工比重为11.8%，比上年下降0.6个百分点；从事批发和零售业的农民工比重为12.1%，比上年下降0.1个百分点；从事住宿餐饮业的农民工比重为6.4%，比上年下降0.1个百分点。从事第二产业的农民工比重为48.6%，比上年提高0.5个百分点。其中，从事制造业的农民工比重为27.1%，比上年下降0.2个百分点；从事建筑业的农民工比重为19.0%，比上年提高0.7个百分点。

外出农民工月均收入增速快于本地农民工。农民工月均收入4432元，比上年增加360元，增长8.8%。其中，外出农民工月均收入5013元，比上年增加464元，增长10.2%；本地农民工月均收入3878元，比上年增加272元，增长7.5%。

在东部地区就业的农民工月均收入增速快于其他地区。分区域看，在东部地区就业的农民工月均收入4787元，比上年增加436元，增长10.0%；在中部地区就业的农民工月均收入4205元，比上年增加339元，增长8.8%；在西部地区就业的农民工月均收入4078元，比上年增加270元，增长7.1%；在东北地区就业的农民工月均收入3813元，比上年增加239元，增长6.7%。

制造业农民工月均收入增速最快。分行业看，农民工就业集中的六大主要行业月均收入继续增长。其中，从事制造业农民工月均收入4508元，比上年增加412元，增长10.1%；从事居民服务修理和其他服务业农民工月均收入3710元，比上年增加323元，增长9.5%；从事建筑业农民工月均收入5141元，比上年增加442元，增长9.4%；从事住宿餐饮业农民工月均收入3638元，比上年增加280元，增长8.3%；从事批发和零售业农民工月均收入3796元，比上年增加264元，增长7.5%；从事交通运输仓储和邮政业农民工月均收入5151元，比上年增加337元，增长7.0%。

4. 进城农民工居住状况。

人均居住面积有所提高。进城农民工人均居住面积21.7平方米，比上年增加0.2平方米。其中，在500万人以上城市人均居住面积17.0平方米，比上年增加0.1平方米；在50万人以下城市人均居住面积25.5平方米，比上年增加0.2平方米。

生活条件继续改善。进城农民工户中，居住住房中有取暖设施的比重比上年提高2.7个百分点，其中，市政或小区集中供暖的比重比上年提高0.6个百分点，自行取暖的比重比上年提高2.1个百分点。住户中有电冰箱、洗衣机、洗澡设施的分别占68.9%、70.8%、86.5%，分别比上年提高1.9个、2.7个、1.1个百分点；有独用厕所的占71.7%，比上年提高0.2个百分点；能上网的占95.6%，比上年提高0.8个百分点；拥有汽车（包括经营用车）的占34.1%，比上年提高3.3个百分点。

5. 进城农民工随迁儿童教育情况。

儿童入园率有所提高。3—5岁随迁儿童入园率（含学前班）为88.2%，比上年提高2.1个百分点。3—5岁随迁儿童中，61.6%在公办幼儿园或普惠性民办幼儿园。

义务教育阶段儿童在校率继续提高。义务教育年龄段随迁儿童的在校率为99.6%，比上年提高0.2个百分点。从就读的学校类型看，小学年龄段随迁儿童84.4%在公办学校就读，比上年提高2.9个百分点；10.5%在有政府资助的民办学校就读，比上年降低1.9个百分点。初中年龄段随迁儿童88.2%在公办学校就读，比上年提高1.2个百分点；7.3%在有政府资助的民办学校就读，比上年提高0.2个百分点。

6. 进城农民工社会融合情况。

进城农民工对所在城市的归属感有所增强。进城农民工中，41.5%认为自己是所居住城市的“本地人”，比上年提高0.1个百分点。进城农民工在不同规模城市生活的归属感较上年均有提高。城市规模越小，农民工对所在城市的归属感越强。从进城农民工对本地生活的适应情况看，83.0%表示对本地生活非常适应和比较适应。

进城农民工参加所在社区、工会组织的活动更加积极。在进城农民工中，30.4%参加过所在社区组织的活动，比上年提高1.1个百分点。其中，4.0%经常参加，26.4%偶尔参加。在已加入工会的农民工中，参加过工会活动的占84.5%。

（二）我国农民工工作成效

农民工是推进我国工业化、城镇化发展的主力军，已成为我国产业工人的主体，是“中国制造”走向世界的有力支撑，为经济社会发展作出了巨大贡献。习近平总书记指出，几亿农民工在城乡之间长时间、大范围有序有效转移，成为经济社会发展的重要支撑。农民工工作是解决“三农”问题的重要方面，是破解我国城乡二元结构，解决城乡发展不协调突出矛盾的重要抓手，在实施乡村振兴战略，全面建设社会主义现代化国家新征程中具有十分重要的作用。党中央、国务院高度重视农民工工作，专门成立国务院农民工工作领导小组。各地区、各成员单位坚决贯彻党中央、国务院决策部署，把农民工工作放在更加突出的位置，认真贯彻落实国务院《关于进一步做好为农民工服务工作的意见》，精准施策，强化落实，着力稳定和扩大农民工就业创业，着力维护农民工的劳动保障权益，着力推动农民工逐步实现平等享受城镇基本公共服务和在城镇落户，着力促进农民工社会融合，稳步有序推进农民工市民化，“十三五”期间各项工作取得明显成效，形成了农民工发展的新局面，翻开了农民工工作的新篇章。

1. 农民工就业创业保持稳定并进一步扩大。

大力促进农民工多元化就业创业。国家先后印发《关于做好当前和今后一段时期就业创业工作的意见》、《关于进一步做好稳就业工作的意见》等一系列政策文件，进一步加大政策支持力度，优化就业环境，保障劳动者平等就业，统筹城乡就业，稳定和扩大农民工就业。人社部门印发《关于进一步推动返乡入乡创业工作的意见》，落实创业扶持政策，加强创业培训，为有创业意愿和服务需求的劳动者提供信息咨询、开业指导、创业孵化、跟踪辅导、创业担保贷款等“一条龙”创业服务，提高创业成功率。建立健全覆盖城乡的公共就业服务体系，完善就业失业登记管理办法，为包括农村转移劳动力在内的所有劳动者免费提供政策咨询、岗位信息、职业指导、职业介绍等服务。坚持做好就业专项服务活动，连续 16 年在全国范围内组织“春风行动”，促进农村劳动力和用人单位供需对接。工会组织开展“全国工会就业援助月”和“技能培训促就业行动”。通过实施一系列更加积极的就业政策，引导农民工有序转移就业，全国农民工总量从 2015 年的 2. 77 亿人增加到 2019 年的 2. 91 亿人，规模不断扩大。

大规模多渠道开展农民工职业技能培训。人社部门面向广大农村转移就业劳动者实施以就业技能培训、岗位技能提升培训为主要内容的“春潮行动”。印发《新生代农民工职业技能提升计划（2019—2022 年）》，聚焦新生代农民工开展大规模职业技能培训。在职业技能提升行动中，将农民工作为重点群体。印发《关于开展 2019—2020 年家政培训提升行动的通知》、《关于实施康养职业技能培训计划的通知》等文件，加强家政服务等职业技能培训。工会印发实施《全国职工素质建设工程五年规划（2015—2019 年）》，组织农民工积极参加技能提升活动。妇联组织实施巾帼家政培训专项工程，重点对女性家政服务员进行职业培训。全面落实农村新成长和贫困劳动力免费职业教育政策，人社部门出台政策鼓励技工院校积极面向应往届初高中毕业生、贫困家庭子女及劳动力、农民工等各类群体广泛开展招生工作；发展改革部门加大中央预算内投资力度，有力改善相关学校办学条件，提高职业教育培养能力和培养质量。2015—2019 年，仅人社部门面向农民工群体开展各类补贴性培训就达 4300 余万人次。农民工技能素质不断提升，月均收入稳步增长，从 2015 年的 3072 元提高到 2019 年的 3962 元，每年增幅均在 6%上。

打好疫情防控保卫战。面对突如其来的新冠肺炎疫情，人社部门会同公安、交通运输、卫生健康、国家铁路等部门和单位建立农民工返岗复工“点对点”服务协作机制，加强统筹调度，密切工作配合，通过组织专车、专列、包机运输服务，实现从家门到车门到厂门，重点保障成规模、成批次外出的农民工安全有序返岗复工。全国累计通过“点对点”服务方式运送 606. 8 万人，其中贫困劳动力近 160 万人，实现零交通事故、零新冠肺炎疫情感染，保障了长三角、珠三角、京津冀等重点地区及重点企业的用工需求，助推了复工复产和经济社会平稳运行。

积极推进脱贫攻坚。人社部门把促进贫困劳动力就业作为重中之重，深化东西部扶贫协作，有组织地安排贫困劳动力外出务工；出台政策鼓励用人单位吸纳贫困劳动力就业，通过扶贫公益性岗位安置弱劳力就业。贫困劳动力就业规模由2016年的1527万人扩大到2020年11月底的3243万人。商务部、人力资源和社会保障部、国务院扶贫办等部门联合印发《关于进一步巩固拓展家政扶贫工作的通知》，加强政策支持力度，鼓励和引导更多农村贫困劳动力到家政服务领域就业。人社部门持续推进“全国家政服务劳务对接扶贫行动”，中心城市与中西部贫困县签订各类家政服务劳务对接协议超过1000份，输出地和输入地共培训以农民工为主体的家政服务人员155.7万人次，输出家政服务人员17.8万人，其中建档立卡贫困劳动力4.4万人。

2. 农民工劳动保障权益维护稳步推进。

加大农民工工资清欠力度。国家出台《关于全面治理拖欠农民工工资问题的意见》、《保障农民工工资支付条例》，建立健全农民工实名制管理、工资支付专用账户、工资保证金等制度，完善行政执法与刑事司法衔接制度，实行拖欠农民工工资“黑名单”管理制度和联合惩戒机制，定期开展专项执法检查和工作督查，农民工工资支付保障长效机制基本建立。建立农民工工资争议处理“绿色通道”，实施“护薪”行动，切实解决拖欠农民工工资争议处理过程中调解结案难、调查取证难、裁审衔接难等问题，农民工维权渠道进一步畅通。将农民工作为法律援助重点对象，开展农民工法律援助专项活动。通过综合治理，拖欠农民工工资问题多发高发态势进一步得到有效遏制，国家统计局抽样调查数据显示，2019年被拖欠工资的农民工比重为0.37%，为五年来最低水平。

落实农民工社会保障权益。促进和引导进城农民工在常住地参加城镇社会保险，全面取消农民工以灵活就业人员身份参加城镇职工养老保险的省内户籍限制，降低农民工参保门槛。以农民工集中、工伤风险大的建筑、矿山等行业为重点，组织实施“同舟计划”，出台建筑业按项目参加工伤保险的制度，“先参保、后开工”的长效机制不断巩固，全国建筑行业新开工项目和在建项目参保率保持在 99%以上。扩大失业保险保障范围，将更多的农民工纳入领取临时补贴范围。2019 年底，农民工参加城镇职工养老保险、失业保险、工伤保险的人数分别为 6155 万人、4958 万人、8616 万人，农民工参加城镇社会保险覆盖面持续扩大。

加强农民工用工管理。人社部门制定公布简易劳动合同示范文本，推动企业依法与招用的农民工订立和履行劳动合同，在工程建设领域全面实行农民工全员实名制管理制度，进一步规范农民工劳动用工管理。

加强农民工健康保护。积极推动农民工平等享受基本公共卫生服务，加强农民工医疗卫生服务，保障包括农民工随迁子女在内的适龄儿童享受预防接种服务的权利；积极做好农民工返岗复工疫情防控，全力保障农民工生命安全和身体健康。

3. 农民工市民化水平不断提升。

农民工在城镇落户有序推进。国家印发《关于实施支持农业转移人口市民化若干财政政策的通知》和《居住证暂行条例》，全国 31 个省区市均出台了户籍制度改革实施意见，普遍放宽农民工进城落户条件，进城农民工在城镇定居意愿提高，全国户籍人口城镇化率由 2013 年的 35. 93%提高到 2019 年的 44. 38%。居住证制度稳步实施，将持有居住证人口纳入基本公共服务保障范围，强化常住人口公共服务，截至 2019 年底，全国共发放居住证超过 1 亿张。

农民工随迁子女平等接受教育的权利更有保障。坚持“两为主”、“两纳入”，2019 年，1400 多万名农民工随迁子女实现“两免一补”资金和生均公用经费可携带，接受义务教育的随迁子女达 22.4 万人，比 2013 年增长 55 倍。

农民工住房条件持续改善。将符合条件的农民工纳入公租房保障范围，截至 2020 年 6 月底，包括农民工在内的 891 万名稳定就业外来务工人员享受公租房保障，农民工居住条件逐步改善。农民工购房比逐年提升，在城市的归属感持续增强。

4. 农民工社会融合程度不断提升。

保障农民工民主政治权利。重视从农民工中发展党员，积极推荐优秀农民工作为各级党代会、人大、政协的代表、委员，支持农民工在职工代表大会和社区居民委员会、村民委员会等组织中依法行使民主选举、民主决策、民主管理、民主监督权利，农民工民主政治权利得到进一步保障。

加强农民工文化建设。不断丰富面向农民工的公共文化供给，为广大农民工提供更多优质的文化产品和文化服务，农民工精神文化生活更加丰富。进一步健全“政府主导、企业共建、社会参与”的农民工文化工作机制，促进农民工平等享受城镇基本公共文化服务。

加强对农民工的人文关怀。农民工的社会融合是新时代实现以人为本的新型城镇化为核心的关键，各地在农民工工作中不断加强人文关怀，全力促进农民工社会融合，努力推进农民工本人融入企业、子女融入学校、家庭融入社区、群体融入城镇。

建立完善“三留守”关爱服务体系。国务院印发《关于加强农村留守儿童关爱保护工作的意见》，建立农村留守儿童关爱保护工作协调机制，组织开展全国农村留守儿童摸底排查，开展“合力监护、相伴成长”关爱保护专项行动，做好健康关爱和重点对象的干预帮扶与救助保护工作，为 76 万名无人监护留守儿童落实监护责任人，帮助 1.6 万名失辍学儿童返校留学。大力发展农村妇女手工，创建各类农业科技基地，扶持发展巾帼合作组织，促进农村留守妇女增收致富。健全农村社区服务体系，推进农村老年人社区居家养老服务改革，研究制定农村留守老人关爱服务有关政策。

5. 农民工工作基础进一步夯实。

农民工工作协调机制进一步健全。各地区、各成员单位把农民工工作放在更加突出的位置，县级以上地方各级人民政府普遍成立了农民工工作领导小组，进一步健全农民工工作协调机制，强化农民工工作统筹协调和督导。

健全农民工统计监测制度。国务院农民工办与国家统计局联合开展农民工市民化进程动态监测，建立了输出地与输入地相结合的农民工统计监测调查体系。积极关注农民工输入集中地区用工变化情况、农民工流向、就业信息等情况，及时研判形势，稳妥应对风险。

加强农民工文化宣传。印发加强为农民工服务宣传工作的意见，举行专题新闻发布会、在中央电视台制播农民工专题系列节目《城市梦想》、持续在《中国劳动保障报》开设“农民工专版”和组织“共圆中国梦”农民工主题摄影活动等，加强为农民工服务的政策宣传，努力营造关心关爱农民工的良好社会氛围。

在有力保障农民工权益，全面提升农民工市民化水平的工作实践中，各地各部门积累了宝贵的经验，收获了进一步做好农民工工作的启示。

坚持从建设社会主义现代化国家的战略高度，谋划和推进农民工工作。深入贯彻习近平总书记关于“没有农业农村现代化，就没有整个国家现代化”重要讲话精神，将农民工工作纳入经济社会发展五年规划和年度计划、新型城镇化规划、乡村振兴战略规划中，统筹谋划，宏观把握，整体推进，协调发展。

坚持以人民为中心的发展理念，做好农民工服务保障这一重大民生工作。农民工工作直接或间接涉及全国一半以上人口就业、住房、子女教育、社会保障等方方面面的重大切身利益，必须以对党和国家、人民的事业高度负责的态度，以高度的政治责任感和使命感，扎实做好为农民工服务保障各项具体工作。

坚持问题导向，以开拓创新精神来破解农民工工作难题。我们还面临着加快推进数以亿计的农业转移人口市民化的艰巨任务，以及农民工就业创业压力不减、维护农民工劳动保障权益任重道远、公共服务供给能力还需提升等挑战，必须要积极探索，大胆创新，破除体制机制障碍，积极稳妥做好这项工作。

坚持统筹协调，形成有效的工作机制和工作方法来抓好这项综合性工作。农民工工作涉及方方面面，这就要求必须在党和政府领导下，在农民工工作领导小组的具体部署下，进一步健全工作协调机制，各部门相互配合协作、合力推进。同时要加强督促检查，完善农民工工作督察制度，确保党中央、国务院关于农民工工作各项部署得以不折不扣落实。

我国已经开启全面建设社会主义现代化国家的新征程。农民工工作将以习近平新时代中国特色社会主义思想为指导，深入贯彻党的二十大精神，围绕加快推进农民工市民化目标，切实发挥农民工在加快工业化和新型城镇化进程、改变城乡二元结构、实施乡村振兴战略中的重要作用，积极探索，开拓进取，在全面建设社会主义现代化国家新征程上作出新的更大贡献。

第二节　工会农民工工作

一、工会农民工工作概述

全国总工会农民工工作分为几个阶段。2003 年，中国工会十四大报告明确提出“一大批进城务工人员成为工人阶级的新成员”。2004 年，中央一号文件指出“进城就业的农民工已经成为产业工人的重要组成部分”。为更好地完成党和国家农民工工作的部署要求，2006 年，全国总工会成立了维护农民工合法权益领导小组，办公室设在保障工作部。随着全国总工会工作的调整，其间办公室由保障工作部调整到基层组织建设部，后来重新回到保障工作部。基层组织建设部参与农民工工作主要从组建角度，保障工作部则主要是以工资为抓手，还包括就业培训等相关工作。2009 年，受国际金融危机影响，农民工大批返乡，全国总工会开展了“千万农民工援助行动”，帮助返乡农民工培训、就业。2015 年，全国总工会成立了农民工工作领导小组，领导小组办公室设在原保障工作部。全国总工会机构改革后，领导小组办公室设在权益保障部。2016 年底，全国总工会成立了农民工工作处，承担领导小组办公室的日常协调工作。目前，全总农民工工作领导小组由全总党组书记、副主席、书记处第一书记任组长，全总分管权益保障部和基层工作部的领导同志任副组长，分管权益保障部的副组长主持日常工作，全总办公厅、组织部、宣传教育部、研究室、权益保障部、劳动和经济工作部、基层工作部、网络工作部、社会联络部、法律工作部、女职工部、财务部、中国金融工会、中国海员建设工会、中国能源化学地质工会、中国机械冶金建材工会、中国国防邮电工会、中国财贸轻纺烟草工会、中国农林水利气象工会、中国工运研究所、全总信息中心、中国劳动关系学院、工人日报社、中国工人出版社、中国职工国际旅行社总社、全总文工团、中国职工服务（集团）有限责任公司、中国职工保险互助会、中国职工发展基金会主要负责同志任小组成员，权益保障部主要负责同志为办公室主任。

二、《中华全国总工会农民工工作规划（2016—2020年）》主要措施及完成情况

根据全国总工会十六届四次执委会议工作安排，经全国总工会第十六届书记处第五十五次会议审议通过，《中华全国总工会农民工工作规划（2016—2020年）》（以下简称《规划》）于2016年9月6日印发。《规划》对“十三五”时期工会农民工工作的整体性、长期性等问题进行考量，明确了工作目标和重点。

（一）《规划》的重要意义

1. 制定《规划》是贯彻落实党中央、国务院决策部署的重要举措。

近年来，党中央、国务院高度重视农民工工作。党的十八大以来，习近平总书记在关于工人阶级和工会工作的多次重要讲话中，强调工会要着力做好农民工工作，使农民工在工业化、城镇化的过程中成为工人阶级坚定可靠的新生力量，成为我们党执政的社会基础。2016年春节前夕，专门对开展清理欠薪专项检查作出批示，要求严肃查处恶意欠薪案件，完善相关法规制度，强化日常监察执法，从根本上保障务工人员合法权益。在2016年全国两会上，习近平总书记提出要“想办法调动一线工人、制造业工人、农民工的积极性”。李克强总理对2016年初召开的全国优秀农民工表彰大会作出重要批示，对“十三五”时期的农民工工作提出了明确要求。他在海南调研时称赞农民工

是家庭的顶梁柱，也是国家的脊梁。2014 年 9 月，国务院印发了《关于进一步做好为农民工服务工作的意见》，确定了工会要参与的主要工作。因此，亟须制定《规划》，指导各级工会贯彻落实党中央、国务院的决策部署。

2. 制定《规划》是经济社会发展对工会提出的客观要求。

我国经济发展进入新常态，“十三五”时期是全面建成小康社会的决胜时期，也是推进农民工市民化的关键时期。随着经济发展进入新常态，经济下行压力加大，深层次矛盾凸显，风险和隐患增多。一是就业、技能培训、社保等方面压力可能更大。经济增长放缓给农民工就业总量带来压力，就业招工两难的结构性矛盾更为突出。农民工队伍技能水平需要提高，他们多数从事中低端劳动，就业稳定性差、合同期短、流动性大，难以融入城镇。农民工工资收入增长持续放缓，参保率仍然较低。二是侵害劳动经济权益问题时有发生。农民工劳动合同签订率虚高，工作时间等劳动标准一再受到冲击，《劳务派遣暂行规定》实施效果有待观察，全面深化改革和结构调整多触及职工劳动经济权益，化解过剩产能隐藏大规模失业风险。特别是随着压减产能工作的深入，下岗失业人员将逐步增加，农民工、劳务派遣工等非正式用工首当其冲。三是农民工组织程度还有待加强。截至 2015 年底，2.77 亿农民工中仅有 1.25 亿人加入工会，入会率仅为 45.1%。2016 年全国再增加农民工会员 1500 万人，半数以上的农民工加入工会，但还有相当一部分人游离于工会组织之外，农民工组织化诉求的日益增强与工会覆盖面普遍不高的现状不相协调。四是农民工身份壁垒没有得到根本破除。全国 31 个省（区、市）均已出台各自的户改方案，普遍提出取消农业户口，但我国城乡二元经济格局没有得到根本扭转，农村土地和其他生产资料的流转没有理顺，很多制度性政策仍未落地。农民工向经济发达、用工需求多的地区或行业的选择性流动，加剧了基本公共服务投入压力与市民需求的矛盾；农民工输出地也存在经济、税收滞后，不能有效提高公共服务水平。教育等基础服务的差异不断强化农民工阶层弱势地位，容易导致贫困的代际传递。因此，亟须制定《规划》，指导各级工会工作来适应经济社会的发展变化。

3. 制定《规划》是工会更好履行基本职责的必然要求。

农民工工作是一项长期的艰巨任务。作为党联系职工群众的桥梁和纽带，作为职工利益的表达者、代表者和维护者，做好为农民工服务工作是工会组织主动适应新常态、把握新常态的重要途径，也是广大职工群众对工会组织的迫切要求。近年来，各级工会在农民工工作方面做了大量工作，并取得了一定成效。全国总工会认真贯彻落实习近平总书记的重要批示精神，把 2015 年作为加强基层工会建设的落实年，开展了“农民工入会集中行动”，制定了全国总工会贯彻落实《国务院关于进一步做好为农民工服务工作的意见》的实施意见并狠抓落实，工会农民工工作得到了有力加强。但各地工会为农民工服务工作发展不平衡现象仍较为明显，一些地区存在“短板”和不足。基层工会吸引力亟待加强。农民工对工会活动参与度不高，对工会的归属感和认同感不强；部分中小微非公企业工会仍然存在“牌子工会”、“老板工会”现象，没有发挥应有作用。维权维稳处置能力需要加强。2015 年，全国已有北京等 20 余个中心城市发行了工会会员服务卡，现在，这个规模还在不断扩大。但有些会员服务卡在功能设置、系统服务等关键策略和技术处理上含金量不足。一些地方开展的“互联网+”工会普惠性服务工作，与农民工实际需求和工会实际工作存在差距。因此，亟须制定《规划》，指导各级工会开展工作，践行工会组织的职责。

4. 制定《规划》是“双提升”的客观需要。

全国总工会机关改革试点实施方案将实现农民工入会数量和服务质量双提升列为重要内容。为了进一步加强工会农民工工作，全国总工会建立农民工工作领导小组。各省（区、市）总工会也都健全工作机构，主要领导负总责、亲自抓。2016年底，全国总工会成立了农民工工作处，由专人负责相关工作。4月12日，全国总工会召开电视电话会议部署工会系统大力推进农民工入会服务双提升工作，会后，印发了《2016年全总农民工工作要点》，部署了5大类、18项具体工作，并分解落实到10个全国产业工会、14个全国总工会部门和4个直属单位。全国总工会十六届四次执委会议强调，要继续推进农民工“双提升”工作，通过工会组织把广大农民工紧密团结在党的周围。因此，亟须制定《规划》来落实工会改革试点工作的相关要求。

（二）《规划》的指导思想和工作目标

《规划》的指导思想是：“十三五”时期要深入贯彻习近平总书记系列重要讲话精神，认真落实中央党的群团工作会议精神和《国务院关于进一步做好为农民工服务工作的意见》，协助各级党委、政府有序推进农民工市民化，引导动员广大农民工在“十三五”期间建功立业，以劳动托起中国梦，努力为全面建成小康社会贡献智慧和力量。

按照分阶段、可量化、可操作的要求，《规划》拟定了四项目标：一是农民工组织化水平明显提高，通过打造“互联网+”服务职工平台，以便捷和有针对性的服务吸引农民工入会，到2020年实现全国55%以上的农民工加入工会组织，并切实增强工会组织对农民工的代表性。二是农民工合法权益充分保障，劳动合同签订率不断提高，实现工资基本无拖欠，收入水平和参加社会保险比例稳步提升，安全生产和职业健康保护工作得到明显改善，参与企业民主管理的渠道不断拓宽。三是农民工素质水平持续提升，每年为 300 万名农民工提供就业和创业培训机会，帮助 100 万名农民工提升技能等级，帮助 30 万名农民工提升学历水平，并不断提高农民工在劳模中的比例。四是农民工市民化有序推进，推动有能力在城镇稳定就业和生活的农业转移人口举家进城落户，并与城镇居民享有同等权利和义务，确保国家“三个一亿人”目标顺利实现，同时做好长期居住在城市、生活遇到特殊困难的农民工的帮扶解困工作。

（三）《规划》实施以来工会农民工工作取得显著成就

1. 农民工听党话、跟党走的政治自觉进一步加强。

各级工会积极开展“践行新理念，建功十三五”、“中国梦·劳动美”、“网聚职工正能量，争做中国好网民”等主题活动，引导广大农民工深入学习习近平新时代中国特色社会主义思想，积极培育和践行社会主义核心价值观，坚定不移听党话、跟党走的政治自觉进一步加强。

以劳动模范和先进人物为榜样，大力弘扬劳模精神、劳动精神、工匠精神。各级工会结合当地实际，举办了形式各样的活动：有的通过劳动和技能竞赛，激发农民工投身国家经济社会建设的壮志豪情；有的通过开展主题演讲比赛和形式多样的职工文体活动，积极培育健康文明、昂扬向上、全员参与的职工文化；有的成立“新时代职工文明实践基地”、开展“劳动模范上讲堂”。统计显示，五年来，各级工会在全国范围内建设职工书屋示范点近 6000 家，带动各地建设职工书屋超过 5 万家。通过一系列主题活动，引导广大农民工以劳动模范和先进人物为榜样，自觉做新时代的见证者、开创者和建设者。先后树立一批优秀农民工典型，如 90 后农民工陈行行当选 2018 年“大国工匠年度人物”，抹灰工祝平辉、山村教师农加贵、砌筑工许纪平、汽修工吕义聪等农民工当选为全国“最美职工”。农民工代表多次受邀参加国务院新闻办记者见面会，展现了新时期产业工人风采，在全社会充分弘扬了劳模精神、劳动精神、工匠精神。

探索实行农民工兼职工会副主席，保障农民工的政治地位。各级工会认真贯彻党中央、国务院决策部署，出台了一系列政策措施，逐渐加大农民工在劳动模范、三八红旗手等评选中的比重。在全国五一劳动奖章人选中，农民工所占的比例由 2016 年的 10.8%增长到 2021 年的 13.7%。各地方工会也采取各种措施推动提高包括农民工在内的一线职工在省级地方工会代表大会代表和工会委员会、常务委员会中的比例，目前，全国总工会领导班子中配备了农民工兼职副主席巨晓林，全国总工会十七届执委会委员中，农民工占 2.1%，比上届提高了 0.7 个百分点；全国总工会十七届执委会主席团成员中，农民工占 2.7%，比上届提高了 1.3 个百分点。截至 2021 年 10 月 30 日，共有 17 个省级地方工会配备了 17 名农民工兼职副主席。

2. 农民工组织化水平稳步提高。

农民工档案管理信息化程度不断提高。各级工会积极推进会员实名制管理和“互联网+”工会普惠性服务。将普惠服务和实名制管理作为增强工会组织吸引力凝聚力战斗力的重要抓手，一体化推进。2016 年，全国总工会在湖北宜昌召开全国“互联网+”工会普惠性服务现场推进会，打造“互联网+”服务职工新平台，形成网上网下深度融合、互联互动的新格局。研究制定《推进基层工会组织和工会会员实名制管理工作方案》，逐步实现信息数据互通共享和深度利用，以精准高效服务不断提升农民工群体的获得感。各级工会主动争取政府有关部门支持和社会力量参与，积极推进工会会员服务卡建设，开展工会会员实名制管理，通过购买专业服务项目方式，延长工作手臂，拓展服务内容，以精准高效服务打通联系职工的“最后一公里”。

农民工入会率显著提升。各级工会严格贯彻落实全国总工会部署要求，主动作为，通过推进非公有制企业建会、组织劳务派遣工入会等方式，不断扩大工会对农民工的有效覆盖。各级工会结合本地农民工工作实际，创新建会入会方式，农民工组织化水平不断提高。除个别省外，绝大多数省（区、市）已建工会单位中的农民工会员占农民工职工的比例均超过90%，江苏、浙江、广东、四川的农民工会员人数突破千万。2021年末，在已加入工会的农民工中，参加过工会活动的占84.5%。

八大群体入会成效显著，工会组织覆盖面得到新的拓展。各地积极落实全国总工会关于货车司机、快递员等八大群体入会的相关要求，不断探索和创新建会入会模式，促进八大群体入会有门、有会可入。2020年，全国总工会设立500万专项资金，以项目化方式，在全国完善建设或新建100个左右以覆盖八大群体为主的区域性、行业性工会联合会。福建省安排专项资金400万元，对“八大群体”建会入会工作进行资金补助，以农民工为主体的“八大群体”入会17.6万人，入会率达90.1%；山东省通过单独建会和联合建会吸纳八大群体入会率高达68%；江西试点成立全国首家网络直播行业工会联合会，并在全省推广建立市、县（区）级网络直播行业联合会，八大群体综合入会率66.73%；贵州省“八大群体”行业单位单独建立工会2664个，建立行业工会1402个，农民工入会率达67.1%；青海省专门设立八大群体入会专项补助资金20万元，全省“八大群体”等行业职工入会总人数达7.7258万人，较去年年底增长13.23%。

3. 农民工合法权益得到有效保障。

劳动合同签订率和社会保险参保率不断提升。2017年末全国参加城镇职工基本养老保险的农民工人数为6202万人，参加基本医疗保险的人数为6225万人，参加失业保险的人数为4897

万人，参加工伤保险的人数为7807万人。《规划》实施以来，各省农民工劳动合同签订率和社会保险参加人数明显递增，全国新开工工程建设项目工伤保险参保率已达99%。

根治欠薪工作取得成效，农民工月均收入平稳增长。参与最低工资标准调整，促进低收入职工工资合理提高。加强与人社部门、企业组织的沟通协作，推动最低工资标准调整机制建设，连续两年开展最低工资标准调整对劳动者的影响评估，提高最低工资标准调整的科学性。贯彻落实《国务院办公厅关于全面治理拖欠农民工工资问题的意见》，制定下发《中华全国总工会关于深入贯彻落实〈国务院办公厅关于全面治理拖欠农民工工资问题的意见〉的实施意见》，要求加强组织领导，从预防和保障两方面入手，建立和完善各项制度。2016年、2017年、2018年、2019年元旦春节期间，各级工会配合有关部门分别为225万名、149.6万名、100.6万名、34.66万名农民工追回被拖欠工资227.26亿元、140.3亿元、119.75亿元、45.20亿元。解决农民工工资拖欠问题逐步纳入法治化和制度化轨道。

农民工安全生产和职业健康防护工作稳步推进，户外劳动者群体和女性农民工权益得到更好保护。目前，全国已有29个省（区、市）建立了省级职业病防治工作部门联席会议制度，在农民工相对集中的高危行业开展集体协商，推动签订劳动安全卫生专项集体合同。总结各地工会与建设银行等合作共建站点的成功经验，探索以标识互挂互认等方式协同社会资源，深化户外劳动者服务站点建设工作。据不完全统计，各级工会整合社会资源，采取自建、共建等方式，累计投入资金近12亿元，建设户外劳动者服务站点95287个。关注女性农民工特别是新生代女农民工的身心健康，通过流动课堂、心理咨询、心理辅导、心理健康服务热线、发放知识手册等形式，加强对女性农民工的人文关怀和心理疏导。深入开展“中国梦·劳动美——女职工在行动”主题教育实践活动。在广大女性农民工中培育和践行社会主义核心价值观，激励广大女性农民工大力弘扬自尊自信自立自强精神，通过辛勤劳动、诚实劳动、创造性劳动实现更加美好的生活。积极推进女职工休息哺乳室建设。

农民工参与民主管理的积极性有所提高。全国总工会下发《关于进一步推动完善政府和工会联席会议制度的意见》以来，全国31个省（区、市）都建立了政府与同级工会联席会议制度，大部分省（区、市）联席会议制度已经向县一级延伸拓展，为农民工畅通民意表达渠道、实现有序政治参与搭建了广阔平台。各级工会认真贯彻落实《企业民主管理规定》、《2019—2023年全国企业民主管理工作五年规划》、《2019—2023年职工代表培训规划》，指导和督促非公有制企业建立职工代表大会等民主管理制度，连续两年及时下发全国企事业单位民主管理建制情况通报，督导各地抓好建制目标任务的落实。推动职工人数较多的已建会非公有制企业普遍建立职代会制度。大力推行区域（行业）职代会制度，实现民主管理制度对小微企业的有效覆盖。鼓励和支持企事业单位采取民主管理委员会、民主议事会、劳资恳谈会、职工代表议事厅、民主协商会、总经理信箱、厂长经理接待日等与之相适应的其他民主形式，支持农民工参与管理。

4. 服务农民工的质量明显提升。

推动农民工技能素质持续提升。全国总工会与教育部联合开展农民工学历与能力提升行动计划——“求学圆梦行动”，2016—2019年，每年资助30余万名农民工接受学历继续教育。2019年和2020年，全国总工会每年设置1000万元专项扶持资金用于开展工作。在机械“职工网上练兵”系统中试点推行“学分银行”、“现代学徒制”等模式，帮助农民工接受继续教育。近年来，宁夏投入农民工培训资金600万元，四川投入培训资金 1796 万元，西藏投入 564.85 万元，甘肃投入 3000 万元。为了推进产业工人队伍建设改革，各级工会以劳动和技能竞赛为依托，纷纷开展工匠评选活动，并且建立了物质与精神并重的激励体系。各级工匠不仅技能素质得到了提升，享受到了实实在在的物质奖励，而且在就医、出行、技能培训、子女教育等方面享有一系列礼遇。通过这种方式，有效地提高了包括农民工在内的技术工人的社会地位，激发了他们学习技术、钻研技术的热情。

创新服务形式，为农民工提供高质量就业创业服务。全国总工会积极发挥部际联席会议成员单位作用，先后参与了《关于进一步支持农民工等人员返乡下乡创业的意见》、《关于进一步推进支持农民工等人员返乡创业工作的意见》等政策文件的起草。“十三五”期间，全国总工会持续组织开展全国工会就业创业服务月、京津冀蒙跨区域招聘、全国工会技能培训促就业等活动，促进职工多渠道就业创业。与人力资源和社会保障部等部委联合开展“春风行动”、“民营企业招聘周”等活动。2016 至 2019 年“全国工会就业创业服务月”期间，各级工会共组织各类招聘活动近 3.5 万场次，提供免费就业服务超过 2300 万人次。新冠肺炎疫情暴发后，全国总工会及时开通了全国工会就业服务线上平台，截至 2020 年 9 月，累计为求职者提供线上岗位 120 余万个，累计发布招聘信息 7 万余条。

为农民工提供法律援助，协助化解劳动争议。近年来，全国总工会组织实施中央专项彩票公益金法律援助项目，截至 2020 年底，全国工会系统项目实施单位共办理法律援助案件 1.47 万件，援助农民工等五类职工 2.5 万人，为职工挽回经济损失 7.4 亿元。全力推进“尊法守法 · 携手筑梦”服务农民工行动。组织高校师生志愿者、专业律师、工会干部深入农民工集中的乡镇、街道、社区及工地，开展形式多样的法治宣传和公益法律服务。三年来，各级工会与教育行政部门、司法行政部门、律师协会密切合作，紧紧围绕“尊法守法·携手筑梦”服务农民工主题，共组织2.7万名社会律师开展公益法律服务3.5万场次，现场受理劳动争议案件6.3万件，办理法律援助案件7.1万件，援助农民工16.7万人，帮助农民工挽回经济损失超过20亿元；现场受理农民工反映企业违法违规问题1.4万件，已督促企业整改1.2万件。部分省份通过提供法律援助，帮助农民工挽回大量经济损失。

困难职工解困脱困有序开展，关爱农民工子女行动深受欢迎。据全国总工会统计，截至2016年末，各级工会建档的困难职工家庭345.58万户。其中，因病致贫、因病返贫占37.5%，呈逐年上升趋势，存在“一人得大病、全家陷困境”、“小病拖、大病挨，实在不行才往医院抬”的现象。针对这种情况，全国总工会积极行动，“十三五”期间，各级工会“两节”送温暖共筹集慰问款物总额180.47亿元，走访慰问一线职工、困难职工和农民工2338.23万户；筹集子女助学资金28.93亿元，资助困难职工和困难农民工子女130.14万人；共帮助农民工平安返乡1318.84万人次，为农民工争取返乡补贴超5亿元。

此外，各级工会还将关爱农民工子女作为一项重要的服务工作，通过“金秋助学”等活动，为困难农民工子女发放助学贷款。近年来部分省份持续加大发放助学贷款的资源投入，为困难农民工子女争取到宝贵的受教育机会，进而为他们实现人生梦想插上了翅膀。2016年以来，全国总工会委托中国职工国际旅行社总社连续开展关爱农民工子女主题活动。通过公益性活动结合市场化运作，为此项活动保持旺盛生命力提供有力保障。中央主流媒体进行了深度系列宣传，在全国具有引领示范带动作用和宣传效应，深受广大农民工及其子女的欢迎和喜爱。在全国总工会带动下，广东、广西、江苏、山东、江西等省

（区）还在各地组织举办了有当地特色的关爱农民工子女活动和服务，惠及农民工子女万人以上。

5. 理论研究不断深入，工作基础逐步夯实，制度建设日趋成熟。

2016年以来，全国总工会领导同志和有关部门负责同志深入基层开展农民工工作调研，深入研究农民工群体的内部结构、生存状况、就业状况、利益诉求、技能提升、融入城市等问题，分别完成《关于工会进一步做好组织和服务农民工工作研究》、《改革开放以来我国工人阶级的变迁及对党执政基础的影响》、《新形势下农民工群体的变化及其地位保障》、《关于农民工五个方面理论问题的初步研究》、《关于农民工情况的调研报告》、《关于农民工社会保险问题的调研报告》等相关课题报告，为进一步做好农民工工作提供理论支撑。

全国总工会连续召开推进农民工入会和服务电视电话会议，每年组织召开农民工工作领导小组会议，总结上一年度工作，安排布置当年工会工作任务，研究制定下发全国总工会年度农民工工作要点。按照全国总工会的要求，各省（区、市）总工会均成立了由主要领导任组长的农民工工作领导小组，把做好农民工工作作为年度目标责任考核重要指标，积极推动各项工作落到实处。“十三五”期间，全国总工会共安排“农民工入会与服务工作项目补助”3亿多元，争取财政部从预算资金中安排了“向农民工集中的中小企业赠报”项目1.52亿元。

各地方工会组织高校和研究机构的专家，就本地农民工群体的基本情况以及农民工工作进行专题研究，深入分析农民工群体的利益诉求，科学研判农民工工作面临的形势，合理设计工会服务农民工的实践路径，深入挖掘地方工会推动工作的典型经验，为出台相关政策提供了理论依据和实践支撑。另外，为把工作落到实处，各级工会不断完善相关法律、法规、政策，推动形成党政重视支持、部门密切配合、工会强力推进的良好工作格局。绝大多数省份都在全国总工会统一部署之下，制定了贴合本地实际的工作方案、行动计划、工作通知、工作要点，为推动《规划》落实落地、确保农民工合法权益得到有力维护提供了制度保障。

近年来，在各级党委、政府的高度重视、大力支持下，《规划》提出的各项工作目标任务稳步推进，取得显著成效，工会农民工工作得到各级党委政府的高度肯定。全国总工会多次参与国务院农民工工作督察检查。在2017年和2022年的全国优秀农民工和农民工工作先进集体表彰大会上，有八个基层工会组织受到表彰。2018年春节前召开的国务院农民工领导小组电视电话会议，特别提出要发挥好工会在农民工工作中具有的特殊重要作用。

三、工会户外劳动者服务站点工作

（一）基本情况

2016年初，针对环卫工人等户外劳动者“吃饭难、喝水难、休息难、如厕难”等实际问题，全国总工会下发《中华全国总工会办公厅关于推进户外劳动者服务站点建设的通知》，要求各省、自治区、直辖市总工会依托工会困难职工帮扶中心、站点和社会力量，建立以环卫工人、出租车驾驶员、交通警察、快递员等户外劳动者为主要对象的服务站点体系，鼓励有条件的乡镇（园区）建立服务站点，推动改善户外劳动者工作条件。同年12月，在广西召开全国工会为农民工服务工作暨推进户外劳动者服务站点建设现场经验交流观摩会。2018年8月，全国总工会指导中国金融工会推动建设银行开展“劳动者港湾”建设，开放营业网点资源服务户外劳动者群体。2019年4

月，全国总工会下发《关于进一步规范和做好工会户外劳动者服务站点建设工作的通知》。全国总工会召开“户外劳动者服务站点·劳动者港湾”授牌暨金融行业推进服务资源开放共享工作启动仪式，总结各地工会与建设银行等合作共建站点的成功经验，在金融系统试点探索以标识互挂互认等方式协同社会资源，深化户外劳动者服务站点建设工作。2020 年 5 月，全国总工会制定下发《关于规范工会户外劳动者服务站点相关工作的指导意见》，在工会户外劳动者服务站点工作目的、服务对象及功能、建设原则和方式、建设标准、管理规则、资产管理及相关资金使用、监督评估考核、工作要求等方面作出规定，指导各级工会进一步规范和做好相关工作。

据不完全统计，截至 2022 年 11 月，各级工会整合社会资源，采取自建、共建等方式，建设服务站点 10.58 万个，累计投入资金 18.66 亿元。总体上看，各地工会户外劳动者服务站点建设已初见成效，开展的服务也各具特色，在全社会营造了尊重劳动，关爱劳动者的社会氛围，得到各级党委政府的支持和肯定、社会各界的认可和广大户外劳动者的欢迎。

（二）工作要求

2016 年初，全国总工会下发通知，要求各省级工会利用自有资源和社会力量建立以户外劳动者为主要对象的服务站点体系，鼓励有条件的乡镇（园区）建立服务站点（2016 年底全国 2 万多家）。2018 年 8 月，全国总工会指导中国金融工会推动建设银行开展“劳动者港湾”建设，开放营业网点资源服务户外劳动者群体。2019 年 4 月，全国总工会下发《关于进一步规范和做好工会户外劳动者服务站点建设工作的通知》，在金融系统试点以标识互挂互认等方式协同社会资源，推动站点建设（2019 年底全国 5 万多家）。2020 年 5 月，全国总工会制定下发《关于规范工会户外劳动者服务站点相关工作的指导意见》，在站点服务对象及功能、建设原则和方式、建设标准、管理规则、相关资金使用、监督评估考核等方面作出规定。

2019年，全国总工会组织部分省市针对进一步规范和做好站点相关工作开展了调研。确定了少投入、好管理、易复制、可持续的工作原则，和“工会主导、社会参与、共建共享、务实高效”的工作思路，倡导利用现有社会资源建立站点。

1. 服务对象。站点主要以环卫工人、出租车驾驶员、交通警察、快递员等户外劳动者为主要服务对象。各地可根据实际扩展服务对象范围。

2. 建设原则。本着少投入、好管理、易复制、可持续的工作原则，按照“工会主导、社会参与、共建共享、务实高效”的工作思路，倡导利用现有社会资源建立站点。

3. 建设方式。站点建设方式分为共建和自建两种方式，突出共建共享。共建指由县级及以上工会组织与政府、社会组织（公益组织、基金会等）、爱心企事业单位及人士共同建设、运营、管理。自建指由县级及以上工会组织自筹资金单独建立（设立）。

共建包括但不限于以下形式：依托政务大厅、金融企业网点、物流快递网点、环卫场站、通信企业营业厅、商场超市、餐饮住宿企业、医院、加油站、重点工程建设工地等单位场所挂牌设立；利用工会困难职工帮扶中心（职工服务中心）、帮扶（服务）工作站（点）及已有的各类工会服务站点等与其他单位（组织、个人）合作设立。

4. 建设标准。站点建设遵循“六有”标准：有统一的标识名称、有合理的站点布局、有健全的服务设施、有完善的服务功能、有规范的管理制度、有地图可查。

（1）标识：站点统一标识，格式为“工会户外劳动者服务站点·×××”，可使用工会会徽。标识内容和会徽的使用应符合全国总工会有关规定，可参考《中华全国总工会办公厅关于统一和规范工会资产服务阵地标识的通知》和《中华全国总工会办公厅印发〈关于中国工会会徽制作使用的若干规定〉的通知》相关规定。

标识可体现站点（地方）特色，内容及颜色应保持严肃性。标识设计及使用应报省级工会同意，以省级工会为单位报全国总工会备案。已有标识的各类站点，应根据实际情况，对符合条件的，采取更新或加挂等方式逐步规范统一。共建站点应实现标识互挂互认。

标识可采取标牌或其他适当形式，一般应在室外醒目位置予以明示。标识（标牌）规格大小可根据各地实际由县级及以上工会统一制作。

（2）建设布局：各地应根据实际情况进行站点建设布局。建设前应对建设地点、辐射范围、覆盖人群等进行考察评估。站点密度应考虑城市道路情况和户外劳动者工作区域。可根据工作需要设置流动站点。

（3）基本设施：站点应有相对固定运行面积，配备基础设施，包含但不限于：饮水设备、微波炉、桌椅、电风扇（空调）、医药箱、多功能电源插座等，应正常通水通电。有条件的站点可拓展服务功能，配备厕所、冰箱、储物柜、维修工具箱、电视机、无线网络（Wi-Fi）、工会报刊书籍、充电充气工具等。

站点外部应在显著位置标示包括服务内容、开放时间、管理人员姓名、电话等信息内容。

（4）服务功能：站点应提供能解决户外劳动者“吃饭难、喝水难、休息难、如厕难”等现实问题的相关服务功能。

鼓励各地因地制宜拓展站点服务功能，把站点打造成改善户外劳动者劳动条件的平台，宣传和教育户外劳动者的阵地，树立工会形象、彰显工会作为的窗口，全社会奉献爱心、传递正能量的纽带和桥梁。

（5）管理制度：站点应制定日常管理规定、服务流程、安全须知等规章制度，并在站点内明示。逐步建立健全其他相关管理制度和退出机制。

（6）地图查询功能：省级工会应统筹掌握区域内站点建设布局情况，符合标注地图条件的，利用百度地图、高德地图等互联网查询工具和工会 App、微信小程序、公众号等手段，形成站点布局电子地图。

运行中的站点位置、外观图片、可提供服务等信息应及时上传，以便于户外劳动者通过手机等设备进行查找。站点信息发生变化时，应及时在电子地图上作出修改。

5. 日常运行管理。省级、市（县、区）级工会和站点各负其责。省级工会统筹规划，市（县、区）级工会具体组织实施。每个站点应确定管理人或团队，保障站点安全、有序运行。

运行管理可采取自行管理、共建单位负责管理、工会购买服务、服务对象自主管理等多种形式。

6. 固定资产管理。共建站点固定资产可按共建方内部标准管理，但须接受工会监督指导。

自建站点应按照全国总工会《工会固定资产管理办法》和《全国总工会财务部〈关于确定工会行政性固定资产单位价值标准〉的复函》精神，确定固定资产范围，明确产权关系，落实具体管理单位和人员，建立健全站点固定资产管理制度，加强管理，确保站点固定资产安全和完整，自觉接受工会审计与监督。

7. 资金的募集、使用和管理。可多渠道、多形式募集相关资金。各地应积极向同级党委、政府报告，争取财政支持。有条件的地区，可接受企事业、社会团体和爱心人士等合法捐赠。省级工会可在全国总工会回拨经费等转移性支出中安排站点工作相关支出。资金可用于站点建设、运营、管理、宣传、监督、考核、评估等方面，按工会专项经费管理，可纳入年度预算统筹考虑。

8. 评价、考核、监督。各地应建立站点工作评价机制。可采取随机抽查、第三方评估、暗访等方式，对站点建设运行管理进行评价。县级及以上工会可结合当地实际确定相关标准，制定站点考核评分体系。省级工会每年应对各地站点工作进行考核、监督。全国总工会对各地站点工作进行指导。

9. 工作要求。各级工会要充分认识规范站点工作的重要意义，统一思想，提高认识，加强领导。要健全站点规划、建设、运行、管理、维护、资金支持、评价、考核、监督等相关工作机制。要加强日常调研和定期评价、考核。要按照工会统计相关规定，做好站点工作相关数据的统计上报。各省级工会要结合本地区实际研究制定具体实施办法，认真抓好落实。各地工会对本意见贯彻落实情况及站点工作进展情况及时报全国总工会，省级工会制定实施的站点工作规划、建设管理标准等文件报全国总工会备案。

（三）最美工会户外劳动者服务站点推树活动

为进一步规范做好工会户外劳动者服务站点工作，创新工作方式方法，拓展整合站点服务功能和手段，提高站点服务职工精准化水平，根据工作安排，全国总工会于“十四五”期间在全国开展“最美工会户外劳动者服务站点”推树活动。

1. 总体安排。

“十四五”期间，全国总工会拟在全国推树 1 万个最美工会户外劳动者服务站点，并设立专项奖补资金，对推树的最美站点进行奖励和补贴，推动各级工会根据实际情况列支专项资金统筹推进当地站点工作。旨在通过推树一批在建设、运营、管理、服务等方面工作成效显著的工会户外劳动者服务站点，推动各地把站点建设成组织服务一线职工的前沿阵地、为广大户外劳动者提供便捷服务的温馨港湾和汇聚社会各方正能量、彰显关爱的大美平台。

2. 推树条件和范围。

由各地工会选取发挥作用、群众评价、工作创新、服务特色等方面工作突出的站点进行推荐。拟推荐站点的服务对象、建设标准、站点标识、基本设施、服务功能、管理制度等须符合《关于规范工会户外劳动者服务站点相关工作的指导意见》相关要求。

参考各地已建站点数量和符合全国总工会相关文件要求统一标识的站点数量，结合各地实际和工作进展情况，至 2025 年计划推树最美工会户外劳动者服务站点 1 万家。其中，2021 年 1500 家、2022 年 2000 家、2023 年 2000 家、2024 年 2000 家、2025 年 2500 家。

3. 推树流程。

推树活动采取全国总工会确定名额，各地推荐上报，评议委员会（评议小组）评审，各地公示后全国总工会审核确认的方式。

各地推树名额的确定。全国总工会参考各地已建服务站点数量和符合相关文件要求的服务站点数量，结合各地实际和工作进展情况，按 2%—3.5%的比例，确定各地工会年度最美站点推荐名额。

评议委员会的组成和职责。评议委员会（评议小组）由全国总工会有关部门、部分全国产业工会、各省（区、市）总工会具体负责站点工作的同志及近年来积极参与站点工作的部分社会组织代表、企业工会代表、研究机构的有关人员组成。

每年从评议委员会中选取十人左右组成评议小组，负责当年的评议工作。因工作原因，需要变更评议委员会组成人员的，可由其所属单位向全国总工会申请变更。评议委员会（评议小组）主要负责对各地推荐上报的材料进行审查，并出具评审意见，对评审工作提出意见建议。

4. 工作流程。

各地推荐。各省（区、市）总工会按照全国总工会相关文件和工作方案要求制定当地推树标准和工作方案，开展推荐自评等相关工作，并将推树名单及材料报全国总工会。

综合评议。全国总工会选取相关人员组成评议小组，对各地上报材料进行评议并出具评议意见。

公示。经评议通过后，由各省（区、市）总工会对拟推树的最美站点进行为期一周的公示，公示无异议的将公示结果报全国总工会。

确认。经全国总工会书记处同意后，确认相关单位为年度“最美工会户外劳动者服务站点”。

5. 奖补资金。

全国总工会设立专项奖补资金，对最美站点进行奖励和补贴。每个最美站点奖补 5000 元，用于推树站点的改建扩建、软硬件升级和日常运维等。奖补资金属于工会预算项目支出，为一次性对下补助资金，只对当年推树的最美站点进行奖补。奖补资金应专款专用。

奖补资金由各省级地方工会管理并使用，由各级工会负责站点工作的相关业务部门负责组织实施。各省级地方工会应健全完善奖补资金使用管理办法，奖补资金的使用管理接受全国总工会监督。

各级工会可根据实际情况列支专项资金统筹用于推进当地站点工作，包括但不限用于站点建设、运营、管理、宣传、监督、考核、评估等方面。专项资金可参照全国总工会奖补资金数额，按1∶1∶1设置，由各级工会分级管理使用。

6. 宣传报道。

通过主流媒体、网络流媒体、微信公众号、手机 App 等形成宣传矩阵，探索站点网上路演、在线直播、视频集锦回放等宣传方式，挖掘和报道在站点发生的感人事迹，集中宣传最美工会户外劳动者服务站点和各地工会站点工作经验做法，向社会各界进一步宣传工会维权服务工作。

7. 绩效管理与评价监督。

按照全国总工会相关文件要求，各省级工会要对奖补资金使用情况进行绩效自评。

各省级工会应做好推树工作的评价监督工作。按照全国总工会相关文件和推树方案要求，对拟推树的站点建设运行管理等情况采取随机抽查、第三方评估、暗访等方式进行综合评价。可将推树工作纳入当地制定实施的站点考核评分体系中综合考量。全国总工会对各地推树工作进行指导。

四、工会农民工工作面临的历史机遇与严峻挑战

党的十九届五中全会通过了《中共中央关于制定国民经济和社会发展第十四个五年规划和 2035 年远景目标的建议》，《建议》不仅明确了未来五年的具体目标，而且描绘了 2035 年的远景目标。尤其值得关注的是，《建议》对涉及农民工工作的“农业转移人口市民化”、“工资收入”、“技能培训”、“社会保障”等问题进行了战略部署。

（一）历史机遇

1. 以习近平同志为核心的党中央高度重视农民工工作，为工会开展农民工工作提供了强有力的政治支持。

党的十八大以来，习近平总书记多次针对工会工作发表重

要讲话，强调做好农民工工作的重要性。2018 年 10 月，习近平总书记同中华全国总工会新一届领导班子集体谈话时强调，我国工运事业是党的事业的重要组成部分，工会工作是党治国理政的一项经常性、基础性工作。习近平总书记指出，完成党的十九大提出的目标任务，必须充分发挥工人阶级主力军作用。我国广大职工要牢牢把握为实现中国梦而奋斗的时代主题，把自身前途命运同国家和民族前途命运紧紧联系在一起，把个人梦同中国梦紧密联系在一起，把实现党和国家确立的发展目标变成自己的自觉行动。要加强产业工人队伍建设，加快建设一支宏大的知识型、技能型、创新型产业工人大军。习近平总书记强调，工会应该要加强对职工的思想政治引领，巩固党执政的阶级基础和群众基础。要最大限度把农民工吸收到工会中来，使他们成为工人阶级坚定可靠的新生力量。习近平总书记的系列重要讲话，为工会开展农民工工作提供了强有力的政治支持，是工会开展农民工工作的重要思想指引和行动指南。

2. 一系列重大国家战略相继实施，为农民工发挥主力军作用提供了广阔平台。

中央党的群团工作会议提出，为党和国家工作大局服务，始终是群团工作的价值所在。中国工会自产生以来就自觉坚持党的领导，主动“围绕中心，服务大局”，团结带领广大职工投身国家经济社会建设，有力地支撑了一系列重大国家战略的顺利实施。在新的时代条件下，为彻底解决经济发展不平衡、不充分的问题，更好地满足人民日益增长的美好生活需要，进而实现中华民族伟大复兴的宏伟目标，我国出台了以人为核心的新型城镇化、“一带一路”合作倡议、京津冀协同发展、雄安新区、长江经济带、粤港澳大湾区、东北老工业基地振兴、西部大开发以及中部崛起等一系列重大战略。这些重大战略的成功实施，离不开工会组织的参与，更离不开包括农民工在内的广大产业工人主力军作用的发挥。历史经验表明，在参与重大工程、建设重大项目、完成重大战略的过程中，农民工队伍的政治思想将得到进一步洗礼，家国情怀将得到进一步强化，听党话、跟党走的政治自觉将进一步加强，主人翁地位将得到进一步巩固；农民工队伍的职业技能素质特别是攻坚克难、解决复杂问题的能力将得到显著提升，推动经济社会发展的主力军作用将得到进一步彰显；农民工队伍的组织化程度将得到进一步提高，支撑党的领导的阶级基础的地位将得到进一步巩固。由此可见，农民工参与完成国家战略的过程，同时也是自身综合素质得到千锤百炼的过程，这将为工会开展农民工工作提供强大的推动力。

3. 农民工市民化扎实开展，为农民工享受均等化公共服务提供了制度保障。

农民工是我国经济转轨、社会转型进城中产生的一个过渡性群体，具有典型的“亦工亦农、非公非农”的两栖特征。随着社会转型的顺利完成，农民工群体也必将结束“迁徙于城乡之间”的候鸟状态，彻底完成由“农民工”向“市民”的身份转型，也就是“农民工市民化”。农民工市民化，不仅是农民工群体的强烈意愿，而且是党中央推动解决农民工问题、实现城乡融合发展的基本方略。党的十八大以来，党中央、国务院先后印发了《国家新型城镇化规划（2014—2020年）》、《国务院关于进一步推进户籍制度改革的意见》、《国务院关于进一步做好为农民工服务工作的意见》、《国务院关于实施支持农业转移人口市民化若干财政政策的通知》等政策文件，确立了有序推进农民工市民化的总体目标和“四个着力”的工作布局，为推进农民工市民化工作提供了顶层设计。农民工市民化的实质是实现基本公共服务均等化，即让农民工享受到与城市户籍居民同样的公共服务。随着户籍制度改革的推进，特别是公共服务逐步实现对常住人口的全覆盖，农民工享有公共服务的状况大大改善。目前，国家大力推进基本公共卫生计生服务均等化，为农民工提供的健康教育、预防接种、孕产妇保健等服务水平不断提升。农民工随迁子女异地接受义务教育的比例达到80%以上，异地高考政策也逐渐在更多的省份探索实施。积极拓宽住房保障渠道，各地普遍把符合条件的农民工纳入当地住房保障范围。积极将农民工纳入常住地公共文化服务体系，大力开展示范性文化活动。各地在农民工相对集中的城市建设农民工综合服务平台，集中为农民工提供“一站式”服务。由此可见，随着农民工市民化战略的深入推进，农民工逐步被纳入基本公共服务体系的覆盖范围，享受到了基本的教育、医疗、社保、文化等公共服务，农民工群体的获得感显著增强。

4. 产业工人队伍建设改革向纵深推进，为提高农民工经济社会地位提供了强大动力。

党的十八大以来，习近平总书记站在党和国家工作全局的战略高度，就产业工人队伍建设作出一系列重要论述，明确要求就新时期产业工人队伍建设改革提出总体思路和系统方案，为推进新时期产业工人队伍建设改革提供了基本遵循和行动指南。2017年2月6日，习近平总书记主持召开中央全面深化改革领导小组第三十二次会议，审议通过《新时期产业工人队伍建设改革方案》。《改革方案》强调，产业工人是工人阶级中发挥支撑作用的主体力量，是创造社会财富的中坚力量，是创新驱动发展的骨干力量，是实施制造强国战略的有生力量。要按照政治上保证、制度上落实、素质上提高、权益上维护的总体思路，创新体制机制，提高产业工人素质，畅通发展通道，依法保障权益，造就一支有理想守信念、懂技术会创新、敢担当讲奉献的宏大的产业工人队伍。《改革方案》实施六年来，产业工人队伍建设改革取得重大战略成果，已进入“向纵深推进、向基层延伸”的新阶段。

（二）严峻挑战

1. 经济下行压力加大，产业结构转型升级，农民工群体的就业岗位受到严重冲击。

近年来，受全球经济增长减速和国内产业结构升级换代等多种因素影响，我国经济下行压力持续加大，已经进入以调结构稳增长为特征的“经济新常态”。宏观经济形势的变化必然会给农民工群体的生产和生活带来了深远的、全方位的影响，也对工会开展农民工工作提出了更高要求。首先，宏观经济下行以及淘汰落后产能、治理雾霾等政策的实施，严重挤压了农民工的就业空间。经济结构调整和增长方式变化对一些传统产业产生了强烈冲击，尤其是钢铁、建筑、水泥等高污染、高能耗的行业，而这些行业往往也是农民工就业比较集中的领域。另外，随着人工成本的上升以及人工智能技术的飞速发展，“机器换人”逐步被越来越多的企业所采用。因此，必须高度关注这些领域的农民工失业和再就业问题。其次，产业转型升级特别是新一轮科技革命的到来，对农民工的职业技能素质提出了更高要求。习近平总书记深刻指出：“我们要始终高度重视提高劳动者素质，培养宏大的高素质劳动者大军。劳动者素质对一个国家、一个民族发展至关重要。”但是，目前我国劳动者素质还不容乐观，受文化程度和技能培训资源缺乏的约束，农民工群体的职业技能素质普遍不高，难以适应当前产业升级的迫切需求。

2. 面临日趋激烈的市场竞争压力，部分中小微企业难以持续增加与农民工权益相关的资源投入。

在市场经济条件下，企业是劳动力的使用者，也是农民工人口红利的主要获益者，因此企业理所应当支付劳动者工资并在技能培训、社会保险、职业防护等方面增加投入，最终实现企业整体利益与职工个体利益的和谐共生。但是，在宏观经济下行压力加大的背景下，多数中小微企业面临严峻的生存压力，往往难以持续增加资源投入。调研发现，不同企业由于自身状况尤其是盈利情况和思想观念的差异，导致它们在资源投入方面存在较大差异。一般来说，规模大、盈利能力强、管理规范的企业在职工权益方面投入会更多，而规模小、盈利能力弱、管理不规范的企业则投入较少。农民工普遍就业于非公企业尤其是中小微企业，从事低技能或对技能要求不高的工作。在激烈的市场竞争条件下，这些企业难以持续进行投入，对农民工进行技能培训或提高他们的工资与社会保障水平。企业的短视行为，不仅制约了产业工人队伍建设改革的整体推进，也阻碍了企业的可持续发展。但是，面对企业的消极作为，工会作为农民工权益的维护者和产业工人队伍建设改革的推动者却显得办法不多。因为，在市场经济条件下，企业是独立经营的市场主体，拥有在法律框架内自主决策的权力，工会只能鼓励引导企业加大投入，却没有强制性权力。

3. 农民工落户城市的意愿总体不高，制约了农民工市民化的顺利推进。

推进农民工市民化，是解决农民工问题进而实现城乡融合发展的治本之策，既是大多数农民工的强烈愿望，也是政府解决农民工问题的基本思路。问卷调查显示，只有25.04%的农民工明确表示愿意落户，表示不愿意和不确定的比例分别达到48.34%、26.62%［2020年4月至6月，全国总工会在14省（直辖市）共46个城市开展问卷调查，共回收23381份问卷，其中有效问卷23232份，有效回收率为99.36%］。尽管农民工被城市的就业机会和公共服务所吸引，主观上愿意融入城市，但考虑到持续攀升的房价和公共服务的排斥，农民工融入城市的意愿严重受挫。

更值得关注的是，以80后、90后为主体的新生代农民工并没有展现出更强烈的融入城市意愿。调查显示，新生代农民工愿意落户的比例比老一代农民工低 2.76 个百分点，不愿意落户的比例比老一代农民工高 2.49 个百分点。在愿意落户的农民工中，期待在北上广深等Ⅰ类地区落户的比例最高，达到 34.52%，而愿意在Ⅳ类地区落户的比例仅为 23.92%，二者相差 10.6 个百分点。这表明，农民工的落户意愿呈现出鲜明的大城市倾向，他们更期望在就业机会更多的大城市和沿海城市落户，这与国家当前户籍改革政策的导向是相矛盾的，导致出现了“大城市挤破头，小城市不愿留”的局面。

突如其来的新冠肺炎疫情，给农民工的工作和生活造成了严重冲击。疫情不仅对人民群众的生命安全和身体健康造成了严重威胁，而且对经济社会运行和人们的日常生活产生了全方位、深烈度的冲击和影响。中国劳动学会调查显示，54.35%的被调查企业认为受疫情冲击影响很大，疫情不仅导致复工推迟，而且给供应链上下游紧密关联的企业带来短期内难以弥补的损失。疫情蔓延期间，住宿餐饮、家政服务、交通运输等行业几乎处于停业状态，导致大量农民工无法按时外出务工。

（三）困难与问题

1. 农民工群体面临的实际困难。

工资收入难以支撑持续攀升的生活成本，削弱了农民工融入城市的能力。根据国家统计局《农民工监测调查报告》，2019 年农民工月均收入为 3962 元，增速为 6.5%，连续多年保持增长势头。值得注意的是，一些非公企业特别是小微企业，往往按照最低工资标准支付职工的基本工资、计算加班工资，个别企业甚至低于最低工资标准支付工资；一些企业采取随意提高劳动定额、降低计件单价等手段变相违反最低工资规定，使劳动者工资在扣除加班工资后，实际工资水平低于最低工资标准。与此同时，拖欠工资问题尚未得到根本解决，城市的生活成本持续增加特别是购房成本不断上升，还有创建卫生城市、疏解外来人口等政策的叠加影响，农民工在城市的生活处境仍然比较艰难。

技能培训内容满足不了工作岗位的个性化需求，制约了农民工参加技能培训的意愿。不断升级的产业需求和高质量发展战略的推进，对农民工的技能素质提出了迫切要求。但从调查来看，农民工现有的技能素质远远支撑不了中国制造转型升级的需要。调查显示，60.69%的农民工没有技能等级，高级技工及以上的高技能人才仅占8.07%。从参加技能培训的意愿来看，64.36%的农民工愿意参加技能培训，仅有9.93%明确表示不愿意参加。但从参加技能培训的实际情况来看，有33.23%的农民工没有参加过任何技能培训。两组数据对比表明，在需求侧，多数农民工具有较强的培训意愿，但在供给侧，政府和企业提供的培训资源尚不能满足农民工的培训需求。访谈过程中，有农民工认为，政府组织的培训项目大多属于基础性、普惠型，提供的是一般性技能培训，满足不了农民工所在岗位的个性化需求。

社保标准不统一，转移接续难，制约了农民工抵御重大风险的能力。调查显示，当前农民工参加社会保险的比例有了较大幅度提升，参加医疗、养老、工伤、失业、生育保险的比例分别达到71.5%、70.85%、70.61%、64.48%、54.99%，但仍有11.98%的农民工没有参加过任何社会保险。由于农民工多从事劳动强度大、职业危害严重、安全防护措施不到位的工作，实际上更需要社会保险的庇护，特别是遭遇重大疾病、家庭成员变故、失业等风险时，没有社会保险庇护的农民工的生活很容易陷入困境。本次疫情也暴露出，农民工是疫情冲击下劳动报酬受损失最大、城市公共卫生防疫服务覆盖最薄弱的群体，是最需要加强社会保障特别是医疗卫生服务的群体。此外，在参加社会保险的农民工中，仍面临个人缴费负担重、异地就医报销手续烦琐、社保关系转移接续难、城乡待遇不平等、雇主逃避缴费责任等实际困难。这些因素的存在，在一定程度上降低了社会保险的保障功能，也侵蚀了农民工对社会保险制度的预期与评价。

随迁子女难以公平地享受城市优质的教育资源，加剧了农民工身份的代际传递。根据劳动经济学的理论，受教育程度是影响劳动者工资收入的主要变量。一般来说，受教育程度越高，劳动者掌握的人力资本就越多，在劳动力市场上的竞争力就越强，就更有可能找到高收入的工作。正因为如此，农民工普遍非常重视子女的教育问题。访谈中我们了解到，很多农民工进城打工的主要目的是“让孩子接受更好的教育”，但从统计结果看，仍有21.68%的农民工子女在农村接受教育。

居住区位边缘化和住房条件简陋，降低了农民工的生活质量。居住条件和房价是访谈过程中农民工反应比较集中的问题。首先是房价持续攀升远远超出了农民工的承受能力。一位被访谈者的看法很有代表性，“希望政府能管管房地产，现在房价高得吓人，普通老百姓根本就买不起，现在有些人在城市里有好几套房，光租金一年就很多钱，这差距太大了，心里不平衡”。其次从居住区位来看，住在中心城区的比例仅为23.79%，住在远郊区县城和远郊区乡镇的比例合计达到35.77%。居住区位不仅代表着居住条件的差异，而且在一定程度上映射着阶层地位和社会地位划分的结果。因此，居住在偏远郊区不仅使农民工难以便利地享受公共服务，而且加剧了他们与城市主流社会的疏离。再次从居住条件看，自购商品房仅占20.89%，居住在集体宿舍（包括建筑工棚）和租房的比例合计达到57.1%，住在政府提供的公租房的比例仅为1.22%。访谈中，多数农民工最期待的居住方式是“购买自己的商品房”，但在当前房价居高不下、收入有限且住房公积金制度不健全的情况下，在城市拥有自己的商品房对多数农民工来说仍是一个奢望。

社区治理参与度不高，制约了农民工的社区融入。能够参加所在社区的选举，是衡量农民工社区治理参与度的重要指标，也是城市社区从制度上接纳外来农民工的重要标志。但是调查显示，回答“多次参加”现住地社区或单位选举的比例仅为8.58%，高达56.19%的农民工从未参加过选举。当被问到“您是否认为自己是这个城市的居民”时，合计有51.33%的农民工认为自己不是城市市民。导致农民工认为自己不是城市市民的主要原因分别是：没有本地户籍、不能享有本地居民福利、内心没有归属感、未来不打算在城市长期居住。上述问题的存在，也为我们将来完善政策设计，增强农民工对城市的归属感，提供了基本思路。

2. 工会推进农民工工作面临的现实问题。

“三新”领域就业人数激增，劳动关系复杂多样。随着数字经济时代的到来，一批新产业新业态新模式快速兴起，催生了一支规模庞大的以网约车司机、快递员、送餐员等为代表的网约工群体，而这个群体又以农民工为主体。由于在传统劳动关系中增加了“平台”概念，使得他们除了具备农民工群体的“共性”外，还要受平台约束影响。通常情况下，平台企业对网约工基本都有约束和奖励考核机制，但是企业在制订提成比例、接单规则、工作时间、劳动报酬、休息休假、服务标准、奖惩规定等直接涉及劳动者切身利益的规章制度时，很少与劳动者协商。劳动者对平台不加核实随意罚款、随意克扣收入、派单不公平、提成比例过高等问题缺少有效的诉求表达通道。另外，新就业形态的法律法规还不完善、从业群体组织化程度低、社会认同度不高，这些都对工会做好“三新”领域的农民工服务工作提出了新挑战。

部分主体存在认识误区，深入推进集体协商工作的阻力增大。集体协商是保护农民工权益的重要途径，也是工会开展农民工工作的重要抓手。但是，在经济下行压力持续加大的背景下，工资协商空间被压缩，开展集体协商工作难度加大。一些地方领导担心开展集体协商会削弱本地劳动力成本优势、影响投资环境，对开展集体协商工作不重视、不支持；一些企业经营者误以为开展集体协商就是涨工资，会增加企业成本、影响企业发展，未能认识到开展集体协商对调动劳动者积极性、提高劳动生产率的正面作用，对开展集体协商不积极、不配合；一些农民工认为当前形势下能保留一份工作已经很不容易，对开展集体协商不主动、不参与。第八次职工队伍状况调查结果显示，30.8%的企业职工认为所在单位没有开展工资集体协商，比上次调查提高了6.6个百分点。另外，协调劳动关系三方共同推进集体协商工作的合力还不足，部分地方工会反映当前推进集体协商工作中存在工会“一头热”的现象；保障集体协商工作的制度仍不完善，《劳动法》、《工会法》、《劳动合同法》对开展集体协商作出的规定原则性强，国家层面的集体协商立法尚未出台。

农民工工作覆盖面广，基层工会动员资源能力有限。农民工工作是一项系统工程，从工作内容看，农民工工作涵盖思想引领、技能培训、民主管理、集体协商、就业创业、困难职工解困脱困、法律援助等方方面面；从工作主体看，农民工工作涉及发改、财政、教育、科技、人社、税务、工信、公安、法院、工会等多个部门。在中央层面的推进产业工人队伍建设改革协调机制中，全国总工会被党中央国务院赋予了“牵头”的重任，负责整合国家发展和改革委员会、教育部、科技部、人力资源和社会保障部等政府部门和相关主体的力量。全国总工会在《关于认真学习贯彻〈新时期产业工人队伍建设改革方案〉的通知》中强调，各级地方工会要在同级党委领导下，认真行使指导、推动、督查的职责，在产业工人队伍建设改革协调机制中发挥应有的作用，做好部门之间的协调配合，努力推动改革举措落地见效。但从调研来看，地方工会在推进产业工人队伍建设中的作用没有得到充分发挥。例如，在地方工匠的评选中，各地普遍的做法是由组织人事部门或人社部门牵头实施，工会只是众多参与主体之一。此外，各级工会在推进工作中还面临部门之间职责不明晰、沟通协调不顺畅、调动整合资源能力有限、基层工会力量薄弱、工会干部编制紧张、劳动法律方面专业人才缺乏等约束，影响了农民工工作的整体推进。

农民工需求呈现出多元化、高层次的趋势，对工会干部综合素质提出更高要求。随着时间推移，农民工群体内部已经完成了代际更替，以80后、90后为代表的新生代农民工已成为农民工队伍的主力军。与第一代农民工相比，新生代农民工的务农经验更短、对农村和土地的依恋更少、更容易接纳新生事物、对城市现代文明更加向往，他们的思想观念更加多元化，更加注重自我价值的实现。访谈中一位工会干部的话很有代表性，他认为，“第一代农民工能够吃苦耐劳，愿意通过加班来增加收入，但是新生代农民工来首先关心的是公司有没有 Wi-Fi、宿舍有没有空调、每周休息多长时间，他们宁愿放弃加班费，也不愿意加班”。由此可见，农民工的利益诉求开始从追求生存权益向追求发展权益转变，从追求物质权益向追求精神权益转变，从利益诉求一体化、同质化向差异化、多元化转变。可以预见，随着农民工物质权益逐步得到满足，他们会在享有教育医疗养老等基本公共服务、加强企业民主管理、参与社区治理等方面提出更高层次的要求。对于这些新趋势，工会工作者必须提前谋划、超前研究，从而为更好地满足农民工群体日益增长的美好生活需要贡献智慧和力量。

五、做好新时期工会农民工工作的主要路径

（一）抓住牵头推进产业工人队伍建设改革的历史机遇，充分发挥工会在党和国家农民工工作中的积极作用

一是通过推进产业工人队伍建设改革的卓越成效，争取更多资源和政策支持。全国总工会在《关于认真学习贯彻〈新时期产业工人队伍建设改革方案〉的通知》中强调，各级地方工会要在同级党委领导下，认真行使指导、推动、督查的职责，在产业工人队伍建设改革协调机制中发挥应有的作用，做好部门之间的协调配合，努力推动改革举措落地见效。各级工会应当以此为契机，推动产业工人队伍建设向纵深推进、向基层延伸，以实际行动和实际效能为推动农民工工作争取更多资源和支持。二是加强源头参与，充分利用党代会、人大、政协、政府联席会议制度，把维护农民工权益的主张上升为法律或政策，实现依法维权。全国总工会应根据新产业新业态新模式给劳动就业和劳动关系带来的新变化，推动相关法律法规的制定、修改和完善。通过协调劳动关系三方机制等平台，推动人力资源和社会保障部建立健全新就业形态人员劳动政策，确立适合新就业形态的新型劳动关系。三是健全协调劳动关系三方委员会，尽快实现劳动关系三方机制实体化。建立由三方组成的专业化内设机构，如劳动立法委员会、劳动争议和重大突发事件处置委员会、劳动法律监督检查委员会等，进一步完善协调劳动关系三方机制职能。

（二）加强思想引领和政治保证，引导农民工在服务国家战略中发挥主力军作用

一是加强思想引领，强化农民工对中国特色社会主义制度和中国共产党领导的心理认同。要适应新生代农民工思想活跃、精神文化需求迫切、利益诉求多元的实际，创新工作方式和载

体，提高运用互联网组织、宣传、引导、服务农民工的本领，增强思想引领的互动性、生动性、亲和力、感染力。二是强化政治保证，巩固农民工的主人翁地位。加大从农民工群体中发展党员的力度。优先把政治立场坚定、具有一技之长的优秀农民工吸纳到党组织中来，使其在技术攻关和技术创新中发挥先锋模范作用。进一步提高农民工当选各级党代表、人大代表、工会委员的比例，加强对当选农民工的系统化培训，切实提高他们的综合素质和参政议政的实际效能。三是建议进一步加大农民工当选大国工匠、全国劳动模范的比例，增强农民工的职业荣誉感，提升农民工社会地位。

（三）最广泛地将农民工吸收到工会中来，进一步夯实巩固党长期执政的阶级基础

一是坚持服务先行，通过高质量服务吸引农民工入会。探索实行“服务在前，入会在后，会费减免”的方式，为农民工提供形式多样的服务，让他们切实享受到工会带来的实实在在的好处，切身感受到工会的关心和温暖。继续深入推进“八大群体”入会集中行动，按照“资源整合、以点带面、分类施策”的思路，推行人员集中“单独建”、骨干企业“牵头建”、依托行业“推动建”、小微企业和灵活就业人员“社区兜底建”的建会入会模式。监督劳务派遣公司建立工会组织，探索将是否建立工会作为对劳务派遣公司考核的重要指标。关注国有企事业单位撤并工会组织和工作机构问题，继续加强与国务院国有资产监督管理委员会等有关部门沟通，力争出台加强和改进中央企业工会组织建设的规范性文件，发挥中央企业工会的示范引领作用。二是严格执行《工会会员会籍管理办法》，确保会员会籍管理不断档。按照劳动（工作）关系在哪里、会员会籍就在哪里的原则，规范会员关系接转，实行一次入会、动态接转，逐步建立城乡一体的会员管理和流转服务工作机制。重点做好返乡农民工、劳务派遣

工、灵活就业人员等群体的会籍管理，确保会员会籍管理不缺项不断档。

（四）紧紧扭住工资收入这个牛鼻子，全面维护农民工合法权益

一是深入开展工资集体协商，确保农民工工资稳定增长。推动将集体协商制度建设纳入党政目标考核体系和“十四五”规划纲要。积极推动国家层面的集体协商立法进程，深度参与《集体协商条例》的制定工作。监督落实《保障农民工工资支付条例》，探索设立农民工讨薪应急救助周转金，对于劳动关系清晰、企业一时无法兑现的欠薪，可直接从周转金中垫付，再由工会组织代表农民工向欠薪单位追讨，确保农民工按时足额拿到劳动报酬。二是提高劳动合同签订率，增强农民工就业稳定性。着重关注劳务派遣公司与农民工签订劳动合同情况，并将相关情况纳入对劳务派遣公司的考核体系。推动企业用工制度改革，实行统一的人力资源管理制度，逐步实现不同身份职工“同工同酬”、“同工同权”，培养农民工对企业的认同感和归属感，激发其扎根一线、钻研技术的积极性。三是认真贯彻落实《企业民主管理规定》、《2019—2023年全国企业民主管理工作五年规划》，大力推行区域（行业）职代会制度，实现民主管理制度对小微企业的全覆盖。认真落实《2019—2023年职工代表培训规划》，加快推进职工代表培训师资队伍建设，建设全国职工代表培训师资库，助力农民工职工代表队伍素质提升。督促非公有制企业在关停并转过程中将重大调整方案以及职工劳动关系变更、经济补偿、薪酬制度调整等涉及职工切身利益事项，提交职代会审议，严格履行民主程序，使企业和职工通过法定程序解决劳动争议。

（五）以高质量技能培训为突破口，全面提升服务农民工的质量

一是借助职业教育资源，强化技能培训，提升农民工的职业技能素质。对即将进入城市的新生代农民工，通过订单、定向和定岗式培训，开展就业技能培训；对已经从业的农民工，依托职业教育资源和企业实际需求，开展岗位技能培训；对因产业升级、节能减排、产能过剩而面临失业风险的农民工，开展转岗培训、技能提升培训和技能储备培训；对具备较高职业技能和发展潜力，具有较强职业发展需求和自主创新创业意愿的农民工，开展创新创业培训。二是以国家重大战略、重大工程、重点产业特别是制约企业发展的“卡脖子”技术为主攻方向，广泛深入持久开展多种形式的劳动和技能竞赛。完善以企业岗位练兵和技术比武为基础、以国家和行业竞赛为主体、国内竞赛与国际竞赛相衔接的劳动和技能竞赛体系，提升农民工参与率和受益度。三是积极承接政府转移的公共服务，吸引社会力量承办工会服务农民工项目。通过购买服务、项目合作、委托办理等方式，把农民工有需求的就业服务交由具备条件的社会组织承办，让服务农民工工作搭上专业化、市场化的快车。引导社会组织入驻工会阵地开展心理健康、技能培训、联谊交友、随迁子女托管等服务，形成“工会搭台，社会力量唱戏，农民工受益”的工作格局，使工会服务农民工能力得到显著提升。四是继续做好工会为农民工服务工作的终端载体建设。要按照“在农民工最需要的地方建立工会工作站，从农民工最需要的服务入手开展服务工作”的原则，在重点工程建设项目工地、各类重点园区以及农民工集中的区域，建立园区“职工之家”和“司机之家”，并提供充足的财政和政策支持。同时，要规范做好工会户外劳动者服务站点建设工作，进一步创新工作方式方法，拓展站点服务功能，整合站点服务手段，提高站

点服务精准化水平。

（六）畅通农民工利益表达渠道，维护社会大局稳定

一是推动工作重心下移，挖掘工会系统的枫桥经验。健全“小三级”工会组织体系，把工作重心下沉到农民工集中的乡镇（街道）、开发区（工业园区）、村（社区）、企业工会。深入总结疫情期间干部下沉的经验，推动干部、资源、服务重心向基层下移，向劳动关系复杂、劳动争议频发的企业下沉，深入了解农民工群体的真实诉求，彻底厘清劳动争议的来龙去脉，切实实现“矛盾不上交，就地化解”的目标。二是引导农民工客观理性地表达利益诉求。农民工权益受损的现实，是由多种因素综合导致的，既有历史因素也有现实因素，既有经济因素也有社会因素。因此，必须引导农民工客观理性地进行利益表达，最大限度避免采取过激的维权行为。三是坚持底线思维，及时化解农民工群体性事件。一方面要从源头上化解矛盾，做好釜底抽薪的工作，处理好维权和维稳的辩证关系；另一方面也要高度重视防范偶然性、苗头性的群体性事件，深入做好风险排查工作，建立预警和及时处置机制，让无处不在的基层工会干部成为劳动关系风险的“吹哨人”。四是加强对劳动领域社会组织的政治引领，坚决防范外部势力渗透，使之成为延伸工会工作手臂的好助手，更好满足农民工个性化需求的贴心人。

（七）加强干部队伍建设，全面提升工会干部的治理能力

农民工工作的重要性、复杂性、紧迫性，对工会干部的综合素质提出了很高要求。为此，必须从政治引领、实践历练、执行能力等方面着力，锻造一支政治立场坚定、业务能力熟练、群众感情深厚的工会干部队伍。一是深入学习习近平新时代中国特色社会主义思想，充分认识农民工作为党执政阶级基础的重大意义，站稳维护国家政权稳定的政治立场。二是注重实践

历练，增强干部的调查研究能力和群众工作能力。中央党的群团工作会议提出，推动群团干部到火热的实践一线摸爬滚打，注重从基层一线选拔优秀人才充实群团干部队伍。对此，一方面要加大机关干部到基层挂职、兼职力度，特别是新入职的工会干部更应该下沉到基层，与一线农民工打成一片，深入了解农民工所思所想，在火热的实践中增强工作本领；另一方面要加大从基层选拔干部的力度，对于那些基层工作经验丰富、善于化解疑难问题、深得农民工信任的干部，组织人事部门要破格提拔、大胆使用，努力塑造“不唯学历凭能力”的用人风尚。三是强化狠抓落实，提高干部的治理能力。必须强化干部狠抓落实的能力，以“抓铁有痕、踏石留印”的态度，抓好每一项惠民政策的落实，彻底打通政策执行的“最后一公里”，切实增强农民工的获得感、幸福感、安全感。四是注重引进法律和劳动关系方面的专业化人才，提升干部处理劳动争议的业务能力。劳动争议处理具有很强的专业性，需要有一定的劳动法、劳动关系等方面的专业知识作为支撑。为此，一方面要通过针对性的培训，完善现有工会干部的知识结构；另一方面还要扩大增量，引进一批具有相关专业知识的高层次人才。

（八）加强理论研究，鼓励实践创新，建立农民工信息数据库，提高决策的前瞻性、可行性、科学性

一是加强理论研究，提高决策的前瞻性。当今世界正面临百年未有之大变局，国际经贸摩擦、新一轮科技革命、产业转型升级、新冠肺炎疫情等因素都对农民工的技能素质提出了更高要求，也对工会农民工工作提出了更高要求。在此背景下，必须着重加强以下领域的前瞻性研究：“三新”领域劳动者权益维护、疫情对农民工就业形态的冲击与应对、数字经济时代农民工职业技能提升、农民工需求层次的提高与工会应对、工会农民工工作评估体系建设。二是鼓励实践创新，提高决策的

可行性。对于那些理论上尚存争议或者政策上没有明确定论但又符合农民工群体实际需求的工作，可以采用试点的形式，支持试点单位在遵循底线思维的前提下大胆地试、大胆地创，在实践中探索出一条切实可行的路径。试点成功后，要及时从中提炼可推广可复制的经验，并把成熟经验上升为制度安排。同时，要建立配套的容错纠错机制，对于试点过程中出现的失误或犯错误的干部，要理性包容地看待，决不能让敢于担当的干部“流汗又流泪”。三是建立农民工信息数据库，提高决策的科学性。运用大数据和互联网技术，建立动态更新的农民工信息数据库，及时准确掌握农民工队伍的整体状况、技能水平、培训需求及劳动力市场的供需状况，努力做到“用数据说话、用数据决策、用数据管理、用数据创新”。

思考题：

1. 什么是农民工？农民工群体主要有哪些特点？
2. 目前农民工主要面临哪些问题和困难？
3. 如何理解工会户外劳动者服务站点工作的现实意义？
4. 如何评价全国总工会农民工工作下一步的工作路径？

参考文献

1. 习近平．习近平谈治国理政［M］. 北京：外文出版社，2014.

2. 习近平．习近平谈治国理政（第二卷）［M］. 北京：外文出版社，2017.

3. 习近平．习近平谈治国理政（第三卷）［M］. 北京：外文出版社，2020.

4. 习近平．习近平谈治国理政（第四卷）［M］. 北京：外文出版社，2022.

5. 本书编写组．十八大报告辅导读本［M］. 北京：人民出版社，2012.

6. 中国共产党第十九次全国代表大会文件汇编［M］. 北京：人民出版社，2017.

7. 本书编写组．党的十九大报告辅导读本［M］. 北京：人民出版社，2017.

8. 本书编写组．党的十九大报告学习辅导百问［M］. 北京：学习出版社，党建读物出版社，2017.

9. 党的二十大文件汇编［M］. 北京：党建读物出版社，2022.

10. 本书编写组．党的二十大报告学习辅导百问［M］. 北京：学习出版社，党建读物出版社，2022.

11. 倪志福．当代中国工人阶级和工人运动（下卷）［M］. 北京：当代中国出版社，1997.

12. 戴圆晨．中国劳动力市场培养与工资改革[M]．北京：中国劳动出版社，1994.

13. 郭正模．“劳动歧视”问题初探[M]．北京：经济科学出版社，1994.

14. 常凯．劳动关系·劳动者·劳权——当代中国的劳动问题[M]．北京：中国劳动出版社，1995.

15. 中华全国总工会．中国工会百科全书（下卷）[M]．北京：经济管理出版社，1998.

16. 全国人大常委会法工委国家法行政法室，中华全国总工会法律工作部．中华人民共和国工会法释义[M]．北京：中国工人出版社，2001.

17. 张小建．就业与培训[M]．北京：中国劳动社会保障出版社，2001.

18. 林燕玲．国际劳动标准[M]．北京：中国工人出版社，2002.

19. [美] 乔治·T. 米尔科维奇，杰里·M. 纽曼．薪酬管理[M]．董克用等译．北京：中国人民大学出版社，2002.

20. 张彦等．劳动与就业[M]．北京：社会科学文献出版社，2002.

21. 左祥琦．劳动合同与集体合同[M]．北京：中国劳动社会保障出版社，2002.

22. 刘旭．国际劳工标准概述[M]．北京：中国劳动社会保障出版社，2003.

23. 马原．劳动法条文精释[M]．北京：人民法院出版社，2003.

24. 焦凯平．养老保险（第二版）[M]．北京：中国劳动社会保障出版社，2004.

25. 毛健．失业保险（第二版）[M]．北京：中国劳动社会保障出版社，2004.

26. ［美］坎贝尔·R. 麦克南，斯坦利·L. 布鲁，大卫·A. 麦克菲逊．当代劳动经济学［M］. 刘文，赵成美等译．北京：人民邮电出版社，2004.

27. 邱小平等．工资收入分配［M］. 北京：中国劳动社会保障出版社，2004.

28. 孙光德，董克用．社会保障概论（修订版）［M］. 北京：中国人民大学出版社，2004.

29. 周长征．劳动法原理［M］. 北京：科学出版社，2004.

30. 陈刚．工伤保险（第二版）［M］. 北京：中国劳动社会保障出版社，2005.

31. 姚宏．医疗和生育保险（第二版）［M］. 北京：中国劳动社会保障出版社，2005.

32. 曾湘泉．劳动经济学［M］. 北京：中国劳动社会保障出版社，上海：复旦大学出版社，2005.

33. 郑功成．社会保障学［M］. 北京：中国劳动社会保障出版社，2005.

34. 劳动和社会保障部．中国积极的就业政策（2005—2006）［M］. 北京：中国劳动社会保障出版社，2006.

35. 全国干部培训教材编审指导委员会．社会保障制度建设［M］. 北京：人民出版社，党建读物出版社，2006.

36. 康士勇．工资理论与工资管理（第二版）［M］. 北京：中国劳动社会保障出版社，2007.

37. 中华全国总工会组织部，中华全国总工会集体合同部．全国工会工资集体协商培训教材［M］. 北京：中国工人出版社，2011.

38. 张建国，吕国泉．中国集体合同制度与实践［M］. 北京：新华出版社，2012.

39. 张建国，吕国泉．西方主要市场经济国家集体谈判制度与实践[M]．北京：新华出版社，2012.

40. 中华全国总工会．中国特色社会主义工会发展道路学习读本[M]．北京：中国工人出版社，2012.

41. 中华全国总工会．工会集体合同工作概论[M]．北京：中国工人出版社，2013.

42. 李波．劳动就业原理与政策[M]．北京：中国劳动社会保障出版社，2015.

43. 莫荣等．中国积极就业政策[M]．北京：社会科学文献出版社，2015.

44. 张建国等．集体协商工作360问[M]．北京：北京联合出版公司，2016.

45. 中国就业促进会．中国积极就业政策创立与发展[M]．北京：中国劳动社会保障出版社，2016.

后　记

《工会权益保障工作概论》是全国工会干部培训基础教材之一。

本次出版的《工会权益保障工作概论》是在2018年第一版的基础上，由全国总工会权益保障部负责修订。参加修订工作的人员有：崔瑾、郭玉华、李慧龙、陈瑞（第一章），王作、罗峰、毛锐（第二章），陈佳、顾加佳、李雪迪、仝金鑫（第三章、第四章），殷恰、熊伊敏、王嘉昊（第五章），郭平娟、周子琳（第六章）、朱晓红、初素辉、周子渊、邱一冉（第七章），王海龙、李林（第八章）。金华勇、苏文帅、王永华同志负责本书的统稿工作。全书由粟斌同志审阅定稿。

由于编者水平有限，本书难免存在不足和疏漏之处，诚恳地欢迎广大读者批评指正。

编　者

2023年3月